GROWTH WITH DIGNITY

何明涛 彭秋粟 ◎ 著

有尊严的增长

代理记账公司的增长密码

上海财经大学出版社

图书在版编目(CIP)数据

有尊严的增长：代理记账公司的增长密码 / 何明涛，彭秋粟著. —上海：上海财经大学出版社，2022.9
ISBN 978-7-5642-4031-8/F·4031

Ⅰ.①有… Ⅱ.①何… ②彭… Ⅲ.①企业管理-财务管理-研究 Ⅳ.①F275

中国版本图书馆 CIP 数据核字(2022)第 153728 号

□ 责任编辑　李嘉毅
□ 封面设计　贺加贝

有尊严的增长
——代理记账公司的增长密码

何明涛　彭秋粟　著

上海财经大学出版社出版发行
(上海市中山北一路369号　邮编200083)
网　　址:http://www.sufep.com
电子邮箱:webmaster@sufep.com
全国新华书店经销
上海新文印刷厂有限公司印刷装订
2022年9月第1版　2023年8月第2次印刷

710mm×1000mm　1/16　26印张(插页:2)　422千字
印数:3001－6000　定价:118.00元

前言

2018年9月,我录制的行业中第一个体系化音频课程——"服务即营销的终极秘密——代理记账公司的管理与营销"上线。2019年,同名图书由上海财经大学出版社出版。3年的时间,该音频课程的总播放时长达200万分钟,同名图书销量突破1万册。在代理记账这个细分行业,这是非常不错的成绩。

3年过去了,国家和行业都发生了很大的变化,"新冠"疫情让人猝不及防,但市场主体数量依然快速增加,这是中国经济大体量和高增长在支撑;国家持续减税降费,但2021年前三季度的税收收入与2020年全年总体税收收入持平,这反映了"新冠"疫情得到控制后中国经济报复性恢复的活力;在共同富裕的大背景下,头部网红和明星的补税及对其的处罚事件频发,对股权转让的税务稽查力度明显加大。

同时,这3年来,我的公司——创业护航集团也发生了很大的变化:集团总的有效营收从2019年的9 000万元快速增长到2021年的1.7亿元,两年翻了一番,总成交金额首次突破2亿元;员工从200人扩大到近600人;办公室从上海发展到全国10个城市。创业护航集团下属的税务师事务所的高端业务也实现了很大的突破。

2022年,我决定再推出一个针对代理记账行业的音频课程——"有尊严的增长——代理记账公司的增长密码",此课程的内容也由上海财经大学出版社出版同名图书。

>> 为什么要写这本书

在我的长期观察中,代理记账公司服务的大多是小微企业,而代理记账公司本身也大多是小微企业。对小微企业而言,增长是比管理更"硬"的道理。如果企业快速增长,管理就会变得简单;相反,如果企业没有增长,就算是管理专家也很难把企业做大。把代理记账行业的"增长"问题体系化地说明白,是我的使命,也是创业护航联盟应该完成的重要任务。

事实上,到目前为止,尽管代理记账行业有超过 10 万家企业,有超过 200 万从业人员,服务了大约 3 000 万家企业,行业市场规模超过 2 000 亿元,但是代理记账行业依然缺乏尊严。

无论是在政府、涉税服务机构还是客户眼中,甚至在我们行业老板的心里,代理记账行业都是缺乏专业性、很低端(low)的存在。一家没有自我认同的企业是不可能长大的,一个没有自我认同的行业是不可能得到好的发展的。如何得到认同,获得尊严呢?唯一的方法就是给客户和社会带来价值。给客户和社会带来的价值越大,我们就会有越快的增长,我们的尊严也就慢慢建立起来了。尊严从来不是呼唤来的,更不是靠抱怨或者乞求来的,尊严是靠我们做出来的。

为客户和社会带来价值的过程,就是实现有尊严的增长的过程。读完本书的代理记账公司的老板和伙伴们能有这样的感知,将会对这个行业的发展产生推动力。这是写本书的初衷,也是整本书内容的核心。

3 年的不断学习与实践,让我有信心将代理记账公司的增长方法论体系化地总结出来。这个方法论不仅在我自己的公司得到了验证,而且帮助了创业护航联盟的很多伙伴。所以,把代理记账公司的增长方法论体系化地输出,能够让更多伙伴完整地理解并运用于工作实践。我深信:我们帮助的人越多,我们就越有价值。

>> 你能从本书获得什么

本书的内容主要分为六大模块,共十五章。

第一个模块讲的是营收增长,共有四章。第一章从认知层面确认增长是老板的第一责任,并提出代理记账公司的增长公式和增长模型。第二、三、四章是对增长方法论的详细拆解。这三章不仅会讲清楚原理,而且会结合实践案例讲清楚操作细节。比如:我们会以企盈的一个沟通会计的实践来讲解如何做好会计转介绍,既包含具体的转介绍方法,也包括岗位与薪酬等管理方法。

第二个模块讲的是增长型组织,共有一章。这一部分讲的是人力资源。但与《服务即营销的终极秘密——代理记账公司的管理与营销》不同的是,本书对人力资源内容的讲解更关注各层级管理者的实际操作——在方法确定的情况下,如何让员工愿意跟着管理者干。

第三个模块讲的是增长战略,共有六章。这一模块从创新思维、能力、愿景、外部环境、"护城河"、风险六个方面分析如何制定代理记账公司的增长战略。

第四个模块讲的是增长科学方法论,共有一章。这一模块主要介绍如何通过建立增长模型来提升企业竞争力。

第五个模块讲的是增长修炼,也就是老板的修炼,共有两章。这一模块是本书中最重要的内容——先正确地做人,才能做正确的事和正确地做事。我会在这一部分跟大家分享我和我的核心团队的管理实践。

第六个模块是总结与回顾,我会用五组关键词来总结本书,这五组关键词也是串联整个课程的关键索引,能够帮助读者从另一个角度理解本书的内容。

》 与《服务即营销的终极秘密——代理记账公司的管理与营销》的区别

读过《服务即营销的终极秘密——代理记账公司的管理与营销》的读者可能会困惑:那本书与本书有什么不同呢?

首先,本书的目标性更强,直指企业的增长问题。成功的增长不仅来自我自己的公司,而且来自全国各地不同规模的代理记账公司,尤其是规模不大的代理记账公司,因此,本书的内容对代理记账公司的管理者而言更具有可操作性。

其次,本书的实践性更强。本书专门设置了案例环节,通过实战案例分析,让读者更容易理解并付诸实践。除了案例,本书还提供了很多模型工具,结合案例,让读者更轻松地理解管理方法。

最后,本书的体系性更强,从营收增长和价值增长两个方面,通过增长公式的分解让读者能更清晰、更简洁地把握代理记账公司的经营密码。一方面,本书的内容依然是应用型的,不是理论说教;另一方面,本书有一定的深度,针对代理记账公司——优秀的管理思想和模型工具如何更好地应用于代理记账公司。

》 我的期待

读完本书,我希望读者更喜欢代理记账行业,对代理记账行业更有信心,甚至敢于行动,去颠覆人们对代理记账行业"低端"的固有印象。

与此同时,我也希望读者能真正掌握代理记账行业增长的密码,从美丽的蝴蝶结模型延展开来,从转介绍、产品、营销、人力资源到领导力,特别是自身认知上得到提升,并能运用于工作实践。

当然,我最希望通过本书开拓读者的思路,扩展读者的认知,使读者从一个凭经验做事的人变成一个有方法论的人。当读者体验到了方法论的美好后,一定会更有信心,并在以后的工作中不断迭代自己的认知,学习和实践更多方法论。这将是多么幸福的工作,多么美好的人生啊!

亲爱的读者,准备好开启你的代理记账行业增长认知之旅了吗?我们一起出发吧。

何明涛

2022 年 10 月

目录

>> **第一章　增长认知：增长是老板的第一责任** / 1

第一讲｜增长才能解决公司发展的根本问题 / 3

第二讲｜代理记账公司的增长公式 / 6

第三讲｜代理记账公司的蝴蝶结模型 / 9

第四讲｜代理记账公司的价值增长 / 11

案例一｜创业护航集团增长决策案例 / 14

>> **第二章　增长飞轮：百元转化率是衡量代理记账公司管理水平的重要标志** / 17

第五讲｜认识增长飞轮 / 19

第六讲｜正反馈口诀：越来越 / 23

第七讲｜如何让会计人员愿意做转介绍 / 25

第八讲｜如何确保续费率 / 28

案例二｜企盈会计转介绍的实施 / 30

第九讲｜百元转化率：增购与转介绍 / 32

第十讲｜客户满意度的衡量指标：净推荐值 / 34

第十一讲｜人效与资源转化孰重 / 37

第十二讲｜岗位切分：沟通会计和做账会计 / 39

案例三｜企盈的人效与转化率策略 / 42

第十三讲｜沟通会计的根本任务：客户成功 / 44

第十四讲｜沟通会计的招聘与薪酬 / 46

第十五讲｜沟通会计的主动开发场景表 / 50

第十六讲｜沟通会计的过程管控与氛围 / 54

案例四｜企盈员工转介绍实战分享 / 57

第十七讲｜记账会计的薪酬与晋升 / 60

第十八讲｜如何面对会计过错导致的客户损失索赔 / 64

第十九讲｜企盈的会计质量控制标准 / 67

第二十讲｜企盈的质量检查实施：查账小组 / 70

案例五｜企盈查账小组的工作效率 / 74

>> 第三章　增长基石：产品图 / 77

第二十一讲｜产品-客户矩阵 / 79

第二十二讲｜无形产品的难点：描述与交付 / 82

第二十三讲｜代理记账公司的产品图 / 85

第二十四讲｜代理记账公司产品的"傻姑三招" / 88

案例六｜顶呱呱产品分类 / 91

第二十五讲｜产品字典与结构化咨询 / 94

第二十六讲｜工商服务：企业注册与注销的销售密码 / 97

第二十七讲｜财税基础服务 / 100

第二十八讲｜财税专项服务 / 103

案例七｜创业护航不动产事业部 / 107

第二十九讲｜复杂财税服务 / 110

第三十讲｜知识产权 / 114

第三十一讲｜人事业务 / 117

第三十二讲｜股权业务 / 121

案例八｜企盈的人事业务团队 / 125

第三十三讲｜法律业务 / 128

第三十四讲｜资质许可证业务 / 131

第三十五讲｜涉外业务 / 134

第三十六讲｜政企协调 / 138

案例九｜企盈的涉外业务团队 / 141

第三十七讲｜平衡产品多元化与销售难度的矛盾 / 143

第三十八讲｜产品短视频：让销售变得更简单 / 146

第三十九讲｜产品部门管理：阿米巴核算 / 149

第四十讲｜"一站式"服务平台 / 152

案例十｜创业护航服务平台的成长历程 / 154

第四章 增长入口：营销方法论 / 157

第四十一讲｜战略定位：我是谁 / 159

第四十二讲｜合适的营销方式：如何触达客户 / 162

第四十三讲｜穿透蝴蝶结模型：客户行为与营销行为 / 165

第四十四讲｜核心方法论：种子客户与销售裂变 / 169

案例十一｜创业护航联盟的会议营销 / 172

第四十五讲｜营销执行口诀："四个一" / 174

第四十六讲｜销售团队的组建与带教 / 178

第四十七讲｜销售团队的招聘与薪酬 / 180

第四十八讲｜与战略匹配的销售目标 / 183

案例十二｜风景线线下销售团队的打造（上）/ 186

第五章 增长保障：人力资源体系 / 189

第四十九讲｜领导力：领导与管理 / 191

第五十讲｜领导力：六种权力 / 194

第五十一讲｜领导力："跟我来"的力量 / 196

第五十二讲｜领导力：领导力故事 / 198

案例十三｜风景线线下销售团队的打造（下）/ 200

第五十三讲｜心理契约：什么是心理契约 / 203

第五十四讲｜心理契约：心理契约表 / 205

第五十五讲 | 心理契约：如何与下属沟通 / 208

第五十六讲 | 心理契约：心理契约的落地与实施 / 211

案例十四 | 创业护航彭秋粟的领导力 / 213

第五十七讲 | 与战略匹配的绩效 / 216

第五十八讲 | 代理记账公司绩效三原则 / 219

第五十九讲 | 阿米巴 1.0～3.0 / 222

第六十讲 | 不同层级管理者的能力模型 / 225

案例十五 | 风景线的阿米巴核算 / 227

第六章　增长突围：低端颠覆 / 231

第六十一讲 | 创新者的窘境 / 233

第六十二讲 | 代理记账行业的低端颠覆之路 / 235

第六十三讲 | 管理优势：组织心智与规模化 / 238

第六十四讲 | 管理优势：市场营销与信息化 / 241

案例十六 | 创业护航的低端颠覆之路 / 243

第七章　增长策略：重新定义代理记账公司的核心能力 / 245

第六十五讲 | "税"是代理记账公司的核心能力 / 247

第六十六讲 | 工商涉税服务 / 252

第六十七讲 | 税务筹划 / 256

第六十八讲 | 税企协调 / 260

案例十七 | 创业护航是如何坚持以"税"为核心的 / 263

第八章　增长终局：品牌 / 265

第六十九讲 | 什么是品牌 / 267

第七十讲 | 好品牌从取名开始 / 270

第七十一讲 | 品牌的冰山模型 / 273

第七十二讲 | 规模小的代理记账公司更需要品牌 / 278

案例十八 | 创业护航的品牌成长历程 / 281

第九章　增长红利：外部十倍好 / 283

第七十三讲｜红利、利润与社会工资 / 285

第七十四讲｜市场主体红利 / 288

第七十五讲｜税务合规红利 / 291

第七十六讲｜细分市场红利 / 293

案例十九｜代理记账市场红利，我们抓住过，也错过过 / 296

第十章　增长壁垒：代理记账公司的"护城河" / 299

第七十七讲｜无形资产 / 301

第七十八讲｜成本优势 / 303

第七十九讲｜网络效应 / 306

第八十讲｜迁移成本 / 308

案例二十｜创业护航联盟的"护城河" / 311

第十一章　增长风险：代理记账公司的风险控制 / 313

第八十一讲｜企业在不同阶段的风险模型 / 315

第八十二讲｜税务筹划风险 / 317

第八十三讲｜帮助中小企业规避财税风险 / 321

第八十四讲｜帮助中小企业规避法律风险 / 324

案例二十一｜企盈如何应对火灾事故 / 327

第十二章　增长模型：增长科学方法论 / 329

第八十五讲｜模型化思维为什么管用 / 331

第八十六讲｜代理记账公司的第一曲线 / 333

第八十七讲｜代理记账公司的单点破局 / 336

第八十八讲｜代理记账公司的错位竞争 / 339

案例二十二｜创业护航联盟"一"战略 / 343

第八十九讲｜代理记账公司的人才盘点 / 346

第九十讲 ｜ 大客户销售角色模型 / 349

第九十一讲 ｜ 代理记账公司的 SWOT 分析 / 352

第九十二讲 ｜ 代理记账公司的 PDCA 循环 / 355

案例二十三 ｜ 企盈的波特五力模型分析 / 357

第十三章　增长底色：老板的自我修养 / 359

第九十三讲 ｜ 正确地做人：所有问题都是老板的问题 / 361

第九十四讲 ｜ 做正确的事：战略 / 364

第九十五讲 ｜ 正确地用人：服务思维 / 366

第九十六讲 ｜ 正确地做事：战术 / 369

案例二十四 ｜ 何明涛的自我修养 / 371

第十四章　增长心理：情绪价值 / 373

第九十七讲 ｜ 情绪价值时代 / 375

第九十八讲 ｜ 情绪管理公式：$P = p - i$ / 378

第九十九讲 ｜ 员工的情绪管理 / 381

第一百讲 ｜ 客户的情绪价值 / 383

案例二十五 ｜ 如何做好情绪管理 / 385

第十五章　回顾与总结 / 387

第一百零一讲 ｜ 意义与行为 / 389

第一百零二讲 ｜ 逻辑与模型 / 392

第一百零三讲 ｜ 人性与情绪 / 394

第一百零四讲 ｜ 创新与未来 / 397

第一百零五讲 ｜ 学习与成长 / 400

致谢 / 403

第一章

增长认知：增长是老板的第一责任

第一讲 | 增长才能解决公司发展的根本问题

> 制定了很多管理措施,不仅公司没有发展,而且员工很反感,怎么办?

创业护航联盟"百城连锁"的一个加盟商成立7年了,却只有五百多位客户,十多位员工。为了增长,这位老板两次尝试建立销售团队,但都失败了。2019年,他在外面收听了"管理体系"课程,回来后制定了很多管理措施,如严格考勤、会议管理、做账质量控制、严格管理飞单等。但是一年后,其公司依然没有进展,甚至有一位核心骨干离职,员工士气低落。

这位老板急切地问我该怎么办,我跟他讲述了增长的逻辑,他按照我说的做,到2021年底,其公司的客户接近1 000位,公司的年营收从200万元增加到600万元,利润从30万元增加到150万元,账面现金流接近300万元,目前拥有的三十多位员工均热情高涨。

那么,他的公司之前的管理出了什么问题?增长的逻辑是什么呢?这就是这一讲要探讨的问题。

》 狭义的管理不能解决公司发展问题

这里的"管理"是指狭义的管理措施。当公司长期处于规模小、发展慢的阶段时,越管理反而越糟糕。这是因为对员工而言,收入没有增加,自身也没有成长,看不到公司发展的希望,那么,留下来的员工大多只是赚一份工资,真正有奋斗精神的员工却离职了。在这样的情景下,越加强管理,员工就越反感,实际上,你也没有管理的抓手。比如:你规定员工不能迟到,然而即使员工违反了规定,你也不能给予其严厉的处罚,因为员工的收入本来就不高;你给员工定业绩目标,完成了有奖励,完不成有处罚,但是因为大家都完不成,所以你也无可奈何;你管控飞单,使得员工处于被检查、被监控的状态,大家情绪低落。

所以,要走出这个困境,要做的不是加强管理,而是带领团队,让公司增长。

》 增长才能解决公司发展的问题

当公司处于增长状态时,员工的收入会增加,公司的客户会增加,而随着客户的增加,优秀的员工会成为主管,员工得到了成长,进而实现良性循环。

正因如此,那位加盟商老板亲自上阵,逐步找到了公司增长的办法。也正是在这样的正向状态下,那家公司迎来了可喜的变化:少数跟着老板往前冲的骨干收入增加,成为主管,看到希望,主动指出公司需要加强管理的方面。比如:为了高效服务客户,他们提出统一上班时间,严格考勤制度,提高开会效率以解决客户的问题;原本处于中间状态的员工,看到公司有了希望,看到有人收入明显提高,也逐步积极起来;至于极少数依然消极的员工,老板则直接让他们离开。同时,盈利的好转使公司更容易招聘到优秀的员工,做账质量明显提高。老板不用再为会计部的事操心,就能抽出时间带领团队做销售。现在,他们5个人的销售团队,每月能为公司做到10万元以上的业绩。

》 管理的本质就是找到适合自己的正反馈机制

公司越增长,员工的收入和成长性越好,客户越多,利润越多,公司就越敢投入以使公司进一步增长。这就需要老板找到适合自己公司的那条"越来越好"的路径。这样的机制就是正反馈,是公司的管理增强回路(如图1-1所示)。

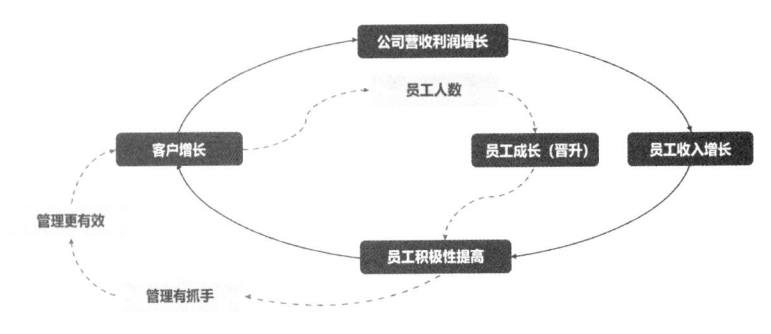

图1-1 公司的管理增强回路

》 增长让管理有抓手

当公司进入这样一种"滚雪球"的状态时,老板和员工都会更有信心,而信心比黄金重要。到这时,公司的管理就有了抓手,就可以适当地采用科学的管理手段,让这个"雪球"朝着正确的方向越滚越大。

在增长的情形下,员工会在意他们的工作、职位和发展,你就可以逐步完善公司的各项规则,也可以跟核心骨干建立心理契约,达成共同的目标,很多管理游戏(如比拼机制)就可以玩起来了。

总之,在公司规模小且发展慢的时候,不要用管理解决公司发展问题,增长才能解决根本问题;而当公司处于快速增长状态时,公司的管理就有了抓手。公司必须找到适合自己的那个"越来越好"的正反馈机制。

▶ 思考题

"滚雪球"的增长听起来很美好,可是该从哪里着手呢?结合你的公司的实际情况,想想该怎么做。

第二讲 | 代理记账公司的增长公式

> 实现增长该从哪些方面着手呢?

任何工作都需要科学的方法论,而表达科学方法论的准确方式之一是数学,因为数学是一种严密的逻辑。如果我们的经营是基于数学逻辑的,我们就会十分自信,因为它一定是正确的。这种认知对管理者无比重要:一方面,因为你坚信它,所以战略会变成信念,你的执行力将所向披靡;另一方面,你可以将目标有逻辑地分解,使之在基层可执行。

》 增长公式

代理记账公司的增长,可以用下面的增长公式来表达:

$$营收 = 客户数 \times 客单价 \times (1 + 续费率 \times 百元转化率)$$

公司的增长,表现在财务指标上,首先是营收的增长。营收取决于客户数、客单价、续费率和百元转化率。也就是说,要实现营收增长,必须在客户数、客单价、续费率和百元转化率这四个方面下功夫。

》 增长公式的分解

确定目标后,我们就需要对上述四个指标进行分解(如图1-2所示)。

营收 = 客户数 × 客单价 × (1 + 续费率 × 百元转化率)

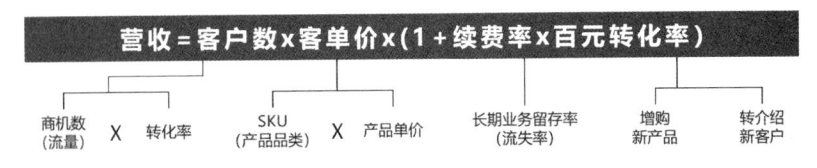

客户数		客单价		续费率	百元转化率
商机数(流量) × 转化率		SKU(产品品类) × 产品单价		长期业务留存率(流失率)	增购新产品 / 转介绍新客户

图1-2 增长公式的分解

1. 客户数

客户数是代理记账公司增长的最重要的因素，如果你的公司长期只有500位客户，那么即使客单价和复购率很好，也很难发展成一家有规模的公司。

这个指标可以进一步分解为商机数×转化率。由此我们就明确了基础客户数的增长应该是市场营销部门的责任。

商机就是流量，应该由市场部负责，可以通过投入广告买流量，也可以通过线下拓展找流量，还可以通过跟渠道合作带来流量。小公司如果没有市场部，那么总经理就应该承担这个责任。

转化率是销售部的责任，将市场部导入的流量高效转化是销售人员的天职。

那么，商机从何而来？哪种获客方式最有效？销售团队如何建立？小公司的市场部和营销部如何管理？销售人员如何培训效率最高？等等。这些问题非常重要，我自己的公司就是因为解决了这些问题才快速发展的。所以，我们将在本书的第四模块详细解答上述问题。

2. 客单价

客单价就是每位客户与我的公司成交的平均金额。客户数确定后，让同一位客户在我的公司成交更多金额是非常划算的，因为代理记账行业的获客成本高，一次获客后，客户的代理记账业务往往会长期续费。

这个指标可以进一步分解为 SKU ×产品单价。

SKU(Stock Keeping Unit)是最小存货单元，在代理记账公司，就是指我们对外销售的服务产品。企业注册、变更、代理记账、商标注册都是我们的 SKU。

关于产品，除了你能第一时间想到的产品描述外，我们花了很大的精力对代理记账公司的产品做了系统化梳理，将在第三个模块专门讲述。

3. 续费率

续费率是长期业务（主要是代理记账业务）的续费金额与应续费金额的比率。

续费率＝1－流失率

这个指标非常重要，它体现了代理记账行业的重要盈利模式——一次获客，多年收益。如果续费率低，客户流失严重，公司就难以为继。

4. 百元转化率

百元转化率就是通过存量客户增购和转介绍新客户带来的营业额与存量客户

续费营业额的比率,是衡量一家代理记账公司管理水平的重要标志。

$$百元转化率=\frac{存量客户增购营业额+转介绍新客户营业额}{存量客户续费营业额}$$

这个指标可以月度计算,也可以年度计算。需要注意的是,这里包含两个重要因素:增购和转介绍。

增购,就是存量客户购买我的公司的新产品。比如:代理记账客户扩大经营范围需要变更营业执照,或者申请注册一个商标。

转介绍,就是存量客户推荐新客户给我的公司。比如:客户对我们的服务很满意,推荐他的朋友将记账业务转到我的公司。

那么,该如何衡量和提升续费率和百元转化率?会计人员不愿意做转介绍,怎么办?沟通会计和做账会计应如何协调,他们的薪酬和绩效如何定才合理?等等。在第二个模块,我们会详细回答这些问题。

▶ **思考题**

本讲分析的四个指标中,哪一个是你的公司做得最好的,哪一个比较薄弱?

第三讲 | 代理记账公司的蝴蝶结模型

> 实现增长,公司内部的哪些部门是关键?

>> 蝴蝶结模型

蝴蝶结模型是一种"会员制"经营管理模型。代理记账业务的本质是会员制,每年续费,留存率很高,这也带来了代理记账行业的三大优势:线性累加的盈利模式;先收费,再服务,良好的现金流;一次获客,长期存续,客户黏度高。

如图 1-3 所示,蝴蝶结模型由两个"漏斗"组成:

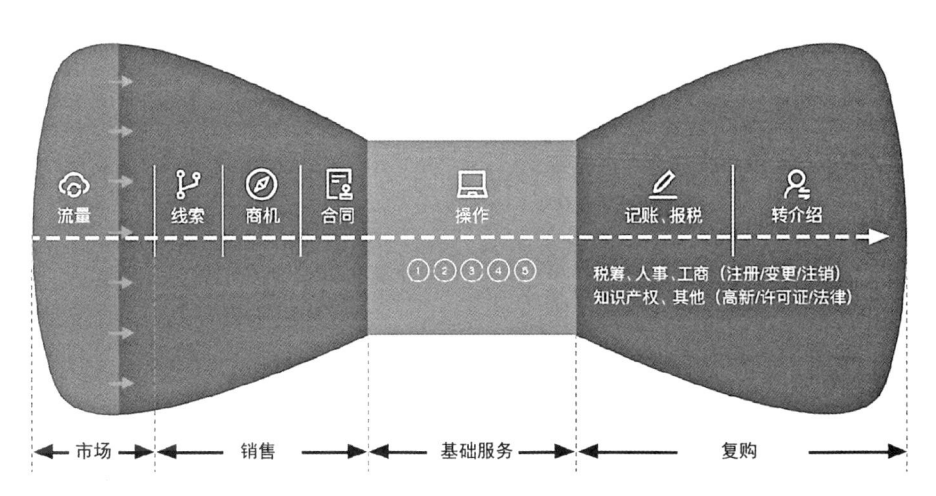

营收=商机数×转化率×SKU×产品单价×(1 + 续费率×百元转化率)

客户数 ｜ 客单价 ｜ 增购+转介绍

图 1-3 代理记账公司的蝴蝶结模型

一个是营销"漏斗":流量进来后,先是形成线索——有联系方式的可能的意向客户数据;经过确认,部分线索是有购买我们的产品的意向的,于是形成商机;继续沟通,进而签署订单成为我们的客户的,就形成合同。这一过程中的每一次衰减,对代理记账公司而言,都会形成巨大的成本。因此,对这个"漏斗"的管理就成为公司市场营销部最重要的工作。

另一个是成长"漏斗":客户对我们满意,首先会续费,留存下来;然后客户有其他需求,就会找我们增购;最后是推荐他们的朋友成为我们的新客户。

>> 蝴蝶结模型对应的公司部门

通过蝴蝶结模型,可以清晰地看出公司的各项增长所对应的部门(如表1-1所示)。

表1-1 增长公式和蝴蝶结模型对应部门的任务

部门	核心任务	核心指标
市场部	获取流量	流量的数量和质量
销售部	将流量转化为合同	销售"漏斗"各环节转化率
工商服务部	企业注册、变更、注销等服务	办理准确度、速度、客户订单
代理记账部	代理记账、客户资源再转化	续费率、百元转化率

▶ **思考题**

你会从哪个部门着手实现你的公司的增长?为什么?

第四讲 | 代理记账公司的价值增长

> 如何让我的团队愿意跟随我,实现公司增长目标?

经营公司,当然要追求财务指标,包括营收、利润、公司的公允价值即市值。在前面三讲中,我们主要讲的是为达成收益增长目标,该如何做的方法论。

增长,分为收益增长和价值增长。就像冰山模型(如图1-4所示)展示的那样,收益增长只是冰山上容易被看见的部分。漂亮的数据之下的部分才是实现增长的原动力,也就是价值增长,它支撑着冰山上的业绩——90%的内部动力驱动了10%的外部业绩。

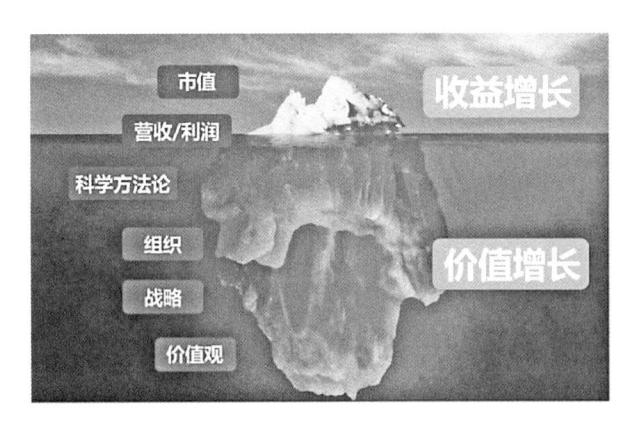

图1-4 增长的冰山模型

对每一位代理记账公司的老板而言,应该花大量的时间和精力去建立内部动力。相应地,如果没有内部动力,外部业绩就不可能实现,即使短暂实现了也无法持续健康地增长。

>> 四类做不大的老板

我的三个微信号加了超过 10 000 位代理记账公司的老板,有几类老板,我知道他的公司一定做不大,除非他改变认知和价值观。

第一类是抱怨别人的老板。抱怨员工不努力,抱怨客户难搞,抱怨同行挖他的客户,就是没有找自身的原因。这类老板若不改变,则很难把公司做大。

第二类是战略混乱的老板。他们走到哪里是哪里,没有明确的目标,也就没有方向,团队效率肯定很低。这类老板要把公司做大,须得谦虚好学、提升认知。

第三类是单打独斗的老板。他们没有核心团队,无法信任他人。在我看来,这类老板要么是受过伤害后不再相信别人,要么是不知道该如何找到合适的合伙人,不知道如何跟互补的合伙人沟通、协同。这类老板要把公司做大,须得认清自己的优势与劣势,并掌握基本的管理技能,否则很难成功。

第四类是野蛮经营的老板。他们不讲科学方法论,凭经验和偏好管理公司。他们之前有点成就,于是洋洋得意,用"成功经验"来管理公司。他们是低认知且自傲的一类老板,如果不虚心学习,就会被时代淘汰。

在冰山模型下,我用四类最基本也最重要的价值来对应上述四类老板的问题。

>> 关于价值观

改变价值观的第一步:所有问题都是我的问题。

员工的问题当然是老板的问题,因为员工是你招聘和培训的,也是在你的激励机制下呈现当前的状态。客户的问题更是老板的问题,因为客户的需求是客观存在的,你不能满足,他们就去找别人为他们服务了。难搞的客户是提升你的公司的服务质量的更高标准,毕竟竞争对手你是管不了的,你能做的只有让自己的公司更有竞争力。

当你认为所有问题都是自己的问题时,你就会反思,就会想办法解决问题。为了你热爱的事业,卑微地活着。这是成熟企业家的标志。在本书的第十四章和第十五章,我们会围绕价值观问题进行详细分析,帮助第一类老板解决问题。

>> 关于战略

"战略就是选择,选择比努力更重要。""不要用战术上的勤奋掩盖战略上的懒惰。"很多人看起来很忙,但忙碌的效果并不好。产生这一问题的原因就是缺乏思考。很多人在小事上认真,反而在大事上随意。比如:有的女生买一双高跟鞋可以花半天时间去试穿、比价,然后做出选择;在选择老公时却比较随意。毕竟高跟鞋该如何选择容易想清楚,但婚姻要思考透彻就太难了。

在《服务即营销的终极秘密——代理记账公司的管理与营销》的战略那一章,我画了一张图:愿景目标(想做什么)、能力(能做什么)、资源(外部力量)三者的交集,就是你该选择的,也就是战略。

在明确战略后,上述第二类老板的问题也就迎刃而解了。在本书的第六章至第十一章,我们会就战略问题进行详细解读。

关于组织

"正确的路线确定后,干部就是决定因素。"毛泽东讲的是干部问题,其实也是组织问题。我们党的组织能力值得代理记账公司学习。

对公司而言,组织主要包括合伙人、核心高管团队、中层和基层管理团队、基层员工这四个部分。如何选择正确的合伙人?如何做好组织的基本管理?这些困扰第三类老板的问题,我们会在本书第十二章做详细讲解。

关于科学方法论

公司管理是科学和艺术的结合,但首先是科学。我们这里讲的科学方法论,主要强调用科学的思维方式来解决问题。碰到问题后,不仅是解决一个问题,而且要找到问题的根本,从而建立第一性原理的思维方式。如果核心团队能养成这样的思维习惯,公司就拥有了核心竞争力。

我们会在第十二章结合实践案例,详细讲解一些非常棒的思维模型。通过这一章,相信可以解决上述第四类老板的问题。

▶ 思考题

在价值增长的四个方面中,哪一个对你最有价值?

案例一 | 创业护航集团增长决策案例

>> **案例背景**

创业护航集团(以下简称"集团")下属三家独立的主体中,企盈和风景线是在上海区域直营的代理记账公司,摩羲科技(含创业护航科技)是"百城连锁"项目的运营主体。集团近3年的业绩增长如图1-5和图1-6所示。

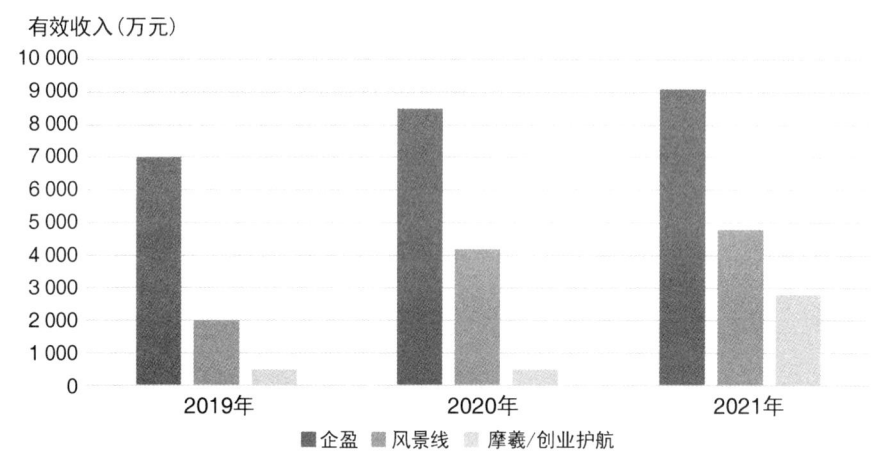

图1-5 创业护航集团的有效收入增长

有效收入:扣除直接第三方支出后的营业额,即集团总有效收入。该指标2019年大约为9 000万元,2020年大约为1.3亿元,2021年大约为1.7亿元。

GMV:全部经营流水,即全部业务收款。集团GMV,2019年大约为1.3亿元,2020年大约为1.9亿元,2021年大约为2.4亿元。

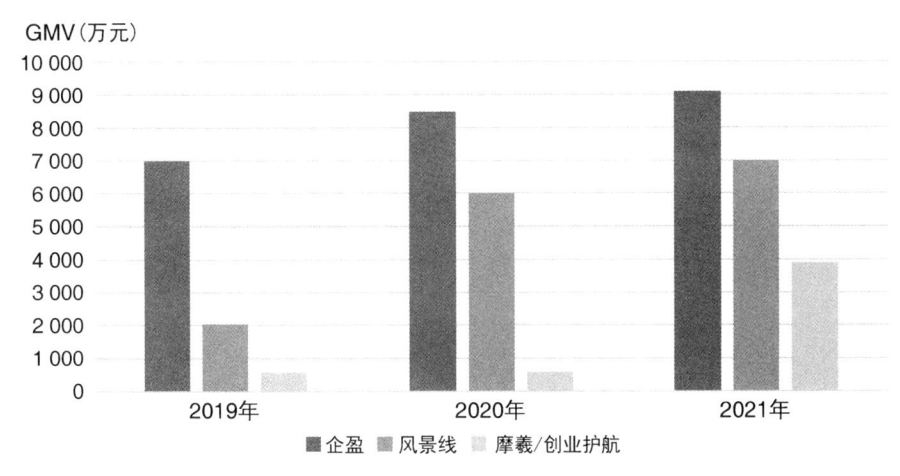

图 1-6　创业护航集团的 GMV 增长

决策议题

在 2019 年、2020 年、2021 年 3 年实现连续快速增长后，集团 2022 年的收益增长目标是什么？为了达成这个目标，各公司的价值增长需要做哪些提升？

决策结果

1. 对集团而言，GMV 是最重要的指标。

2. 2022 年期望完成 GMV 4 亿元，其中：

（1）摩羲科技（含创业护航科技）完成 1.5 亿元。要实现这个目标，必须做到：至少让"百城连锁"项目加盟商平均增加营收 20 万元。

（2）企盈和风景线完成 2.5 亿元，稳定增长。

3. 价值增长重点：

（1）价值观：决策出发点——企业"小道理"服从国家"大道理"；心理机制——利他；组织上落实——上级服务下级，员工服务客户。

（2）战略：坚决做好企业服务，政府招商收入比例逐步降低。

（3）组织：核心团队初步形成第一性原理的思维方式；管理层将心理契约落地；

新员工培训——老板讲授企业文化,其余实现视频学习和考试。继续提升资源转化效率(营销、会计转介绍),适当降低人的效率(以下简称"人效")。

(4)产品:税务合规作为重点研发推广,商机智能推荐,产品字典(含视频)推广。

(5)学习:落实各层级学习计划。

》 决策逻辑

1. 当前集团的核心任务是扩大规模。在扩大规模、建立品牌的过程中,可以适当降低利润,但不能以降价和过度牺牲利润为代价。

2. 2022年,企盈和风景线稳定增长,摩羲科技和创业护航联盟快速增长,在2021年已经打好的基础上,实现快速扩张,同时实现高转化率。

3. 为了实现收益目标,必须实现价值增长:

(1)在共同富裕的大背景下,实现二次分配的核心是税收。国家严格征税、收紧"洼地"是大趋势。企业的"小道理"要服从国家的"大道理",因此,在战略上要逐步降低政府招商服务的收入比例,坚决做大企业服务。

(2)核心管理层养成第一性原理的思维习惯,这是团队的核心竞争力,至关重要。

(3)经过一年的准备,2022年必须将心理契约落地,在方向对、方法对的基础上,必须让人对,关注员工的"情绪价值",这个管理逻辑要固化在摩羲云中,让全体加盟商使用。

(4)在受到各种教育后,公司合规意识(尤其是税务合规意识)增强,税务合规产品是我们努力的方向;此外,商机智能推荐和产品字典要在摩羲云上实现推广,让销售变得简单。

(5)增长永远是最大的价值,对老板自己是,对公司的核心骨干是,对员工也是。所以,要有层次地执行学习和培训计划,增加学习和培训预算。

第二章

增长飞轮：百元转化率是衡量代理记账公司管理水平的重要标志

第五讲 | 认识增长飞轮

> 转介绍好的公司,做对了什么?

图2-1所显示的就是代理记账公司的增长飞轮。接下来,我会用9句"越来越"来让你轻松地认识增长飞轮。

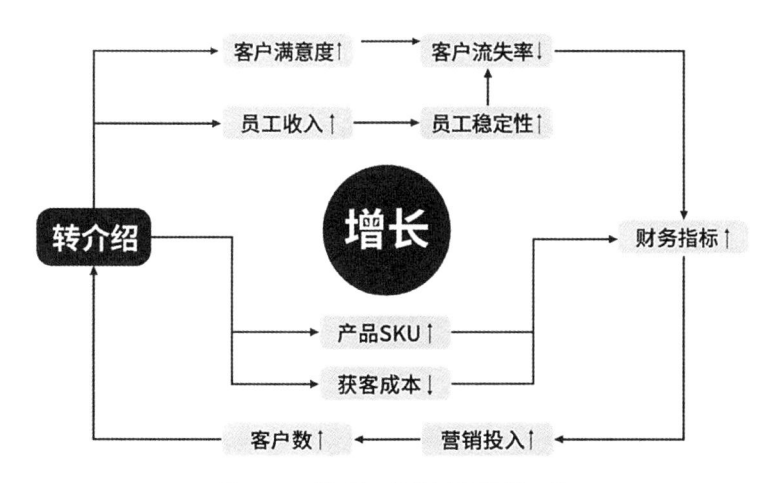

图2-1 代理记账公司的增长飞轮

>> 转介绍＝客户满意度

我经常拿理发店举例。理发前需要洗头,提供洗头服务的人员往往态度特别好。洗头的提成并不多,他们为什么会热情服务呢?因为他们想让你办卡。他们很清楚,只有先让你满意,你才愿意与他们沟通,他们才有机会向你推销。

为了营销,必须有满意度。如果我们要求会计人员承担转介绍指标,那他们就必须想办法先让客户满意，也就会更加在乎与客户的每一次沟通。所以，我们得出结论：只要转介绍做得好，客户满意度肯定不错。

由此引出第一句"越来越"：转介绍越好，客户满意度越高。

相应地，当客户满意度提升时，流失率就会降低，换言之，续费率就会高。由此引出第二句"越来越"：客户满意度越高，流失率越低，续费率越高。

》 转介绍好，员工开心

转介绍好，公司在后端会转化新的业务，公司收入增加，会给转介绍的业务提成，员工收入就会增加。员工收入增加会使员工的稳定性增强。由于很多代理记账客户流失是员工离职或者频繁更换会计人员造成的，因此，员工稳定性增强能使客户流失率降低。

以此引出以下三句"越来越"：转介绍越好，员工收入越高；员工收入越高，员工稳定性越好；员工稳定性越好，客户流失率越低。

》 转介绍会倒逼公司的产品品类增加

在代理记账部经常会出现这样的沟通场景：

客户问会计人员："因为业务扩大，我需要增加医疗器械许可证，怎么办？"

会计人员回答："这个证很难办理，我们公司没有这项业务，你自己去找办理许可证的机构。"

当没有转介绍指标的压力时，会计人员一般会选择不与客户沟通，因为沟通会浪费做账的时间，而对会计人员的考核是做账越多，提成越高。

当强调转介绍后，会计人员会对老板说："我有一位客户需要办理销售环节的医疗器械许可证，我们公司没有做过，但是这样的业务利润高。不仅如此，如果该客户找别的代理记账公司办理该业务，别的代理记账公司就有可能把该客户挖走。所以老板，你要找到资源来做这项业务。"听到这样的话，老板会很开心，因为你的员工正在推着你往前走。于是，你找到能办理医疗器械许可证的同行，然后把这项业务做下来。你向客户收费 1.5 万元，你支付给同行供应商 1.1 万元，你的有效收入是 4 000 元，同时留住了客户。

是员工倒逼公司增加了产品品类，如果业务量持续扩大，你还可以建立团队和寻找直接资源,利润则能更高。

由此引出第六句"越来越":转介绍越好,产品品类越多。

>> 续费率提升和产品增多使公司财务指标变好

续费率提升,公司的收入和利润就会增加;产品增多,就可以向客户销售更多产品,收入和利润自然也会增加。

由此引出第七句"越来越":续费率和产品品类越多,收入和利润越多。

>> 后端财务指标好使获客成本降低

一般来说,一位客户的获客成本是1 500元,代理记账费是3 600元,如果我的公司的转介绍好,除了3 600元代理记账费收入外,还可以增加其他收入1 800元。这样一来,相比同行,我们的获客成本从1 500元降低到了1 000元。获客成本的降低对代理记账公司来说是巨大的竞争优势。

由此引出第八句"越来越":转介绍越好,公司整体的获客成本越低。

财务指标好会使公司更愿意增加营销投入,进而使公司的客户数增多,这又会给会计人员增大转介绍的基数。

由此引出第九句"越来越":转介绍好会使公司的营销预算越来越多,进而使转介绍的基数越来越大。

上述9句"越来越"(如表2-1所示)形成一个完整的闭环:转介绍好,客户满意度提高,员工更满意,公司的营收和利润更高,公司加大营销投入,员工有更多客户可以去做转介绍,转介绍越多,客户、员工和公司都会越来越好。

表2-1 增长飞轮的9句"越来越"

序 号	内 容
1	转介绍**越**好,客户满意度**越**高
2	户满意度**越**高,流失率**越**低,续费率**越**高
3	转介绍**越**好,员工收入**越**高

续 表

序 号	内　　容
4	员工收入**越**高,员工稳定性**越**好
5	员工稳定性**越**好,客户流失率**越**低
6	转介绍**越**好,产品品类**越**多
7	续费率和产品品类**越**多,收入和利润**越**多
8	转介绍**越**好,公司整体的获客成本**越**低
9	转介绍好会使公司的营销预算**越来越**多,进而使转介绍的基数**越来越**大

通过9句"越来越",可以建立一个滚雪球似的增长飞轮。如果你的公司建立了这样一个增长飞轮,你的管理还会困难吗?

▶ **思考题**

当你的公司的员工向你反映客户需求,但公司没有相应产品予以满足时,你是如何应对的?如何才能管理好公司的产品品类?

第六讲 | 正反馈口诀：越来越

> 什么样的思维方式才能让管理变得轻松？

上一讲，我们用9句"越来越"说清楚了代理记账公司的增长飞轮。细心的你可能已经发现，上一讲其实是本书第二次解释"越来越"这个口诀。我们在阐述"增长才能解决公司发展的根本问题"时，用到一张管理增强回路图，公司越是处于增长状态，客户就越多，员工收入和公司成长性也就越好，从而进入"滚雪球"式的良性模式。

>> 正反馈

正反馈，或称"增强回路"，是系统动力学的一个重要概念，对人生和商业均适用。它是指：形成一个闭环，在第一推动力的作用下，整个闭环从头到尾进行能量传输，不断强化，呈现"越来越……"的趋势。这样的趋势可以是"越来越好"，也可以是"越来越差"。越来越好的增强回路就是正反馈。

前文所述的增长使管理越来越轻松的"滚雪球"模式，就是通过引领公司增长，形成越来越好的增强回路，这是正反馈机制；增长飞轮所描述的转介绍好使得公司、员工和客户都越来越好，也是正反馈机制。

>> 商业中的正反馈

商业中的正反馈很多，凡是成功的企业，一定是找到了自己的正反馈机制，并坚决执行。

2011年微信刚诞生时用户很少，而小米的"米聊"用户数比微信用户数多很多。但是微信快速推广和迭代，使用微信的人越多，愿意加入微信的人就越多，这样"滚雪球"式的增长，形成了一个巨大的网络，这个网络最终成为移动互联网垄断的即时通信工具。

》 正反馈方法论三部曲

如何才能找到自己公司的正反馈机制呢？这就需要我们建立增强回路，从而形成正反馈的三部曲：

首先，我们要确定各种要素。对我的公司而言，客户满意度、续费率、员工收入、公司营业额和利润、产品等都是关键要素。

接着，要找到第一推动力。只要压下飞轮的那个"手柄"，整个闭环就会形成"滚雪球"式的增长飞轮。对代理记账公司尤其是公司中的代理记账部而言，转介绍就是那个"手柄"，只要压下它，飞轮就会自动转起来。

最后，要坚持执行。任何系统的增强回路在启动时一定是困难的，过程中一定有各种阻力。然而一旦找到了这个飞轮，就一定要坚决执行并且长期坚持。

所有伟大的公司都长期坚持自己的增强回路。华为的"技术增强回路"、阿里的"电商增强回路"、腾讯的"社交增强回路"、字节跳动的"算法增强回路"等都是长期坚持的结果。

》 正反馈口诀

要实现正反馈，就要找到那个"越来越好"的闭环。

对代理记账公司来说，增长是增强回路，越增长，管理越轻松。对代理记账部而言，转介绍是推动增长飞轮运转的"手柄"，转介绍越好，员工和客户越好。在市场营销方面，产品越好，口碑越好，销售就越轻松。

总之，每家公司都要找到自己的增强回路，正反馈就是"越来越"的重中之重。

▶ 思考题

你能举出你的公司中的增强回路的例子吗？

第七讲 | 如何让会计人员愿意做转介绍

> 会计人员不愿意做转介绍,怎么办?

"我是会计,不是销售,为什么要做业务转介绍?"这样的反问,很多代理记账公司的老板很熟悉,但也感觉难以回复。在我们知道了转介绍的重要性后,该如何让会计人员愿意做转介绍?如果之前做得不好,该如何一步步做好呢?

〉〉 两种管理方式

我曾遇到这样一个加盟商,她的公司有9位会计人员和超过800位客户。她曾这样对我说:"我要求他们做好转介绍,并对会计部制定了绩效考核指标,每位会计人员必须做6 000元的转介绍业绩,否则就扣绩效,做得好的有额外奖励。结果,会计人员情绪低落,有2位会计人员提出离职。"

听完她的烦恼后,我建议她换一种管理方式:先向会计人员解释转介绍对于公司的重大意义,再分析转介绍对每个人的好处,然后邀请她带2位核心主管到我的企盈参观,听我讲述增长飞轮,并与企盈的会计人员现场沟通。在与这2位核心主管达成一致后,让他们每个人再挑选1位积极的会计人员谈心,激励他们参与转介绍。她则亲自带领这4位伙伴分析客户,上门与客户沟通并且取消绩效考核,不扣绩效,转介绍成功即发放15%的提成。坚持每周开周会进行总结,让做得好的员工分享经验,她亲自发红包。

这样过了3个月,她的团队的人均转介绍业绩达到了8 000元,做得不够好的员工愿意尝试了,每个人都能成单了。

我建议她坚持,并有针对性地持续改善:增强回复及时性,增强客户满意度;将员工做得好的方法总结出来,鼓励其他员工一起做;逐步将会计分为沟通会计和做账会计;提供更多产品;淘汰态度依然消极的会计人员,引进积极的、沟通良好的会计人员。

又过了大约半年,她的公司的人均转介绍业绩超过了 12 000 元,已经进入了良好状态,她本人也有时间去带营销团队了。

>> 意义

上述加盟商做对了什么?

一是讲清楚了意义。每个人都需要知道自己工作的意义,现在的年轻人更是如此,他们甚至可以为了"意义"加班,因为他们在实现意义的过程中实现了自己的价值。因此,只有把意义讲清楚了,公司才能有发展。

二是阐明了对每个人的实际好处:公司发展了,员工就能有更好的收入;客户更多了,需要更多的员工,优秀的员工就可以担任主管;成功带来的成就感让生活更有意义;等等。

>> 先看见,再相信

结果不会撒谎。2017 年我带我的会计主管到厦门满钇参观,当看到该公司的一个会计主管在产假期间签了 27 单的业绩奖金表格时,我的会计主管惊呆了。"他们能做到,我们也应该可以啊!"这就是"看见"的力量。有了这样的内心独白,就能产生 100 种方法去解决问题。记得在此之前,我的会计主管似乎有 100 个理由怀疑和反对转介绍。

先看见,再相信。我让我们的加盟商到我的公司参观,看到我们现在接近 2 万元的人均转介绍,让优秀的员工做现场分享,这样就能有好的开始。

>> 让一部分人先富起来

任何一项改革,不可能你一讲完大家就积极地跟着干。特别是对于长期不狼性的团队,思维方式和行为习惯都是很难改变的。

邓小平智慧地提出:让一部分人先富起来。对代理记账公司而言,则是搞定公司核心骨干,让他们先做出效果来。你可以不相信别人的公司,因为客户和环境不同,但当你看见自己的同事做出成绩时,你就一定会相信了。

我们可以暂时不批评做得不好的,但是我们一定要表扬先进,并且长期坚持,大家就会逐步融入转介绍的氛围了。这就是让一部分人先富起来,而后带动大家共同富裕。

>> 科学的机制

靠气氛改变态度,能做到人均转介绍业绩 1 万元,但要做得更好,就必须依靠科学的机制。经过我们的认真研究和实践,我们总结了以下六点:(1)回复及时性是客户满意度最重要的指标;(2)沟通会计与做账会计的岗位分离是规模化的前提;(3)良好的招聘,尤其是对沟通会计的招聘;(4)良好的薪酬和激励机制;(5)技术和内容让销售变得简单;(6)业务人员、会计人员的协同与利益平衡。

▶ 思考题

你的公司的会计人员在转介绍方面面临的最大问题是什么?你准备如何解决?

第八讲 | 如何确保续费率

> 代理记账续费需要发提成吗？

代理记账续费是否需要发提成，是一个困扰不少代理记账公司老板的问题。算上获客成本，代理记账公司的利润本来就不高，续费发提成会使利润更低，公司的财务状况不好，公司就很难做大。另外，续费发提成反映了客户满意度不高。如果客户满意度高，续费就不该是难事，因为客户更换代理记账公司是比较麻烦的。那么，如何避免这样的问题出现呢？

» 老板重视

续费率不高，一定是老板不够重视。代理记账行业的三大优势都建立在"续费"的基础上，续费不好就会导致：（1）第一大优势——线性累积的盈利模式不成立；（2）第二大优势——现金流不能保证，公司经营会很危险；（3）第三大优势——客户黏度不高，公司财务指标差。但只要老板认识到了这个问题的严重性并重视起来，解决方法还是很多的。

续费率是代理记账行业的生命线，是最重要的经营指标。对于续费率，再重视都不为过。保留一位老客户的价值相当于获取3位新客户，因为获取新客户的成本太高。续费率不高的公司，可以先停下手里的活儿，把续费率提上去，否则事倍功半。

» 源头是客户满意度

续费率低的源头一定是客户满意度低。关于如何定义和提升客户满意度，《服务即营销的终极秘密——代理记账公司的管理与营销》中有介绍，在后面的章节中，我们会从另外的角度予以说明。

>> 良好的机制

靠重视，续费率可以做到及格，但要做到优秀，就必须有科学的方法与机制。

所谓"重视"，是指把方法与机制落实到日常行为。比如：我是公司的老板，公司目前有几万位客户，但我依然要求会计人员对每一次客户流失都通过邮件抄送给我及其所有领导。这个动作本身就会引起大家的重视。我会回复邮件，询问客户流失的原因。如果问题比较严重，我就会亲自召集会议进行深入分析。

保证做账、报税等业务的质量是提升续费率的基础，尤其是税务服务，一旦出错，就会给客户带来巨大损失。关于这一点，我会在后续做账会计的内容中详细讲述。在此先提出以下两点：（1）良好的招聘与薪酬体系很重要，尤其是对沟通会计的选择和激励。（2）严格的处罚机制很有必要。在"企盈财税事业部流失考核办法"中，约定了客户流失的认定月度考核、标准公式、流失的操作流程及统计规则、流失转回、奖惩规则等机制。

>> 续费是沟通会计的基本职责

续费是沟通会计的基本职责和本职工作，所以续费不应有提成；反过来，如果续费率低，就说明沟通会计的工作不合格。

▶ 思考题

你有哪些控制客户流失率的好办法？

案例二 | 企盈会计转介绍的实施

>> 案例背景

2014年底,企盈的存量代理记账客户数仅超过1 000位,为了改变这一状况,企盈的管理层将90%的精力投入销售团队,从2015年开始,销售业绩得到了极大的提升,以平均每年新增3 000~4 000位客户的速度保持至今;但也正是因为这个策略,被放在次要位置的会计团队转介绍业绩一直不佳,人均每月的转介绍业绩始终在3 000元以下,客户流失率比较高。

>> 决策议题

2015年至2016年公司的销售业绩增长迅速,但代理记账客户流失率比较高,公司利润增长不明显。如何提升转介绍业绩?

>> 解决方案

1. **重视客户满意度,重视会计转介绍。** 首先,带领会计主管学习,先看见,再相信;然后,确定目标并制定激励措施;接着,总经理亲自宣讲,阐述转介绍对公司的重要性,并表明公司的决心。

2. 2017年9月,公司财税事业部改革,开始将转介绍作为工作重点。当时的人均转介绍业绩大约为3 000元。

3. 在不改变岗位的情况下,逐步招聘沟通好的会计人员。同时,各会计组负责人确定转介绍业绩指标,并且每月比拼,总经理每月亲自主持月度会议,对做得好的员工进行表扬,并当场发红包,分享成功经验。

4. 半年后,试点沟通会计与做账会计分开。将明显沟通不好但专业好的会计人员转到后台,只做账;将明显沟通好但做账不好的会计人员转到前台,负责沟通。沟

第二章 增长飞轮：百元转化率是衡量代理记账公司管理水平的重要标志

通会计与做账会计结对子。沟通和做账都还不错的会计人员暂时不做调整。

5. 2018年底，人均转介绍业绩达到6 000元，1年增加了1倍。

6. 2019年，进一步明确沟通会计和做账会计的画像，招聘到的人越来越好。

7. 2019年，全员使用财务软件，大大提升了会计人员做账的效率。

8. 2020年，会计转介绍人均业绩达到12 000元，加上财务软件提升了人效，2020年财税事业部的利润净增加300万元。

9. 2021年，进一步细化沟通会计的工作：

（1）摩羲云上线客户满意度调查工具，全员关注客户满意度。

（2）通过优秀员工访谈得出结论：客户满意度的最关键指标是回复及时性。遂全员推行该指标。

（3）老客户是所有会计人员最好的获客渠道，当客户介绍朋友来做业务时，给客户发88元红包，公司报销；当客户介绍朋友的业务超过3项时，主动和客户签订渠道合作协议，按照固定返佣比例结算，提升客户转介绍的积极性。

10. 丰富和完善产品品类，并不断迭代。

11. 在合适的场景主动出击。这个内容将在后续章节详细讲述。

12. 在摩羲云中标注客户的上下游关联企业，并将之纳入转介绍目标客户。

13. 2021年，会计人员的人均转介绍业绩超过16 000元。

>> 方案成果

自2017年实施上述方案后，会计团队的人均转介绍业绩提升显著（如图2-2所示）。

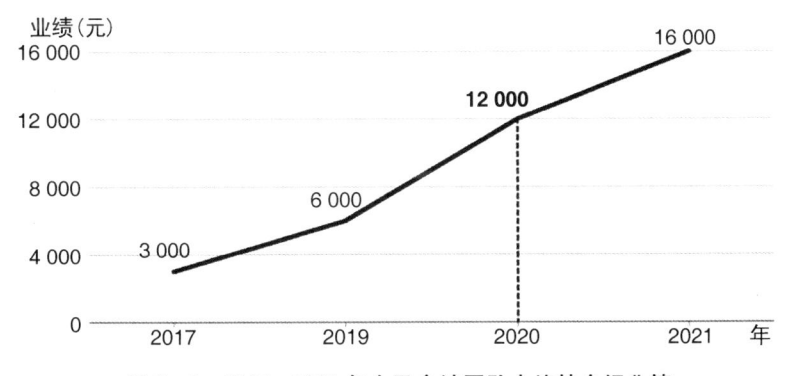

图2-2 2017—2021年企盈会计团队人均转介绍业绩

第九讲 | 百元转化率：增购与转介绍

> 如何让老客户买更多新产品？

❯❯ 百元转化率是衡量代理记账公司管理水平的重要标志

第一，管理水平体现认知水平。百元转化率是增长飞轮的第一推动力指标，但绝大部分人不重视这个关键指标。如果想不明白，就一定说不明白，也就做不明白。明白道理是执行的前提。

第二，管理水平是考验领导力和执行力的标准。百元转化率是在会计端提升的，而如何让会计提升营收是一个难题。所以，在动员和带领会计团队实现变革的过程中，管理水平既体现领导力，也体现执行力。"不要跟没有执行力的人讲战略。"即使认识到了百元转化率的重要性，代理记账行业中也只有20%的公司在认真执行。具体该如何做，我们会在后续章节中详细阐述。

第三，管理水平考验对科学方法论的运用。想明白后，如何高效执行？薪酬体系如何设置？为了达成目标，会计岗位如何调整？在改革过程中，客户会有怎样的反映？等等。解决这些问题都需要有完备的市场营销和人力资源管理的专业知识。

第四，管理水平考验系统化思维和动态迭代能力。在执行过程中，前端销售与后端会计产生矛盾该如何协调？如何根据自己公司的实际情况合理运用别人的方法与指标？在起初没有数据支撑的情况下，如何考核绩效？执行一段时间后，情况发生了变化，如何迭代？随着产品越来越多，如何销售？百元转化率提升后，如何适当调整市场营销预算？等等。这些问题很复杂，我们会在后续章节中阐述。

由此可见，要提升百元转化率，需要管理者具备认知能力、领导能力、组织能力、执行能力、科学分析能力、系统思维能力和动态迭代能力等。从这个意义上说，百元转化率是衡量一家代理记账公司管理水平的重要标志。

正因为提升百元转化率既困难又重要,所以创业护航联盟的"百城连锁"项目从会计端开始,自会计转介绍起,让加盟商从最基础的刚需产品起步,逐步理解百元转化率,运用我们总结出的方法论,帮助他们一步步执行好。

▶▶ 增购

根据百元转化率的计算公式,提升百元转化率需要提升老客户的增购和老客户的转介绍。

该如何实现增购呢?笼统地说,会计转介绍业务中的很大比例是增购,因为让老客户推荐新客户不容易,但老客户有其他需求时找我们的情况是比较容易发生的。但实现增购有三个前提条件:(1)老客户实现续费,这是最基础、最重要的。(2)良好的客户满意度,即客户对当前的产品和服务是满意的。(3)足够的产品支撑,也就是说:客户需要办理许可证,你得能交付;客户融资后增资扩股,你得会变更;客户要注册商标,你得专业;等等。我们会在后续章节详细阐述。

▶▶ 转介绍

如何让会计愿意转介绍,我们在第八讲已经阐述。沟通会计在日常工作中,具体如何做好转介绍,或者说如何运用科学方法论继续提升会计转介绍呢?我们会在接下来的章节中介绍沟通会计的管理与工作方法。

总的来说,"增购+转介绍"就是从老客户那里获取额外价值,这个营业额就是百元转化率公式中的分子,做好这两点,百元转化率就可以提升。

▶ 思考题

你的公司的代理记账客户有多少比例买过新产品?你有实现增购的好方法吗?

第十讲 | 客户满意度的衡量指标：净推荐值

> 如何知道客户对我们的服务有多满意？

▶▶ 客户满意度误区

我们的一个加盟商在了解了"客户满意度"的概念后，对客户满意度相当重视。她设计了一份问卷，安排她的助理一一打电话给客户，询问客户对她们的服务是否满意，但客户的反馈一般，甚至有些反感。

她对这样的结果感到困惑，就向我请教。我帮她分析了三点原因：（1）客户不愿意在电话里说"不好"，电话询问起不到真正的调研作用；（2）客户担心说"不好"后，为他们服务的会计人员遭受批评，从而更不愿为他们提供好的服务；（3）客户将询问电话视同我们在日常生活中接到过的银行、保险、汽车销售等打来的回访电话，心生厌烦而拒绝回答。这就是客户满意度误区：客户满意度调查流于形式。

▶▶ 衡量客户满意度的方法

1. 计算平均分

问客户一个问题：你对我们服务的满意度打几分？1～10分，让客户选择，然后用总分除以调查人数，就是客户满意度的平均分。如果是8.3分，就说明客户的整体满意度还行；但如果只有5.8分，则说明我们的服务很糟糕。

2. 表情调查

有些银行和政府机构在柜台用"表情包"做客户满意度调查（如图2-3所示），客户在办理业务后，按下其中的一个表情，即快捷地表达了对此次服务的满意度。

图 2-3　表情调查

3. 星级评分法

你乘坐滴滴专车,支付完成后,App上会跳出5颗星,如果你点亮5颗,就说明你对此次服务很满意;如果仅点亮1颗,就说明你对此次服务极不满意,滴滴会把它当成一次投诉。这些评分会影响司机的分数,这个分数直接与滴滴的流量分配挂钩。所以,司机非常关注这个满意度,也会因为这个分数而努力服务。由此可见,客户满意度一定要与员工的行为关联起来,而行为必须与利益相关。

4. 净推荐值

净推荐值(NPS)是目前最流行的客户忠诚度指标。这个指标特别适合代理记账公司用来衡量客户满意度。

▷▷ 净推荐值在代理记账公司的应用

净推荐值的计算公式如下:

$$\frac{\text{净推荐值}}{(\text{NPS})} = \frac{\text{给你好评的客户数} - \text{给你差评的客户数}}{\text{调查对象总数}} \times 100$$

净推荐值越高,客户满意度越高。

净推荐值的调查方式是问客户一个问题:你是否愿意推荐你的朋友到我们这里做代理记账?0~10分,让客户打分(如图2-4所示)。

差评							中立者		好评	
0	1	2	3	4	5	6	7	8	9	10

图2-4 打分表

结果是0~6分,判定为差评,客户对我们很不满意,不可能推荐给朋友;结果是7~8分,判定为中立者,客户对我们的满意度一般,也不太会为我们做推广;结果为9~10分,判定为好评,客户对我们很满意,很可能推荐给朋友。

净推荐值之所以特别适合在代理记账公司中应用,是因为:(1)真实的调查目的隐藏在问题背后,客户的顾虑不大,能真实地反映客户满意度;(2)净推荐值与转介绍对应,与增长飞轮一致;(3)代理记账是长期业务,应强调客户忠诚度。

》摩羲云中的客户满意度调查工具

摩羲云中的客户满意度调查以净推荐值为依据,把问题链接发到客户微信,客户打分即可(如图2-5所示)。

图2-5　摩羲云中的客户满意度调查

如图2-5所示,问卷调查只有两个问题:第一个问题是净推荐值调查;第二个问题是守住底线,一方面不让员工"宰客",另一方面不让员工有飞单的机会。

从摩羲云的客户满意度结果查询中可以看出客户的满意度情况,并且与员工对应,由此来统计员工的服务情况,也可以作为考核员工的依据。有了基础数据才能实现考核,从而真正实现员工为客户满意度负责。

▶思考题

你的公司的净推荐值处于差评、一般、好评中的哪一个区间?

第十一讲 | 人效与资源转化孰重

> 会计人员没有时间与客户沟通，怎么办？

代理记账公司的会计人员经常说手上事太多，没有时间与客户沟通，而客户对此不满意。诚然，我们应该非常关注人效，如一位会计人员做了多少客户的账，做得越多，人效越高，公司的利润也越高，但是，过度关注人效会有副作用。

>> 人效的副作用

过度关注人效这个指标带来的问题很突出：（1）因为关注人效，所以每位会计人员都要做更多客户的账，他们不愿意与客户沟通是因为沟通浪费他们做账的时间，但这样会严重影响客户满意度；（2）公司的薪酬体系设计为做账越多，提成越高，于是整个公司机制化的客户满意度差，转介绍率低；（3）在获客成本极高的同时，获取的客户没有转化，导致公司的财务指标不佳，公司无法加大投入。如此就形成了负面的"越来越"。人效越高，客户满意度越差，百元转化率越低，公司财务状况越差。

>> 人效与资源转化，哪个更重要

人效固然重要，但资源转化效率更重要，或者说，客户满意度更重要。

首先，代理记账公司的获客成本很高，这是根本原因，所以必须关注蝴蝶结的后端转化，后端转化高变相降低了获客成本。

其次，代理记账是长期业务，相对高频，会计人员每月与客户例行沟通，有很多机会发现客户需求并与客户建立良好的关系，从而实现增购和转介绍。

假设一位会计人员做200位客户的账，每月转介绍业绩为6 000元。若适当降

低人效,一位会计人员做 180 位客户的账,每月转介绍业绩为 10 000 元,减少的 20 位客户的做账人力成本只需要大约 1 000 元,而增加的业绩是 4 000 元(如表 2-2 所示)。可见,虽然人效降低了,但百元转化率有较大的上升。

表 2-2 做账数减少后业绩反升

方 案	做账数(位)	转介绍业绩(元)	效 果
A	200	6 000	人效＞资源转化
B	180	10 000	人效＜资源转化
公司收益(元)	-1 000	+4 000	+3 000

这个道理用在销售端同样成立:线上推广成本很高,适当增加销售人员,增加销售的底薪,人效有所降低,但大家更珍惜每一条线索,总的投资回报率(ROI)增加。这里的资源是指广告投入,因为这里的广告投入比人效重要,所以适当降低人效以增加 ROI 对公司整体而言更划算。

适用条件和代理记账公司的实际应用

因为人效太高会影响客户满意度,所以我们认为资源转化率比人效重要。但这有适用条件:人效不能过低。

有的代理记账公司的会计人员不愿意多接账,不是因为忙,而是不愿意多做公司的业务,甚至拿着公司的基本工资接私活。出现这种情况,你就得先解决管理问题。你得招聘到愿意努力的人,还要彻底改善公司的氛围,杜绝接私活,从而把人效提上去,在这个基础上,才能强调资源转化。

在实际应用中,还必须关注:(1)沟通会计与做账会计分离;(2)努力招聘到积极的人;(3)以良好的薪酬体系作为机制;(4)对沟通会计的客户数设置上限和下限,上限是为了保证客户满意度,下限是为了避免人效过低。

▶ 思考题

你的公司的会计人员能与客户愉快地沟通吗?

第十二讲 | 岗位切分：沟通会计和做账会计

> 做账好的会计人员沟通不好，沟通好的会计人员做账不好，怎么办？

在代理记账公司的日常经营中，经常会出现这样的问题：做账好的会计人员沟通水平差，而沟通能力强的会计人员做账水平低。这一讲我们就来解决这个问题。

》为什么要进行岗位切分

1. 什么都好的会计人员很难招聘到

我们都想招聘这样的会计人员：专业强，做账好，沟通佳。这样的人很难找到，即使找到了，成本也会非常高。换句话说，你只能招聘到专业一般、做账一般、沟通一般的人。这样的会计人员在做账质量和客户满意度方面都一般，而管理者的价值就在于将不完美的人进行组合，以达到最好的效果。

2. 岗位切分后的培训和薪酬体系简单

一位会计人员既做账又负责与客户沟通，你对他会有诸多要求，从而使薪酬体系复杂、考核困难。比如：一位会计人员做账好，但是沟通不好，你很难评价他，结果往往是公司不满意，客户不满意，他自己也很沮丧。如果他只做他擅长的事——做账，他就会更有信心，这样公司的效益高，他自己也有成就感。

沟通会计的主要任务是让客户满意，做账会计的主要任务是保证做账质量，两者的目标不同，培训内容也不同。只有简单的才能实现规模化。

3. 客户满意度提升

岗位切分后，沟通会计负责客户满意度、增购和转介绍业绩，做账会计负责做账和报税的质量。两者各司其职、相互配合，客户满意度就会提升，从而推动增长飞轮运转，公司进入正反馈。

》 如何切分

我们把会计岗位切分为三类，分别是沟通会计、做账会计和会计助理。

沟通会计（Customer Success，CS）包含客户成功的意思，其职责是让客户成功，具体内容我会在下一讲详细阐述。

做账会计（Accounting，ACC）的职责是保证做账和报税的质量。

会计助理（Accounting Assistant，AST）主要协助做账会计处理凭证、代开发票、出外勤等相关工作。

》 岗位切分的节奏

你的公司原本是一位会计人员负责全部会计工作，现在想采取上述岗位切分方式，这实际上是代理记账部的一次重大变革，涉及薪酬体系、招聘、客户感受等诸多因素，所以必须有节奏地进行。

如果你的公司规模小，只有300位客户，你可以不急着切分，先把客户量做到500位以上。如果你的公司规模合适，则在改革前一定要与会计人员充分沟通。

记得当初我的公司做这项改革的时候，我的会计人员提出：不专业的人怎么能让客户满意呢？

汽车4S店的岗位设置非常清晰：销售人员负责签单和收款，客服人员负责接待，机械师在后台负责维修……当我们把车开到4S店做保养时，我们并不是直接与机械师联系，而是与客服人员沟通。客服人员热情地接待我们，根据车的情况开具保养单，随后机械师在车间给车做保养。汽车保养涉及很多专业知识，但4S店并不需要一个非常专业的人来与我们沟通。技术好的机械师大多不善于沟通，而善于沟通的客服人员往往并不专业——这与我们的会计人员很像。只要系统支持，做好培训，客服人员碰到专业问题有人协助提出好的解决方案，客户就会满意。

我就是这样耐心地讲道理，同时向员工承诺收入不减少，才开始改革。先小范围试点，让沟通好但不愿意做账的A与沟通不好但愿意做账的B结对子，A把账转给B，B的客户沟通交给A。比如：A和B原来各做100位客户的账并服务客户，改革后，A 的 100 位客户的账转给 B 做，B 的 100 位客户转给 A 沟通，这样就变成 A 沟通 200 位客户，B 做 200 位客户的账（如图 2-6 所示）。如此，一部分客户更换了沟通人员，而新的沟通人员让客户感觉更好，试验就成功了。试点成功后，我们总结经验，逐步推广。

但是，岗位切分后，每个岗位的效率得到提升的同时会带来新的问题：沟通会计需要与做账会计密切沟通，才能满足客户的需求，这样就会增加沟通成本。所以，当有一部分会计人员的沟通能力和做账水平都不错时，让他们维持原状的效果会更好。

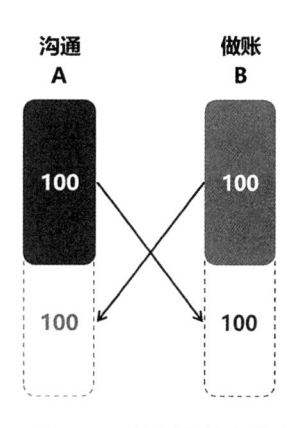

图 2-6　沟通会计和做账会计交换客户

▶ 思考题

你的公司的会计岗位切分了吗？如果没有，你准备改革吗？

案例三 | 企盈的人效与转化率策略

>> 案例背景

2021年企盈的线上业务团队人均月签单金额达到8万元,会计人均月转介绍金额达到16 000元。但我们发现,线上团队的业务员因为手握大批优质资源,对无法快速成交的商机选择了"战略放弃",甚至有些老业务员因为积累了大量老客户而不愿意再接推广资源;我们的CS也存在只努力维护有推荐业务的老客户而无暇顾及其他客户的情况,造成客户满意度下降。

>> 决策议题

出现线上团队资源浪费以及代理记账客户整体满意度下降问题的关键在于没有在人效和转化率中寻找到一个有效的平衡点。如图2-7所示,四个象限代表人效和转化率的四种情况。

(1) 当人效和转化率都很低时,问题很严重,需要做全方位的提升,首要的是提

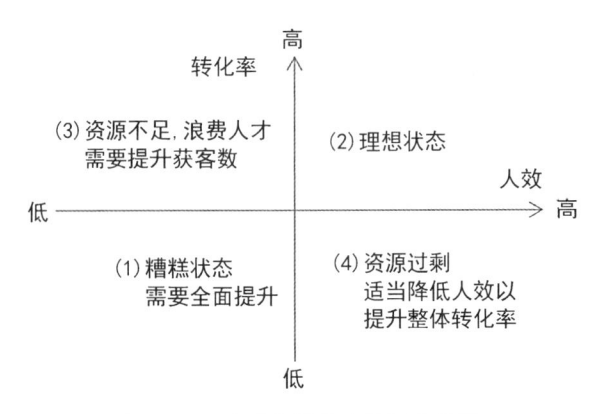

图2-7 人效和转化率的四个象限

升人效,保证公司盈利。

（2）人效和转化率都很高是每一家公司追求的理想状态。

（3）人效低而转化率高的情况一般存在于传统型代理记账公司中,一般是因为缺少有效的管理工具和绩效考核,导致会计人员人均做账数量始终不多,但也因为做账工作量小,所以会计人员有更多时间去维护客户,转化率反而不低。

（4）人效高而转化率低的情况一般存在于销售型代理记账公司中,因为工具和绩效的配合,人效达到了较高水平,也正因如此,员工忙于个人的营业额指标而出现挑肥拣瘦的现象,造成资源浪费。企盈随着人效的持续提升,就跨入了这个阶段。

▶▶ 解决方案

针对会计团队,将一个 CS+ACC 小组的做账客户数从 200 位减少到 180 位,但转介绍指标维持 16 000 元不变。以 1 800 位客户为一个单位来分析,原本 9 个小组做账,现在变成 10 个小组做账,这样转变的结果如下：（1）大部分 CS 的转介绍业绩来自核心老客户,分走 20 位客户的影响不大,因此原本的 9 个小组仍然能够维持 16 000 元的转介绍业绩；（2）新增的 1 个小组经过不长的过渡期,180 位客户产生 16 000 元转介绍业绩的难度不大；（3）小组做账金额从原本的 60 000 元/月降到 54 000 元/月,转介绍业绩维持 16 000 元不变,百元转化率从 26.7% 提升到 29.6%,资源得到有效利用；（4）总体转介绍业绩从原来的 144 000 元变成现在的 160 000 元,总营业额增加 16 000 元,两人小组新增的成本仅为 10 000 元,公司整体利润提升；（5）由于人效降低,因此员工有更多时间维护客户,客户整体满意度上升,后期续费率得到提升。

针对线上业务团队,增加销售人员,线上推广总投入不变。减少老员工线索数量,分配给更珍惜资源的新员工,所有人都因此对手头的线索更加珍惜,总体 ROI 得到有效提升。

需要注意的是,企盈做这个调整的基础是人效已经达到了行业中的较高水平。如果你的公司的人效仍旧很低,那么建议你先提升人效以保证公司基本的利润率,切不可盲目追求转化率。

▶ 思考题

你的公司的会计人员或者销售团队目前的人效是多少？你觉得你的公司目前最重要的任务是提升人效还是提升转化率？

第十三讲 | 沟通会计的根本任务：客户成功

> 沟通会计如何赢得客户的信任？

>> 客户成功的定义

客户成功，是指确保客户在使用你的产品和服务时获得成功。这个定义来自美国，主要针对"会员制"业务。要确保客户长期续费，就必须让客户成功地使用你的产品和服务。

>> 代理记账公司的客户成功

我们定义的代理记账公司的客户成功分为四个层次（如图 2-8 所示）。

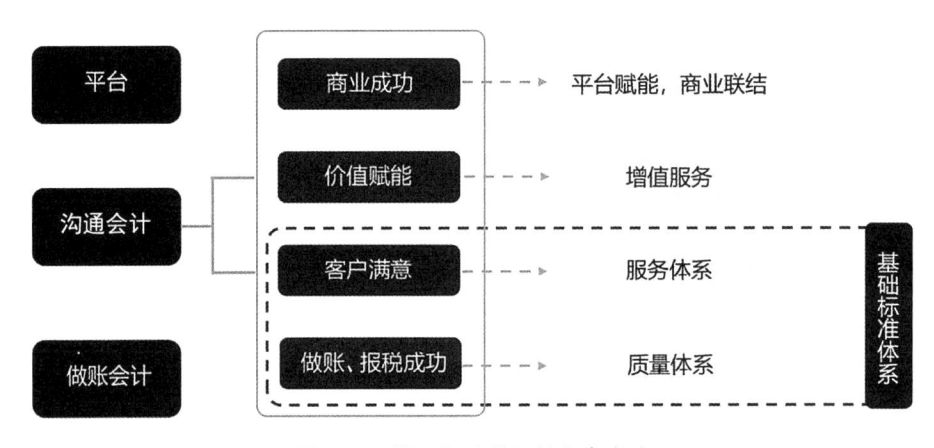

图 2-8 代理记账公司的客户成功

在这四个层次中，商业成功是未来平台可能的模式。价值赋能是除了日常做账、报税外客户的其他需求，也是转介绍的巨大商机。客户满意是服务体系，首先体现为回复及时，而后要够专业，否则会影响客户满意度。比如：会计人员要求客户提供完整、规范的凭证、工资表和银行对账单，否则无法做账，但很多小企业尤其是初创企业不懂财务，有些成本没有相应的发票，甚至工资表也不规范，若他们遇到有这样要求的会计人员，能满意吗？做账、报税成功则是质量的保证，后续我们会专门介绍企盈的质量控制体系。

对于传统型代理记账公司而言，下面三个层次是一定要做好的。

》 沟通会计的使命就是客户成功

我们把会计岗位分为沟通会计和做账会计，就是为了更好地服务客户，让客户满意，为客户带去更大的价值。因为沟通会计直面客户，所以沟通会计的使命就是客户成功。那么，沟通会计怎样做才能赢得客户的信任呢？

首先，要与做账会计配合，以保证业务质量。

其次，在满足客户需求的过程中，要做到有问必答，及时处理，让客户放心，也就是，事事有回应，件件有着落。

最后，要专业、主动地解决客户没有发现的问题。比如：主动提供对客户有价值的政策和税务筹划方案，解决与我们不直接相关的客户的金融问题等。这样就能感动客户。对某些营业额比较高的客户，如果可以进一步提供经营分析以支持客户决策，那客户一定会万分惊喜，甚至付费增购我们的服务。

》 从价值的角度理解客户成功

代理记账行业是针对企业的服务业，客户价值至少包括功能价值和情绪价值。客户在我们这里注册公司，用于经营，这体现了功能价值；客户在我们这里代理记账，我们让客户满意，这体现了情绪价值，在后续章节中我会详细阐述。

▶ **思考题**

你的公司给客户带来了哪些价值？

第十四讲 │ 沟通会计的招聘与薪酬

沟通会计如何晋升？

>> 沟通会计的画像

招聘的前提是岗位定义清晰。经过我们长时间的调研，沟通会计的岗位画像主要包括沟通能力、专业能力和抗压能力三项（如图2-9所示）。

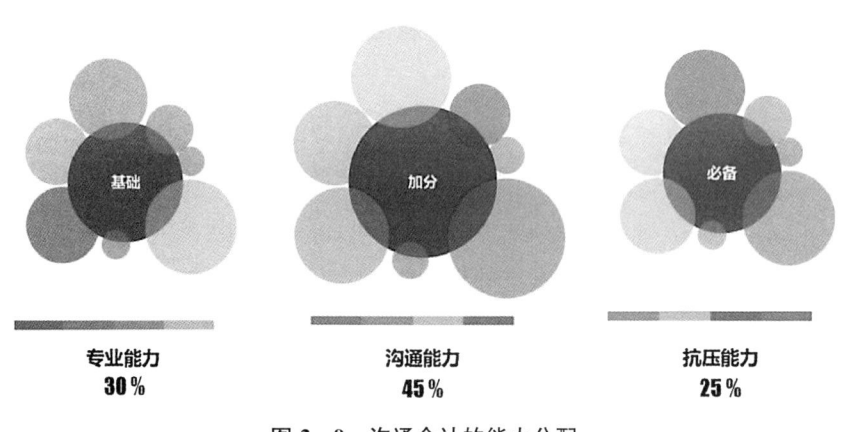

专业能力 30%　　沟通能力 45%　　抗压能力 25%

图 2-9　沟通会计的能力分配

1. 沟通能力

沟通能力是沟通会计最重要的能力，而且这个能力很难培训，所以在招聘的时候就要明确。

沟通，首先是与客户的沟通，将我们的服务结果传递给客户，这是交付；其次是让客户感觉舒服，这体现客户的情绪价值，也就是说，你让客户越舒服，客户的总价值越大,客户就越满意;最后是与政府部门沟通,如工商、税务等部门,这也很考验沟通会计的沟通协调能力。

虽然会计人员给大部分人的印象是严肃板正的,但是对于代理记账行业的沟通会计来说,活泼开朗、积极主动的人更适合这个岗位。

关于如何沟通,我们强调倾听,因为好的倾听是沟通的开始。很多时候,沟通不好是因为没有弄明白客户的需求。同理心也很重要,从客户的角度考虑问题,很多问题就会变得简单。

2. 专业能力

沟通会计毕竟是与客户沟通专业问题,所以专业基础必须具备,否则难以取得客户的信任。这一专业能力的养成,一方面需要沟通会计的基础知识,另一方面需要我们的培训和系统支持。

3. 抗压能力

沟通会计可以说是半个销售人员,既要处理与客户沟通带来的情绪压力,又要完成公司交给的转介绍任务,所以具备抗压能力很重要。

明确了沟通会计的岗位画像,招聘就变得容易了。

》 沟通会计的薪酬体系

沟通会计的薪酬体系既不能复杂,又要考虑晋升机制,企盈的基础架构如图2-10所示。

沟通会计的薪酬体系:底薪+客户服务奖金+业务提成-流失扣款-投诉扣款

底薪部分每半年评估并调整一次

职 级	底 薪
C1	4 500元
C2	5 500元
C3	7 000元

职级(底薪)评估关键指标
① 流失率系数   50%
② 百元转化率   50%

图2-10 沟通会计的薪酬体系

1. 底薪

底薪分为三个职级(C1~C3),根据职级确定不同的底薪。职级评估的关键指标主要有两个:流失率系数和百元转化率。

(1) 流失率系数

$$流失率系数 = \frac{流失财务代理客户数}{(期初财务代理客户数+期末财务代理客户数) \div 2} \times 100\%$$

流失率或者续费率是最重要的指标。如果流失率高,沟通会计的底薪就低。认定流失的标准:① 主动提出转走的客户;② 财务代理费逾期3个月以上(包含3个月)的客户;③ 不在我的公司注销的客户;④ 不在我的公司转让的客户。

(2) 百元转化率

百元转化率是仅次于续费率的第二重要的指标,它反映了我们的管理水平,也是衡量沟通会计业绩的核心指标。

上述两个关键指标的权重各为50%,具体的基本工资需要根据每个城市和每家公司的情况进行调整。

2. 客户服务奖金

客户服务奖金 = 当月实收长期产品总产值 × 5%

沟通会计要通过日常对客户的服务完成业绩指标,所以日常的客户服务也是我们薪酬架构的组成部分,从每位客户都需要的基础服务中提成。

3. 业务提成

这是指转介绍的业务提成。企盈的标准:长期业务20%,一次性业务15%。如果沟通会计把业务转到销售部,让销售部签单,那么沟通会计和销售人员各获取一半的提成。这个规定每家公司可以不同。

4. 流失扣款

企盈的标准:超过指标的,按一位客户700元扣除;如有瞒报,发现后按一位客户900元扣款,且公司内部通报批评,该员工个人和所在团队取消年底评优资格。客户在逾期4至6个月内回款的,可以抵扣当季度的流失指标,不向以前月份追溯。根据前面两个季度(滚动)的流失率排名决定当季度新账的分配比例。另外,发生客户投诉导致内部财务人员更换的,给原财务人员算0.5的流失指标,新接手的财务人员 3 个月内没有发生重大事故的,客户流失归属被投诉的财务人员,3 个月后由于非重大事故产生的流失归属新接手的财务人员,按 0.5 计算流失。

5. 投诉扣款

企盈的标准:员工出现重大差错,给客户造成了损失,直接责任人承担 50% 的责任,直属上级承担 30% 的责任,公司承担 20% 的责任;造成损失超过 5 000 元的,一事一议。

>> 沟通会计的晋升

根据沟通会计的薪酬体系:(1) 依据核心指标,基层沟通会计可以从 C1 晋升到 C3;(2) 达到 C3 并且表现优秀的员工,晋升为沟通会计主管;(3) 随着客户数量的增加,沟通会计人员增加,可以独立核算,核算的核心指标是续费率(流失率)、增购、转介绍;(4) 团队规模控制在 5 人以内,可以精细化管理。

▶ 思考题

你的公司的沟通会计符合本讲的岗位画像吗?

第十五讲 | 沟通会计的主动开发场景表

> 沟通会计如何主动开发客户？

主动开发客户应从哪里开始？我们给大家准备了一张会计转介绍业务的主动开发场景表(扫二维码可得)。这张表描述了四大类场景。围绕这四大类场景，我们来说说主动开发客户的方法。

》 客户财务数据

我们主营代理记账，当然从财务数据入手。

当客户的营收发生变化时，其可能面临转型。比如：一家做地毯销售的公司，现在除了销售，还会帮一些展会做地毯设计。销售和设计是两个不同的经营范围，对应的税率也不同，客户也许并不清楚这一点，这时我们可以关注客户的营业执照里是否有"设计"这一项，如果没有，就可以向客户普及一些财税知识，并建议客户扩大经营范围，把设计和销售分开，这样不仅给我们增加了业务收入，而且帮客户节省了税费。客户不仅愿意为我们的服务付费，而且会感谢我们。

除了营收的变动，我们还可以依据利润数据主动与客户沟通，尤其是季度申报的前一个月，每位会计人员都应该关注利润总额和未分配利润的数据，提前告知客户账面的利润情况，并做好规划。很多客户的账面利润并不是其实际利润，因为很多供应商没有开具发票。在这种情况下，我们应该从专业的角度协助客户既合规又低成本地解决问题。在了解客户真实业务的情况下，给客户方案，客户会尊重我们。

资产的变化也是我们发现商机的好机会。比如：增加投资人，一定要做增资扩股的变更；有房产买卖的，涉及土地增值税和房产税；等等。

从财务数据的变化着手还有很多可以发现商机的地方，如规模扩大后带来的知识产权保护需求、新业务的新注册等。这些数据我们会逐步在摩羲云中推算出来，推送给沟通会计，以便沟通会计更好地服务客户。

客户行业特点

我们可以根据行业特点挖掘需求。

对于科技类客户，尤其是本身有研发项目的，就一定有申请高新项目的需求。国家对于高新企业有一定的补贴和优惠政策，但要申请这些补贴和获取优惠政策对企业财务数据的要求比较高，这时，我们就可以与客户沟通提价；商标、专利等也是我们可以主动与客户沟通的方面。

对于建筑工程类客户，由于其成本来源比较复杂，因此可以考虑让其购买财务外包产品，以帮助其把每个项目的情况分析清楚。

对于名下有房产的客户，如果后续进行房产交易，土地增值税和房产税就会有巨大的空间进行税务筹划。

对于餐饮类客户，其成本核算往往比较模糊，跟朋友合伙开了一家餐厅，每个月赚了多少钱需要专业的财务人员进行核算，因此可以与客户沟通财务外包业务。

有限合伙这种注册类型大多是为了搭建持股平台，性质与企业名下持有房产一样，营收数据很难反映企业的真实情况。对于这种类型的客户，可以提前与其沟通，了解其成立企业的目的，帮助其做出合理规划。

还有很多行业，国家和地方有扶持政策，可以将这些客户引入有相应优惠政策的地方。

客户上下游情况

我们也可以根据客户的上下游，在客户的产业链上寻求商机。比如：做医疗美容的机构的很多客户来自美容院，他们给美容院的佣金就是市场营销费用，我们可以根据客户的实际情况，为客户制定财税方案。

关联企业

摩羲云系统与启信宝是互通的，客户的社会统一代码录入摩羲云系统后，系统自动匹配客户的关联企业和个人。

一家企业在我们这里代理记账,那么同一个股东的其他企业当然要转到我们这里来代理记账。比如:一位客户有三家企业在别的代理记账公司做账,为什么第四家会选择我们?大概率是对之前的服务不满意。那么,在服务满意的前提下,让客户把另外三家企业转过来,不是很正常吗?

这个工作让员工主动去做很难检查,而摩羲云对有关联客户的企业生成跟踪报表,要求沟通会计跟踪并填写跟踪记录,这样就相当于公司自动有了意向客户来源,还可以检查。

除了数据挖掘外,还有一些渠道也很有价值(如表2-3所示)。

表2-3 代理记账公司的外部渠道

渠道主体	客情分析	话术	方案
客户	有了一定的信任基础,利用好客户身边的资源,转换成我们的客户,并给现有客户一定的奖励	×总,您在这个行业做了这么多年,肯定很了解这个行业的情况,最近我们公司接了不少您这个行业的客户,我也想深入研究你们这个行业的财务问题,要是有这方面的客户,您可得帮我推荐推荐。当然,我要是遇到对您有帮助的人脉,肯定推荐给您,我们公司客户的层次还是比较高的,可以接触的资源还是挺多的	注册、代理记账等
潜在客户	财务人员去税务局办事时,一定会出现目标客户,我们的热心肠会给我们意想不到的收获	/	代理记账或其他一次性业务
政府部门	约见专管员时,让专管员为我们介绍客户(多关注专管员拉的微信群,主动帮忙回答其他纳税人的问题)	/	代理记账或其他一次性业务

》老客户是最好的渠道

客户的朋友是我们的资源。针对合作时间比较久的客户,可以用资源项目引荐的方式与客户沟通。比如我们可以说:"王总您好,您在这个行业这么久,肯定对行业的情况比较了解,我们公司接了不少您这个行业的客户,最近想深入研究行业的一些财务问题,您能否给我们介绍几个行业中的朋友呢?我们公司的客户质量都不错,遇到对您有帮助的资源,我们也可以引荐给您,做一些深度合作。"相信这样的沟通方式客户一定不会拒绝。对于沟通会计来说,客户介绍的同行朋友就是意向客户,可以深入沟通并转换成我们的准客户。

>> 潜在客户

我的公司的一位财务人员在外出办理税务事项时,遇到了一位年纪较大的财务人员,她当时正在处理发票退税申报的问题,我们的财务人员主动查看并帮助她填写了财务数据。之后两人互加了微信,得知这位财务人员是某企业的全职会计,也是该企业老板的亲戚。之后的三年,该企业的审计业务都是委托我的公司来处理的。

外出遇到的每个人都可以是你的潜在客户,有时候你的热心肠可以给你带来意想不到的收获。

>> 政府部门

税务专管员手里往往有很多客户资源,很多税务专管员习惯用微信群或钉钉群发布税务通知,一些客户则会在群里交流财务问题。群里不仅有财务人员,也有初创企业的老板,这个时候我们可以帮助税务专管员维护群,我的公司的财务人员小杨就是这么做的,后来税务专管员帮忙介绍了很多财务代理客户给她。

税务专管员说,有些初创企业的老板会让他帮忙介绍财务代理。客户找怎样的财务代理是客户自己的事,但他担心客户找的财务代理不专业。对于税务专管员来说,专业肯定是首选。

可见,从客户的数据中可以发现商机,从日常的工作中也可以积累渠道,关键是你是否用心去分析和挖掘。

▶ **思考题**

你还能想出哪些方式或者渠道可以让会计人员去开拓业务的呢?

第十六讲 | 沟通会计的过程管控与氛围

> 如何管控沟通会计的细节?

我们知道了客户成功的重要性,也明白了做好沟通会计的过程管控可以让业绩得到很大的提升,那么接下来的问题就是如何很好地执行。

>> 复盘

首先要做的就是复盘,小组每周复盘,公司每月复盘。对于规模较小的代理记账公司,尤其是刚开始冲击转介绍的,要每周复盘,也就是每周开例会。

关于如何开会,我总结了以下五点:(1)过数据;(2)分析数据好的原因,分享优秀员工的成功案例;(3)分析数据不好的原因,探讨改进措施;(4)讨论公司欲投入哪些资源来支持,老板、主管、专业人员如何分工协作;(5)发红包,实现荣誉和金钱的双重激励。

>> 比拼

其实,比拼(PK)就是游戏,要让员工在游戏中愉快地完成工作。

在比拼过程中,要让团队处于一种相对紧张的状态,激发大家的热情,为荣誉而战,那些平时有些懒散的员工也会被气氛带动而加入游戏。为团队做贡献才有存在感和价值感,在良好的氛围中,没有人愿意做"猪队友"。尤其是对于"95后"而言,游戏不一定要有多大的压力,但一定要好玩儿、有意义,适当的比拼就是这样的方式。这不正是我们梦寐以求的企业文化吗?

那么,如何设定比拼游戏呢?

第一,与公司对赌:某位员工上个月做到 12 000 元的业绩,如果下个月做到

15 000元，公司就发1 000元红包。这是为了鼓励他突破，成为公司的标杆。某个组连续两个月都做到5.5万元的业绩，就鼓励他们突破6万元，公司发2 000元红包。公司里有人能做到，这对公司的意义重大，因为一个人能做到，就应该很多人能做到。

第二，两组对赌：两组水平相当，双方签下对赌协议，输的一方给赢的一方1 000元，双方都会为荣誉而战。

第三，两人对赌：两人水平相当，则各自为荣誉和成就感而战。

比拼的内容一定是公司最重要的指标。如果你的公司的续费率不好，那么这个季度就重点比拼续费率；如果你的公司要抓转介绍，那就比拼转介绍；如此等等。

》 节点客户

节点客户（KOL）即某种意见领袖，他可以成为我们的渠道客户。你可以重点关注以下几类人：

一是商会、协会的会长、秘书长。如果他们成为我们的客户，我们需要先服务好他们，然后让他们推荐熟悉的会员企业给我们，形成长期的转介绍。

二是大企业的老板和高管。虽然我们主要服务中小企业，但很多小企业的背后其实是大企业。比如：企盈的客户中有好几家是上市公司和知名企业，他们的老板和高管有很多资源。

三是网红。比如：某网红是企盈的客户，那么他就是名副其实的节点客户，当然可以成为我们的渠道，我们甚至可以同他成立合资公司来运营。

四是老师。如果某老师是我们的客户，那么他的学生都有可能是我们的资源。

五是媒体和会务公司。他们帮行业和企业组织会议，尤其是在一些细分市场，他们那里是老板的聚集地，有很多资源。

六是平台型企业。风景线有一位客户是做美甲美睫的，后来因为生意好而开启了加盟。因为我们服务得好，所以其所有加盟店的注册和财务代理都找我们，一年内我们为这位客户注册了15家企业并代理记账，还专门为他制定了服务规范并提供经营分析。

未来我们会在摩羲云中标注这些节点客户，然后生成任务单，让员工去执行，这就是用数据驱动营销，用数据管控细节。

>> 回复及时性

回复及时性是客户满意度最重要的指标,权重达到 60%。从公司的角度出发,我们希望沟通会计 24 小时在线,2 分钟内给予客户反馈,但这很难做到。所以,我们的解决方案如下:

第一,招聘适合的员工担任沟通会计。有的会计人员说:"反正晚上 11 点躺在床上也没事,把客户的问题回复掉不是很好吗?拖到第二天不还是自己的事情?"所以,努力去找到这样的员工。

第二,坚决使用企业微信。我们正在开发基于企业微信的机器人,常规问题可以自动回复;员工不在时,机器人先回复"稍等",然后机器人提醒员工回复客户。

第三,用系统统计回复时长。只有在系统中,才可以统计每位员工的回复时长,才能精细化管理。

▶ 思考题

你关注过节点客户吗?

案例四 | 企盈员工转介绍实战分享

我们采访了企盈的两位员工。一位是企盈的会计组长陈小珍,她带领的团队在2021年做出了非常优秀的转介绍业绩,百元转化率达到72%;另一位是2021年企盈转介绍个人业绩最高的饶琪,她在2021年总共完成了70万元的转介绍业绩。

» 陈小珍:主动挖掘老客户的需求是做好转介绍的必备条件

采访者:你觉得现在转介绍业绩越做越好的最重要的原因是什么呢?

陈小珍:第一个原因是客户多了。以前我们一个财务人员接八九十家客户就已经是顶额了,但是现在用了云帐房,基本上可以接到120家左右,客户数多了,人均转介绍肯定会提升。第二个原因是公司的产品增加了。以前我们的产品比较单一,主要就是工商业务和代理记账,但现在多了很多增值产品。产品多了,我们就能更好地转化客户的需求。

采访者:除了这两个主要原因外,还有什么原因让你做得比企盈的其他团队要好呢?

陈小珍:我经常向我的组员传达——对你的客户,第一是你要服务好他,第二是他得知道你能做什么。在做好基本的做账和报税服务后,还需要一些附加动作。首先,我得定期给客户介绍我们的产品,让客户始终保持对我们产品的了解,那么客户有需求的时候就会想到我们。其次,我经常说我们要在朋友圈打造人设,这个人设对客户是有意义的,所以朋友圈不能只有广告,日常的生活你得发一下,这样才能让客户觉得你是个真人而不是机器人,然后一些新的税务政策也要发,让客户能够从你的朋友圈获取有用的信息,这样这个人设就立起来了,客户就不会觉得你只是一个每个月给他寄送材料、催发票的人,而是一个能真正帮助他的人。所以,对于我的组员日常发送朋友圈的内容,我会定期抽查。

采访者:除了介绍产品和发朋友圈,还有什么值得分享的方法吗?

陈小珍：还有一个方法非常重要，就是主动挖掘客户的需求。我们财务人员去挖掘客户的需求尤其是税务筹划方面的需求是非常方便的。像盈利高的客户，比如我们2021年做的最大的一位客户，他的公司前三个季度的报表出来后，我的组员就知道他2021年的盈利肯定很高，于是对他说："按照你们现在的账面盈利情况，今年肯定会缴很多税，但现在我们有一个产品，可以帮你合理地降低一些税负，你有没有兴趣了解啊？"然后这位客户年底就在我们这里签了税务筹划的业务，帮我们做了超过5万元的业绩。还有账上往来款挂了很多的客户，我们会跟他对账，一对账就能发现他的应收账款里哪些是真的应收，哪些其实是已经花掉的借款而没有发票报销，那这部分款项对他来说就是有风险的，而我们有产品可以解决这个风险。这样主动挖掘后，成交量就大大增加了。

》 饶琪：我觉得我做得最好的就是秒回

采访者：我听说你2021年仅12月就做了17万元的转介绍，这个业绩甚至超过了绝大部分销售人员的业绩，可以分享一下你是怎么做到的吗？

饶琪：这个主要是因为我签了几位金额比较高的客户。比如有一位客户，他之前在我们这里注册了5家核定征收的个人独资企业，但是我看他2021年一直没怎么开票，就问他为什么不用这几家企业。他说他把业务转移到其他地方了。我就问他能不能帮他卖掉，现在一家核定的个人独资企业卖2万元没问题。客户说好，我就帮他卖了3家，这就有6万元了。还有几位比较熟的客户，关系比较好，他们找我注册新的公司，我就把我们"签两年送半年，签三年送一年"的优惠措施告诉他们，问他们有没有兴趣，然后就签了几单年限长的，这就做了一大半业绩了。

采访者：你很厉害啊！为什么你的客户这么信任你呢？

饶琪：一是在日常工作中，我会帮客户做一些收费项目外的小事。比如：客户在外面忙，找我帮他改一份合同，我会尽量帮客户改。二是我回复客户的及时性——基本秒回。如果我正在跟一位客户通电话时另一位客户给我发消息，我会跟他说"稍等一下，我这边在跟另一位客户打电话，结束了立马回您"。三是工作时间外我也不会拒绝沟通，经常客户晚上九十点钟或者节假日找我，我都会回应。我能够及时回应客户，那客户也就会经常回应我，这是相互的。四是客户遇到麻烦来咨询我的时候，我会比较有同理心。比如：客户在税务方面遇到了麻烦来问我，我第一句话一般会说"是啊,怎么这样啊",就让客户觉得我跟他是一队的,然后我们一起来解决问题,这样我的客户就会非常信任我。

采访者:我记得你来公司的时间还不到两年,那你现在的这些沟通技巧是怎么学到的呢?

饶琪:我们公司不是有伙伴制度嘛,我刚来公司的时候是有一个小伙伴的,我平时就向她学习,她打电话的时候我就在旁边学她的回复方式。后来我自己接了客户,因为经验不丰富,经常会出现客户问的问题答不上来的情况,我就会老实地跟客户讲"我确实不太清楚,我帮您去问一问",问好之后再去回复客户,下一次再碰到同样的问题我就知道如何处理了。甚至有时候我还会跟客户学习,我的客户也挺乐于跟我分享他们的信息的。

采访者:你的客户还愿意跟你分享他们的知识?他们不会觉得你不专业吗?

饶琪:财税方面的知识我肯定是专业的,但是在这个领域外的,如银行、社保之类的,我跟客户说我不清楚,客户还是非常乐于分享的。我觉得我比较年轻,又只是个会计,很多知识不清楚很正常,只要我的服务和沟通让客户满意,客户也是讲道理的,不会要求你什么都懂,有时候为了业务能顺利开展,他们并不介意教我,这样我也从客户那儿学到很多。我的知识更加丰富,就能更好地服务客户了,客户也会更乐于跟我分享,这样就是一个良性循环。

采访者:你和你的组长平时是怎样的相处模式呢?

饶琪:我的组长和我平时更像是朋友吧,而且她非常注意锻炼我独立处理问题的能力。我有什么问题去问她,她不会直接告诉我怎么解决,而是会反问我问题,一步步地引导我去解决。我确实得到了锻炼,非常感谢她。

》 案例总结

从对企盈两位优秀的沟通会计的采访记录中,我们总结出做好转介绍最重要的几点:(1)公司要有充足的产品作为支持;(2)保证服务质量,做好日常沟通,是做好转介绍最基本的保障;(3)要把做得好的员工的方法总结成可复制的方法论,推广给公司全体员工,并且坚决执行。

第十七讲 | 记账会计的薪酬与晋升

> 记账会计如何晋升？

>> 记账会计的岗位要求

招聘的前提是岗位定义清晰。记账会计与沟通会计分离，沟通会计负责与客户沟通，记账会计则负责把客户的账做好。一般来说，我们对记账会计的要求有四点：专业能力、工作效率、内部沟通和责任感。

1. 专业能力

专业能力是硬核能力，这是保证做账质量的基础。那么，到底多专业才行呢？

（1）与价值匹配的专业，也就是与客户的需求匹配。比如：面对核定征收的个体工商户，把税报准确就及格了；面对一般纳税人有限公司，我们会安排有2年以上工作经验的优秀会计人员；高新技术企业需要做辅助账，我们会安排中级职称且有经验的会计人员；而高端财务外包，我们会安排注册会计师。

（2）技术让会计更专业。智能财税软件，一方面减少了会计人员的工作量，另一方面让会计工作更规范，大大降低了出错的概率。所以，配备好的财税软件是非常重要的专业赋能。

2. 工作效率

对于记账会计而言，必须能快速处理更多账务：（1）对于大多数小企业客户，一位记账会计至少要处理200位客户的账；（2）因为有"报税期"问题，所以会计记账的工作其实是潮汐式的，我们会在每月的15日后让记账会计带薪调休而在15日前加班完成工作。根据行业特性合理安排工作时间可以提升效率。

3. 内部沟通

记账会计虽然不需要直接与客户沟通,但是需要与沟通会计沟通:(1)公司安排记账会计与沟通会计搭配,在长期合作中建立信任,使得内部沟通顺畅;(2)理解沟通会计,努力将专业的内容简单地跟沟通会计说清楚,让沟通会计能跟客户说清楚。

4. 责任感

责任感是任何岗位都必备的。这里强调责任感,主要是因为,如果记账会计没有责任感,就会导致客户的损失。粗心、没有起码的责任心和敬畏心的人是不适合做记账会计的。一个有责任心的记账会计,就算偶尔发生了错误,也会直面问题并快速修正。

》 记账会计的薪酬体系

记账会计的工作内容包括:(1)记账、报税、开票;(2)辅助沟通会计为客户提供财税服务的实操落地。

记账会计的核心考核指标包括:(1)账务数量/营业额;(2)账务质量;(3)与沟通会计配合。

图 2‑11 就是记账会计的薪酬体系:

记账会计的薪酬体系——底薪+个人操作提成-重大事故扣款
底薪部分每半年评估调整一次,主管评定。
评定关键指标:① 记账质量(70%);② 与沟通会计配合程度(30%)

岗位	职能	底薪(元)
记账会计	A1	4 000
	A2	5 000
	A3	6 000

图 2‑11 记账会计的底薪评定

(1)底薪部分每半年评估调整一次,由主管评定。评定的关键指标:做账质量占70%,与沟通会计的配合程度占30%。可以看出,岗位晋升考核与岗位要求匹配,首先是质量,然后是内部配合。

(2) 个人操作提成:做账提成比例分档计算,全额累进;开票服务提成为服务费的 20%(客户委托我们代开发票,我们一般收费 100 元/月);一次性产品操作提成(如帮客户做出口退税,我们一般提成 15%)。

(3) 重大事故扣款:若记账会计出现重大差错,给客户造成了损失,则会有扣款。我们的规则如下:直接责任人承担 50%,直属上级承担 30%,公司承担 20%;造成损失超过 5 000 元的,一事一议(如图 2-12 所示)。

个人操作提成部分

一、记账提成

- 记账提成比例(分档计算,全额累进)

当月实际报税营业额(元)	记账提成比例
低于 60 000	7%
60 000 及以上	8%
70 000 及以上	9%
80 000 及以上	10%
90 000 及以上	11%

二、开票提成

- 长期开票服务费总额 = 当月实收长期开票费用总额 + 补计提长期开票费用总额

  说明:对应的产品为代开发票(按月)/开票服务费(长期)

- 开票提成比例:20%

三、一次性产品操作提成

产品名称	计提方式
出口退税	按收费额的 15%
调账、补账	按收费额的 15%
年度公示	20 元/位
汇算清缴	20 元/位
核定税种	20 元/位
解除税务异常户	20 元/位

图 2-12 记账会计提成评定

》 记账会计的晋升

记账会计的晋升包括以下四个方面:

1. 底薪调整

根据记账会计的薪酬体系,通过核心指标,基层记账会计可以从 A1 晋升到 A3,靠自己的努力得到认同,有成长的快乐。

2. 晋升主管

达到 A3 并且十分优秀的记账会计,晋升为 ACC 主管。

3. 独立核算（阿米巴模式）

随着客户数量的增加，记账会计人员增加，可以独立核算。按照记账利润发提成，员工会更全面地关注各项指标，也会更积极地与沟通会计配合。

团队规模一般控制在5人以内，因为5个人可以服务大约1 000位客户，客户规模已经不小了，而且5人团队精细化管理的综合效率高。

4. 晋升到高端小组

如果记账会计优秀且自己的职业发展是专业方向，就可以晋升到高端小组，如高新小组，也可以晋升到税务师事务所以处理更复杂的业务。

总的来说，记账会计岗位的核心要求是与价值匹配的专业能力和工作效率，记账会计的晋升方向可以是专业方向，也可以是管理方向。

▶ 思考题

你的公司的计账会计是如何晋升的呢？

第十八讲 | 如何面对会计过错导致的客户损失索赔

> 记账会计导致的客户损失，代理记账公司需要赔偿吗？

某客户支付每月300元的代理记账费用。客户企业名下有房产，每季度有固定租金收入，没有其他经营项目。因为账务简单，代理记账公司安排了一位初级会计做账、报税。3年后，该客户收到缴纳房产税的通知，并附超过7万元的滞纳金。客户同意补缴房产税，但滞纳金是代理记账公司的过错造成的，要求代理记账公司赔偿。

因为是代理记账公司的疏漏导致客户的直接损失，所以原则上应该由代理记账公司赔偿。最后的结果是，这位会计的主管与客户达成和解，赔偿一半，会计主管的理由如下：（1）滞纳金问题是税务规则引起的，税务部门没有提醒，之前的执行也不严格，但是现在税务系统完善了便将之前的历史数据一起计算，有部分不可抗力因素；（2）客户只支付了300元的代理记账费用，这是针对普通小规模纳税人的收费标准，所以公司没有安排中级职称及以上的会计人员，客户有大额房产，却只支付300元费用，说明客户本身对此不重视；（3）作为代理记账公司，会计人员平时与客户沟通顺畅，没有为客户提供专业的做账、报税服务而导致客户损失，虽有过错，但并非主观故意。

关于这个案例，有几个问题值得我们思考：作为代理记账公司，如何才能规避这样的错误？这个赔偿合理吗？如果金额更大，代理记账公司无力赔偿，怎么办？能够在代理记账合同中约定赔偿金额的上限吗？碰到这样的问题，代理记账公司应该持怎样的态度？

》 法律上的责任界定

因为会计人员的过错导致的客户损失，分为两大类。

第一类是直接损失。比如：会计人员把客户的税收算错导致客户多缴税,会计人员错过报税时间而产生滞纳金,会计人员的账务处理问题导致税务处罚等。这些直接责任原则上应该由代理记账公司承担。不过在法律上有一种规避办法,就是在合同中约定赔偿金额的上限,如约定最高赔偿金额是年代理记账费的 5 倍。这里暗含收益与风险对等原则,即客户支付的费用越多,代理记账公司承担的风险越大,反之则反是。还有一种方式是向保险公司购买责任保险,损失由保险公司承担。

第二类是间接损失。比如：发票上的客户银行账户写错导致客户的合同甲方以此为借口拖延付款造成客户拖欠工人工资、会计记账时将会计科目记错导致客户融资的尽职调查没有通过造成融资失败、会计记账问题引起股东误会导致纠纷致使客户的公司无法正常经营等。

某小规模工程公司客户每月支付 100 元请代理记账公司托管税控盘并代开发票。会计人员开票时将银行账户少写一位,客户的甲方以账户错误为由推迟支付,导致春节前农民工工资不能按时发放。客户闹到代理记账公司,要求垫付 50 万元,警察也来调解。当着警察的面,双方达成和解：代理记账公司当面道歉并承担客户跟甲方交涉产生的交通等费用,即直接损失;但法律不支持间接损失,考虑到春节期间农民工工资问题,代理记账公司同意先垫付 10 万元,让客户个人写借条。后来,客户将这 10 万元借款如期归还给了代理记账公司。

》 过错后的客户满意

出现过错尤其是重大过错后,如何还能让客户满意呢?

面对客户的愤怒,我们应该先处理情绪,再处理事情。一方面,我们承认错误;另一方面,我们不接受客户的蛮不讲理。在法律层面,我们应该界定责任并承担相应的责任。在情感层面,我们应该理解客户并友情补偿。

》 过错后的反思

发生过错时,如果只处理事情,那是低级的管理者。我们应该通过过错,反思背后的问题,以使类似过错以后不再发生。

首先要完善管理机制。比如：对重大过错,当事人和各级主管都要处罚,让所有人重视。

其次要完善流程。事后处罚不是目的,要尽力事前规避。比如:针对一般纳税人进项抵扣,我们设置了提醒清单,每月必须在清单上打钩,按照流程操作就不会遗漏。

最后要建立检查机制。企盈有专门的查账组负责检查账务质量,并亮红牌、黄牌和绿牌。绿牌率是会计汇报的关键指标。后续章节我会专门介绍企盈查账小组的工作。

此外,我们还需要借助信息化来解决问题。我们不能总抱怨员工,因为有些工作的确太枯燥,如录入十几位数字的银行账号。所以,像代开发票这样的工作,我们坚决上税控系统,数据从系统中调取,既减少了员工的工作量又不易出错。

想要成为一家品牌公司,就要敢于承担责任,敢于赔偿,这样才能让公司成长,让客户信任。

随着公司规模的扩大、业务类型的增加,错误不可避免,关键是犯错后我们如何正确对待,不仅解决问题,而且用机制让类似问题不再发生,这样,代理记账公司就会不断迭代,变得越来越专业、越来越成熟。

▶ **思考题**

给客户造成损失后,你是如何处理的?

第十九讲 | 企盈的会计质量控制标准

> 代理记账的账务到底要达到什么标准？

>> 关于标准

根据我国《标准化法》的规定，我国的标准分为五个级别，即国家标准、行业标准、地方性标准、团体标准和企业标准。此外，还有国际标准。

会计服务遵循会计法和会计准则，这其实是法律在技术上做的规范。但是在会计服务行业，我国还没有行业标准。目前，除了会计师事务所和税务师事务所外，仅代理记账公司就有超过10万家，从业人员几百万人，服务的企业多达几千万家。会计服务行业是需要行业标准的。那么，这个标准从哪里来？我的观点：（1）规模较大的公司可以根据公司的实际情况先建立操作层面的公司规范，逐步形成科学严谨的符合《标准化法》的公司标准，将逐步成熟的经验推荐给行业协会。（2）行业协会，特别是多个行业协会联合起来是可行的方向。比如：上海、成都、深圳、云南、安徽、杭州6个代理记账行业协会组成的友好协会，可以牵头起草团体标准，先在各自行业协会的会员中执行，在此基础上逐步形成行业标准。

>> 企盈会计质量标准

企盈在2018年开始设立专门的查账小组，对会计人员的做账质量进行检查，并颁布了公司内部的查账管理办法，即企盈会计质量标准1.0（如表2-4所示）。

表2-4 企盈的查账管理办法

序号	检查指标	问题类别	举例
1	税款扣缴的准确性	税金扣款错误	数据填写错误导致扣税金额增多或减少
2	纳税申报表填写的准确性	纳税申报表填写错误	综合收入申报表、季(年)度所得税报表、生产经营所得报表、增值税申报表等主附表项目、行次或金额填列错误
3	报表申报的完整性	报表漏报、超时申报	申报期漏报应申报的报表
4	财务报表的准确性	财务报表错误	资产负债表、损益表、现金流量表勾稽关系错误、项目或金额填列错误等
5	入账的及时性	入账不及时	资产、收入、成本、费用等未按会计准则要求在对应所属期及时入账,出现项目余额负值,产生长期大额挂账等
6	入账的规范性	入账不规范	用错科目或金额填写错误;虚记收入、成本、费用、税金,收入与成本不匹配;漏记折旧、摊销等
7	凭证的完整性	凭证、附件单据不全	附件丢失,发票不全,销项、进项无汇总表,银行回单、对账单缺失,未附工资表等
8	考虑问题的全面性	特殊事项未沟通、未报备	加计扣除、税收优惠、延期申报、无法独立判定情况等事项未及时或在限定期限内报备
9	工作的配合度	查账不配合	推诿、拒绝、拖延提供查账资料,发现问题不及时整改

具体来看,重点检查以下九个方面:(1)税款扣缴的准确性,中小企业代理记账的本质是代理报税,所以税金的准确性排在第一位;(2)纳税申报表填写的准确性,这是税金准确性的基础;(3)申报表的完整性,这是为了防止漏报税;(4)财务报表的准确性,这是最基础的会计做账要求,也是税务报表正确性的基础;(5)入账的及时性,会计资料必须在所属期间入账,这是财务报表准确性的前提;(6)入账的规范

性，这是对会计科目正确性的检查，也是财务报表准确性的前提；(7)凭证的完整性，这是处理会计账目的依据；(8)考虑问题的全面性，这主要是对特殊事项的检查；(9)工作的配合度，这主要是为了保证查账工作的顺利进行。

以上九个方面各有细节。比如：针对第一个方面，我们会将主要税种罗列出来，逐一检查。我们已将这套标准共享给了上海市代理记账行业协会，协助协会专家委员制定行业协会的做账质量检查标准。

▶ 思考题

你的公司对会计人员的做账质量进行检查吗？

第二十讲 | 企盈的质量检查实施：查账小组

> 会计质量检查如何实施呢？

>> 查账小组

公司内部的查账小组是一个独立的部门，组长直接向总经理汇报，这样才能保证检查的严肃性、独立性和权威性。

公司由小变大的过程就是岗位增多的过程。设置一个岗位非常重要，因为有了这个岗位，就有人专门负责了。比如：有了会计质量检查这个岗位，会计质量检查的工作就可以推进了。当然，要做好这项工作，还需要逐步建立规范和流程，并找到合适的负责人。

企盈的查账小组组长是一位中级会计师，有非常好的专业素养，也能秉公执法，大家对她的查账工作心服口服。每次查出问题，她都会进行讲解，对大家来说是非常好的学习机会。

>> 检查流程

有了岗位，还必须有流程。企盈的检查流程如图 2-13 所示。

步骤1 通知查账 → 步骤2 提供资料 → 步骤3 查账 → 步骤4 反馈查账报告 → 步骤5 整改自查

图 2-13　企盈的检查流程

第一步,抽取一定数量的客户,邮件通知被查人员,并抄送部门管理人员,告知所需提供的资料。

第二步,被查人员于规定时间内完整提供相应账务资料,在检查过程中如需要补充资料的,给予配合。

第三步,查账小组人员按查账标准进行查账,客观翔实地记录查出的账务问题,整理并出具查账报告。

第四步,将查账报告通过公司邮箱或微信反馈给被查人员并抄送部门管理人员,或汇总反馈给各管理组,再由管理组进行分发。

第五步,被查人员收到查账报告后,及时进行整改,整改完成后通过公司微信或邮件回复查账人员并抄送部门管理人员。

>> 评价标准

检查要有结果。企盈采用"红、黄、绿"举牌评价制度,按照检查结果,出示相应颜色的牌子给被查人员。因存在每轮检查中关注点不同的可能性,所以每一轮的检查指标(包括展开项)搭配可能不同,但需保证同一轮被查人员适用同一标准。

红、黄、绿牌的定义及举例如表2-5和表2-6所示。

表2-5 红、黄、绿牌的定义

牌色	性质	定　　义	是/否可收回	收　回　条　件
红	严重警告	触犯公司底线、出现不利后果或预计产生重大风险且无法挽回	否	红牌不可收回,仅适用于撤销,即误判可申诉撤销
黄	警示	不当情况发生,尚可进行弥补或修正	是	不当情况已修正
绿	鼓励	未检查出本轮指标中的任何一项	是	新出现不当情况

表2-6 红、黄、绿牌指标举例

牌 色	指 标 列 举
红	① 税金计提错误或未及时申报及扣款,导致产生滞纳金 ② 增值税报表中销项或进项填写内容与汇总表不一致 ③ 出口退税企业免抵退申报逾期 ④ 暂估事项(收入、费用、成本等)未告知客户或得到客户确认 ⑤ 工资表申报情况未告知客户或得到客户确认 ⑥ 税款申报情况未告知客户或得到客户确认 ⑦ 会计托管税盘的,未告知客户开票情况 ⑧ 串账(A企业和B企业单据弄混)
黄	除红牌外的指标
绿	无

红、黄、绿牌有回收程序：(1)账务人员修正查出事项、补齐相关资料后,通过公司微信或邮件告知查账人员和相关人员；(2)查账小组复查,已整改完成则收回牌子,尚存未整改项的则不收回,收回事项通过公司微信或邮件告知被查人员和相关人员；(3)被查人员及管理人员需重视收到的牌子,对不当事项及时整改,避免滞留黄牌(需保证出示的黄牌均及时收回)(如图2-14所示)。

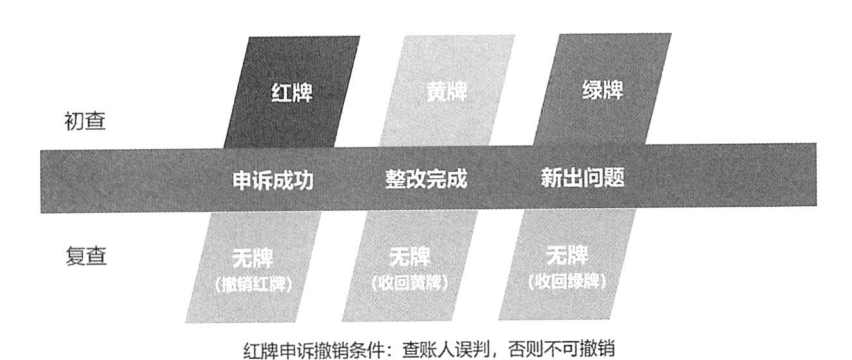

红牌申诉撤销条件：查账人误判,否则不可撤销

图2-14 红、黄、绿牌回收程序

红、黄、绿牌采用企业跟随制（一家企业对应一个颜色的牌子）。牌子从出示后到回收前一直属于对应企业，负责此企业账务的会计人员和管理人员为责任人，承担相应责任（如修正不当事项、补充相应资料、管理指导等）。

对收到红牌、黄牌的责任人，可能会在下一轮或接下来的抽查期加大抽样企业数量；对连续 3 个月及以上持续获得绿牌的责任人，可能会减少抽样企业数量。

当财务离职、组内交接、跨组交接等转出账务时，前任责任人对已出具的牌子承担相应责任，需保证查出的问题都已整改，已出示的黄牌都已回收；继任责任人有权了解前任账务的出牌情况。

▶ **思考题**

代理记账公司规模小，需要设立查账小组吗？

案例五 | 企盈查账小组的工作效率

>> **案例背景**

做账报税工作的准确率是代理记账公司服务质量最基础的指标。对于任何一家代理记账公司而言,对账务准确率的检查都是非常有必要的。

在2020年前,企盈采用的是交叉查账制度——某个会计小组的账由另一个会计小组检查。这个制度对于规模不大的企业非常实用,保障了企盈基本的账务质量。

但是交叉查账有两个难以解决的问题:(1)代理记账会计人员的工作量非常大,查账增加了他们的负担;(2)在2019年,企盈已经拥有超过12 000位存量客户,分布在超过100位代理记账会计人员手中。如此多的代理记账会计人员,专业水平参差不齐,交叉查账难以形成统一的标准。

2020年,企盈成立了查账小组,制定了查账管理办法,自此企盈有了规范统一的查账标准流程,由专人为账务质量负责。

>> **查账管理办法**

1. 查什么账

企盈现有近2万位代理记账客户,全部检查是不现实的。企盈的查账小组会从以下两类企业中进行抽查:(1)重点检查企业——高营收、高税金、高收费、涉及复杂业务等,此类客户是企盈珍贵的VIP客户,已经或未来可能为公司贡献较大营收;(2)特殊检查企业——财务离职、客户投诉、税务稽查、审计等触发特殊检查事项,此类客户正在或将面对各类风险,需要确保账务准确、安全,以免客户流失甚至产生赔付。

2. 怎么查账

常规的查账工作针对全体会计人员,每月一次随机抽查,对被抽查到的账目进行全面检查。此外,还有一些特别检查。比如:(1)针对某些问题较多的事项、会计科目、报表项目等进行专项检查;(2)公司年度评比或竞赛时,协调人力对某一特定时期的账目进行年度抽检;(3)对某些面临晋升、离职、淘汰的员工进行定员检查;(4)对特定客户的企业名单进行重点筛查;等等。

不同的检查方式对查账的范围、检查标准和需要提供的资料有不同的要求。表2-7是全面检查和专项检查的内容。

表2-7 全面检查和专项检查

查账类别	查账范围	检查标准	检查资料
全面检查	原始单据、凭证、财务报表、纳税申报表	资料完整、账务处理规范、报表数据准确、做账报税及时	指定时期的所有凭证(凭证后附原始单据、银行对账单、开票汇总表、抵扣勾选汇总表、薪资表、社保缴纳通知单及缴纳收据、公积金汇缴书、税款缴纳完税凭证等)、纳税申报表、财务报表、与客户沟通的记录等
专项检查	特定会计科目、报表项目	账实相符、无漏报、无错报、无异常财务指标数据	科目或项目的期初金额、累计发生额、期末余额等,对应的单据、汇总表、沟通记录等

3. 查账流程

常规的查账以报税期结束后的第一个工作日至下一个报税期结束日为一个查账周期,在每个查账周期中按照图2-13所示步骤进行查账。

4. 评价标准

企盈的查账管理办法采用"红、黄、绿"举牌评价制度,根据检查结果,对被查人员授予相应颜色的牌子,并且实施相应的措施。红牌给予严重警告,黄牌给予警示,绿牌给予鼓励。对于收到红、黄牌的责任人,将在下一查账周期加大抽检数量;而对连续3个月以上获得绿牌的人员,将会适当减少抽检数量。

5. 查账小组成员的绩效考核

查账小组成员每月设有最低查账数量,在完成最低查账数量的前提下,根据初查数量发放奖金。对于红、黄牌人员涉及的账目,查账小组会进行复查,复查除了有基础奖金外,如果复查结果仍为红、黄牌,则会额外对查账小组及具体查账人员发放奖金。这个绩效考核方案保证了查账小组尽力查出账目中的所有错误,确保了整个财税事业部的做账质量。

>> 工作成效

自2020年设立查账小组并发布查账管理办法以来,经过近两年的磨合与迭代,企盈的整体账务质量得到了明显提升。在2021年9月账期,查账平均绿牌率达到72.85%,同比2020年9月的16%提升了3倍多。可以说,查账小组的存在充分保障了企盈的服务质量,对提升客户满意度做出了显著贡献。

对于规模较小的代理记账公司,我们不建议专门设立查账小组或查账人,因为性价比不高,而交叉查账是比较适合的方式。

第三章

增长基石：产品图

第二十一讲 | 产品-客户矩阵

> 代理记账公司可以卖很多产品,但不知道先重视哪一个,怎么办?

代理记账公司可以卖出的产品多种多样,但随之而来许多问题,如不知道该先重视哪一个产品。这一讲,我们就来回答这个问题。

❯❯ 产品-客户矩阵

我们将产品和客户这两个维度放在一起,就形成一个矩阵(如图3-1所示)。

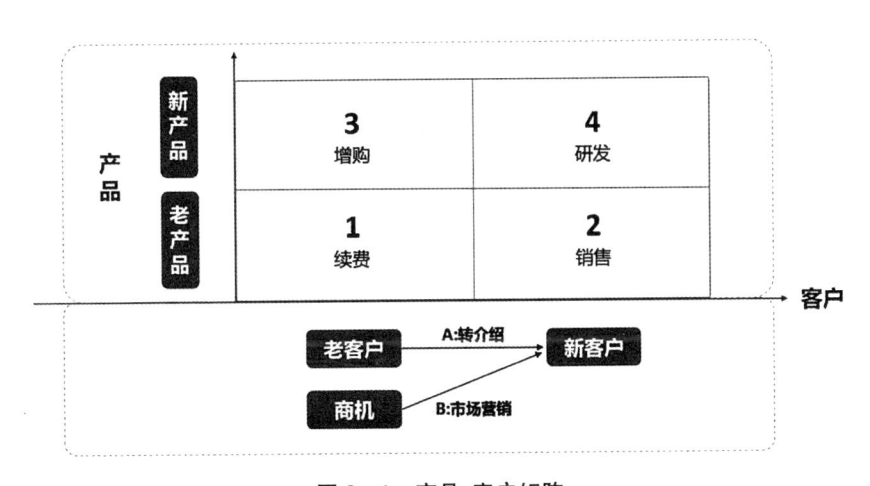

图3-1 产品-客户矩阵

简单来说,老客户买老产品,是续费;老客户买新产品,是增购;新客户买老产品,是销售;新客户买新产品,需要研发,包括产品研发和销售研发。

》 老客户买老产品

图 3-1 中的序号 1 指代理记账的续费,这是代理记账公司最重要的指标。对于一家 3 年以上的代理记账公司,续费率要求在 90% 以上;换句话说,除去注销,客户流失率要求控制在 6% 以内。实际上,要做到这个指标并不容易,其中有客户的原因,也有员工的原因,还有竞争对手在抢客户等。

》 老产品卖给新客户

图 3-1 中的序号 2 指老产品卖给新客户,也就是老产品反复卖,这是任何一家代理记账公司都应该做的事。因为一个成熟的产品已经得到市场验证,团队设计、销售方式等都已经相对成熟,将其规模化是效率最高的。

代理记账业务产品的价格基本为一个月 300 元,全行业卖了至少 20 年。为什么会这样呢?首先,新产品研发很费劲,已经得到市场检验的标准化产品节省了研发成本。其次,市场已经形成共识,节省了营销成本;销售团队已经有了一套相对成熟的做法,团队管理和培训简单。最后,虽然没有代理记账的国家标准,但长期的实践已经形成了约定俗成的交易习惯,基本满足了客户的需求。当然,随着行业越来越成熟,客户越来越理性,标准化和质量控制能从总体上提升行业的交付一致性,保证产品的稳定性,也就降低了整个行业的研发成本。

所以,已经成熟的企业注册、代理记账这样的老产品,应该规模化地销售,以获取成本优势。这是除了续费外,最应该重视的指标。

》 老客户买新产品

图 3-1 中的序号 3 指让老客户买新产品,即增购。老客户是公司最重要的资源,这些资源转化的效率就是百元转化率,是衡量代理记账公司管理水平的重要标志。

》 新产品卖给新客户

图 3-1 中的序号 4 指新产品卖给新客户,一般的代理记账公司不应该做这件事情,因为研发新产品的风险极大。研发的本质是验证假设。我们先凭感觉假设某个产品符合客户的需求,然后定义产品,小范围推广,迭代,再规模化销售。

我曾经凭逻辑推理得出：人事代理是一定规模的代理记账公司的好产品，这个新产品在企盈得到了验证，但我们仍然主要卖给老客户。最近，我们又尝试了不动产业务，成立了不动产事业部，取得了不错的收益，但依然没有实现规模化。

新产品卖给新客户，相当于设立了一家新公司，难度大，风险也大。对规模小的代理记账公司而言，最好采用跟随策略，即别人研发出新产品并验证后跟进，在没有付出研发成本和市场探索成本的基础上享受红利。

》 转介绍与会计工作的难度系数

老客户为代理记账公司介绍新客户，就是转介绍。这对代理记账公司而言有巨大的价值。

在我的公司当前的会计业务中，大多是增购，真正的转介绍占比不到6%，也就是说，100位客户每年仅转介绍6位新客户。该如何提升转介绍指标呢？

因为转介绍不容易但价值大，所以薪酬体系必须支持，这相当于把水抽到高处去，当然需要额外的动力。对员工而言，高额的奖金就是动力；对客户而言，惊喜的服务就是动力。所以，将数据细化，将增购和转介绍分开，精细化的管理才能切实提升这个指标。

从表3-1可以看出，从续费、增购到转介绍，工作难度越来越高，客户要求越来越高，相应的奖金也应该提高。

表3-1 会计工作难度系数

产品-客户关系	类　型	难度系数	客户满意度	会计奖金
老客户老产品	续费	1	基本满意	无（流失处罚）
老客户新产品	增购	2	很满意	与销售同等
老客户推荐新客户	转介绍	3	惊喜	更高奖金

▶ **思考题**

最近一年，你的公司卖过哪些新产品？业绩如何？

第二十二讲 | 无形产品的难点：描述与交付

> 无形的服务产品如何简单地向客户描述清楚？

代理记账行业是服务业，服务业的产品是无形的，而无形产品有两大麻烦：一是难以跟客户说清楚，二是难以交付。这也是困扰不少代理记账公司的问题。那么，我们该如何简单地向客户描述清楚我们的产品呢？

>> 无形产品的特点

有形产品能够直接体验，如汽车可以试驾、衣服可以试穿、食品可以试吃。但无形产品难以直接体验，所以我们要了解无形产品的特点：

第一，无形产品没有实物。这个特点给无形产品的营销带来了困难，于是，很多无形产品借助品牌或者有形资产来推销自己，如普华永道会计师事务所用长期形成的品牌价值让客户信任、汇丰银行用高大的楼宇显示它的实力。

第二，无形产品的使用效果难以评价，如教育培训的效果、咨询服务的效果等难以立竿见影。

第三，无形产品难以交付。因为无形，所以难以标准化。比如：同一所学校的不同老师的教育效果不同，同一家财务公司的不同会计人员的服务水平不同。

>> 无形产品的描述

正是因为代理记账行业的产品有上述特点，所以我们更应该重视对产品的描述，否则销售会十分困难。

对于无形产品的描述，用短视频是很好的方式。在摩羲云的小程序中专门有一个栏目叫"销售助手"，已经上传了超过20个产品短视频，后续还会陆续上线至少

100个产品。就拿食品经营许可证而言,一分钟的短视频就可以将产品介绍得非常清楚,也就让销售变得简单了。

无形产品的交付

无形产品要做到有形交付:

对于企业注册,我们在交付清单中明确了营业执照、公章和法人章,这些都在服务合同中予以约定,是有形的部分;在后续经营过程中的注意事项提示,如核定税种、年报公示等则是无形的部分。

对于代理记账,至少要交付财务报表、报税数据等;如果是财务外包,则还需要提供基础的财务分析报告。这些都是有形的。

对于咨询类产品,需要有咨询台账——在什么时间、谁、提供了怎样的咨询服务、达到了怎样的效果。这样经过一个咨询周期后,我们能清楚地告知客户我们的工作量(如表3-2所示)。

表3-2 咨询台账

×××企业财务外包咨询台账										
序号	日期	甲方委托人	乙方负责人	甲方决策人	项目类别	项目名称	具体内容	进展情况	交付结果	重要备注

要做好这些,我们要有以下意识:

第一,要有产品交付意识。我们做了什么,要把服务的成果告知客户。很多代理记账公司做了账,报了税,连凭证也装订好了,但就是不跟客户说,没有交付意识,导致工作得不到客户的认可。

第二,过程也要交付。快递公司向你提供配送服务,你可以随时查询包裹配送的进程,让你有安全感。我们为客户注册企业、代理记账也是如此:名称核准了吗?

营业执照还要几天出？等等。将过程同步告知客户，让客户放心，这很重要。我们的产品是无形的，客户只能通过这些有形的细节感知我们的服务。

第三，交付要与价值匹配。面对支付一个月 200 元费用的零报税代理记账客户，每个季度简单地告知他我们的服务结果即可；而面对支付一个月 2 000 元费用的财务外包客户，我们就需要为其提供比较详细的服务结果报告，否则客户会觉得我们的服务不值这个价。

第四，交付需要信息化支持。交付很重要，但每一个交付细节都让员工手动去做，工作量很大，容易出错，不稳定，也很难标准化，如此，员工不满意，客户也不满意。所以交付需要信息化的支持，如企业注册中的名称核准、办理营业执照、银行开户、核定税种等关键环节通过系统推送给客户，每个月的财务报表和报税数据也通过系统推送给客户，这样，客户会觉得我们规范且专业，员工的幸福感也会提升。

》 无形产品的情绪价值

无形产品的价值＝功能价值＋情绪价值

某位客户创业失败，不想要企业了。本着对客户负责的态度，我的员工对客户说："您的企业需要注销，否则会进入黑名单，影响您以后乘坐飞机、高铁。我们这里注销企业的费用是 3 000 元。"客户一听就生气了——你竟然威胁我！客户创业失败本就难受，还感觉受到了威胁，雪上加霜。我对客户说："您的企业 2 年前出生了，是一个法人，现在它要离开这个世界，跟人类一样，也需要通过一个流程来注销它的'户口'。如果不管它，工商局会做吊销处理。现在我们国家要建立诚信社会，这个的确纳入了征信记录的范围，真的会给您带来很多麻烦的。"听我说完，客户理解了："我以为企业不经营了，就像我不缴水电费，电力公司停了电就完事了，原来企业注销还需要一套程序啊。"你看，这就是情绪价值，委婉地说清楚了，客户就会委托我们做注销业务，也觉得我们很专业、很负责。

在销售、服务、交付的过程中，处处充满情绪价值。关于情绪价值，我们会在后续章节阐述。

▶ 思考题

你碰到过因为交付问题而导致的客户不满意吗？

第二十三讲 ｜ 代理记账公司的产品图

> 代理记账公司到底能卖哪些产品？

分类是严肃而复杂的科学，分好类是精细化研究的前提。那么，代理记账公司的产品应如何分类呢？我们从公司和客户两个角度做出了代理记账公司的产品图（扫二维码可得）。

》 工商服务

工商服务是市场主体在成立、存续、消亡过程中，对其营业执照及附属属性的相关处理服务。我们将外资和海外企业业务放到涉外业务分类中，这里只讲内资企业的工商服务。

工商服务细分：第一类基础产品是企业注册，我们会在后续章节详细阐述。第二类基础产品是企业变更。营业执照上，除了社会统一代码和成立日期，其余内容都可以变更，其中最复杂的是股权变更。第三类基础产品是企业注销。以上三类是市场主体营业执照的基本处理事项，也是代理记账公司最基础的业务。

银行开户虽然不是营业执照服务，但它是紧随营业执照而来的。在日常工作中，银行开户往往由工商服务部在营业执照流程中一并完成，所以我们把银行相关服务也放到工商服务中。

与营业执照紧密相关的还有印章。一份营业执照至少要对应一个公章和一个法定代表人（负责人）私章。

工商特殊处理包括特殊名称核准、加急处理和营业执照异常处理。这类产品的价格往往不低。

>> 财税服务Ⅰ（基础）

财税服务是代理记账公司最重要的产品，我们把它分为三类：基础财税服务、复杂财税服务和专项财税服务。

基础财税服务包括代理记账、基础税务筹划、发票相关服务和账务合规。

>> 财税服务Ⅱ（复杂）

复杂财税服务包括财务外包、税务筹划和税务稽查应对。我们会在后续章节对典型业务产品做详细描述。

>> 财税服务Ⅲ（专项）

专项财税服务产品是利润比较高的产品，其种类很多，以下仅列出了创业护航集团已经有一定规模的业务。

>> 资质业务

资质业务涉及建筑类、医疗类、文化教育类、人力资源类、食品类、物流类和其他类。

>> 知识产权

知识产权业务包括商标业务、专利业务和著作权业务。

>> 人事业务

这里的人事业务并不包括广义的人力资源服务，而是指狭义的人事行政类业务，包括企业的社保公积金服务、居转户等。

>> 股权业务

股权业务包括股权构架业务、股权激励业务和股权税筹业务。

>> 涉外服务

涉外服务是我们一直非常重视的业务，其不仅利润不错，而且可以提升整个公司的专业度和服务层次,包括涉外财税服务、办理外国人工作证等。

>> 金融服务

代理记账公司的客户有很多金融服务需求,包括企业信贷、房产抵押等。

>> 培训业务

我曾走访过好几家以培训为主要业务的代理记账公司,他们主要做会计培训,与财务公司的业务协同,也有做企业财税培训的。

>> 法律业务

财务、税务、法务是企业的基本保障。法律业务分为诉讼业务和非诉讼业务。法律业务比较低频,而且很少有专业律师在代理记账公司工作,因此代理记账公司的法律业务往往做不大。但是法律业务的市场容量超过千亿元,代理记账公司可以找机会切入。

本讲先带领大家粗略感受一下代理记账公司能做的产品类别,后续章节会对每一类产品的典型业务做拆解讲述。

▶ **思考题**

除上述所列产品类别外,你的公司还做过哪些业务?

第二十四讲 | 代理记账公司产品的"傻姑三招"

> 如何让员工简单地售卖我们的产品？

》 代理记账公司的产品为什么难卖？

代理记账公司的产品之所以难卖，主要原因有五点：（1）代理记账公司的客户大多是中小微企业，这个群体的营销获客问题尚未很好地规模化解决；（2）产品单价不高，但推广成本很高；（3）无形产品难以描述，员工很难针对不同的客户把产品描述清楚；（4）大多数代理记账公司没有品牌效应，难以取得客户的信任；（5）代理记账公司的产品大多是知识性的，对专业度要求高，但很难招聘到十分专业的人员。

》 让销售变得简单

要让代理记账公司的销售变得简单，就要有下面的思维：（1）有必胜的信念；（2）为员工赋能；（3）深度研发；（4）遵循科学方法论；（5）销售是代理记账公司最重要的事，需要整个公司甚至借助外部力量共同完成。

依据这样的思维，我们是这样解决销售难题的：（1）我投入了很多精力研究如何实现规模化销售，如何降低营销成本并提升营销效率；（2）我从一线销售做起，很能理解客户和一线销售的问题，我在营销过程中的一些方法（如结构化咨询）已经得到实践验证；（3）公司的一切战略围绕营销展开，包括资金投入、员工聘用、以"税"命名的会议室甚至端庄的前台工作人员，都是为了让销售变得更简单；（4）深入每一个产品，提炼每一个产品的描述和销售话术。

>> "傻姑三招"

在金庸的武侠小说《神雕侠侣》中,桃花岛主黄药师有一个徒弟,叫"傻姑",连李莫愁都被她镇住了。关于傻姑的武功,有这样一段描述:黄药师知道什么变化奇招她是决计记不住的,于是穷智竭虑,创出了三招掌法、三招叉法。这六招呆呆板板,并无变化后着,威力全在功劲上……傻姑只练六招,日久自然精纯,招数虽少,却也非同小可。

"只要三招,傻子都可以战胜大部分普通人。"故事中有一个词,叫"穷智竭虑",指的就是有针对性地研发。我跟黄药师一样,穷智竭虑地思考、研究。代理记账公司的每一个产品应该都能提炼出"傻姑三招",让最普通的员工都能简单地描述清楚并简单地销售。

某客户想注册一家企业用于投资另外一家企业,该采用怎样的企业形式呢?为了让销售变得简单,我将企业注册进行了分类。如果客户的用途是投资一家国内有限公司,我只需要发给客户如表3-3所示的简单表格就行了。

表3-3 持股平台使用类型选择及涉及税率对比

投资方式	投资收益所得税税率	分红到个人时(分红税)	需满足条件	适用情形	财政扶持
自然人	20%	0	无	个人投资后需要变现	无
有限公司	0	20%	被投资主体是国内有限公司① ; 持股时间需超一年	个人投资,收益无须短期变现	地方留存40%~50%
有限合伙企业	35%	0	无	基金(设立GP、LP)、员工持股平台	地方留存40%~50%

注:① 被投资方缴纳税金后的所得才为被投资方的企业所得,投资方按照投资比例获得投资收益。

在上述案例中,投资用途分为三种:(1)投资后收益直接变现到个人账户,在这样的情形下不要注册任何市场主体,用自然人即可,缴纳 20% 的个人所得税。(2)投资后收益不急于变现,直接注册有限公司,投资收益在这家有限公司里暂时不需要缴纳任何税,用这家有限公司再投资或者购买资产都不需要缴纳所得税。(3)要做持股平台,老板用很少的股份控制投票权,那就只能用有限合伙企业,普通合伙人(GP)承担无限责任并拥有决策权,有限合伙人(LP)承担有限责任,无决策权但有收益权。把这张表发给客户,让客户选择,客户就会觉得我们很专业,但其实我们的员工并不需要特别专业,这样就容易实现规模化,这也就是研发的力量。

▶ **思考题**

你能贡献一个产品的"傻姑三招"吗?

案例六 | 顶呱呱产品分类

在四川成都有一家代理记账公司,目前保有的代理记账客户数接近4万位,是目前单体代理记账公司中保有代理记账客户数最多的龙头企业。在成都企业服务市场,它的市场份额达到了15%,是目前代理记账行业中唯一一家真正做到具有区域品牌知名度的企业,它的名字叫作"顶呱呱"。

2021年,顶呱呱上线了新的互联网企业服务平台——薯片企服。在这款App中,我们可以看到顶呱呱将它的产品分为19个大类,其中有代理记账公司比较熟悉的工商服务、代理记账、税务筹划、审计服务、许可证、建筑资质等,也有不常见到的IT/软件、电商服务、虚拟资产等(如图3-2所示)。

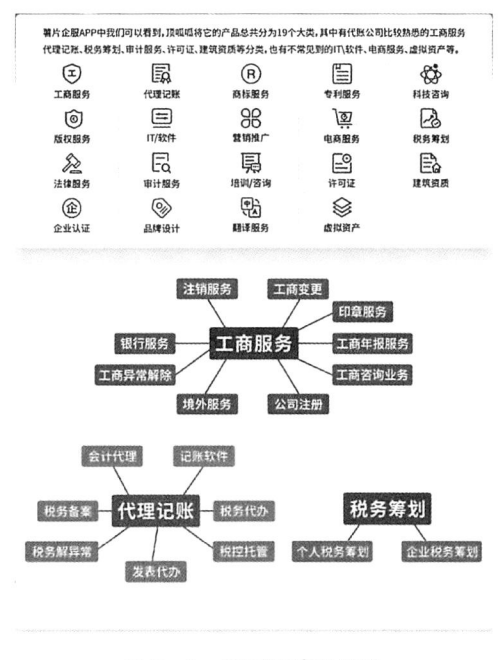

图3-2 顶呱呱产品汇总

鉴于顶呱呱本身的业务范围非常广,代理记账的营收占公司总营收的比例很低,所以这样一套复杂的分类对于顶呱呱来说是很有必要的。而作为传统型代理记账公司,我们主要来研究顶呱呱的工商服务、代理记账和税务筹划产品。

》 工商服务

薯片企服中的工商服务包含9个子类,分别如下:

(1) 注销服务,包含简易注销、疑难注销和注销附属。其中,简易注销是明码标价的;疑难注销点进去后跳出专属服务留言窗口,表示这是一项非标业务,根据咨询结果报价;注销附属中包含解除非正常户、旧账整理等在注销中经常附带发生的业务,同样明码标价。

(2) 工商变更,包含法人、股权、经营范围等各类变更服务。其中的实缴资金备案业务是非标的专属服务业务。

(3) 银行服务,其中,银行开户、变更、年检和注销为标准业务,资金解冻、询证为非标业务。

(4) 印章服务,包含新刻印章、换章、遗失补办、注销等标准业务。

(5) 工商年报服务,除了工商年报外,还有双随机抽查、劳务用工年审等非标业务。

(6) 工商异常解除,包含年报异常和地址异常两项标准业务,以及开业未经营异常一项非标业务(因为可能涉及税务处罚)。

(7) 工商咨询业务,其中,公司核名、工商提档、执照遗失补办等均为单独收费的标准业务,工商加急为非标业务,还有一项预存业务是注册公司后先预存88元代理记账费,视为签订了代理记账协议。

(8) 境外服务,包含境外公司注册、变更、年审、注销等业务,均为非标业务。

(9) 公司注册,包含个体工商户、有限公司、个人独资企业、合伙企业、外资企业、股份公司、民办非企业注册,金融公司注册作为一项非标业务单列。

》 代理记账

薯片企服中的代理记账共分为7个子类,分别如下:

(1) 会计代理,即记账、报税业务,分为个体工商户、小规模企业、一般纳税人企业三个标准业务和疑难行业一个非标业务。在小规模企业记账中，一年营收300万元以内和超过300万元的报价有所不同，直接签两年合同的可以享受优惠价。

（2）记账软件，一般代理记账公司不涉及这个产品。

（3）税务备案，包含税务报到、税务变更、一般纳税人申请等业务，全部明码标价。

（4）税务代办，包含报表编制、代缴税款、旧账整理、申报纳税等，均单独标价。这里的申报纳税指的是补申报。

（5）税控托管，包含申请税控、税控异常处理、托管、开票等标准业务。

（6）税务解异常，其中，解除税务异常为标准业务，税务协查为非标业务。

（7）发票代办，包含发票申领、异常处理、认证等业务。

>> 税务筹划

薯片企服中的税务筹划分为2个子类，分别如下：

（1）个人税务筹划，全部为非标业务。

（2）企业税务筹划，其中，资产转让、大额收入、股权转让、税负利润筹划等均为标准业务，报价从2万元到5万元不等，这些业务实质上都是利用税收洼地进行操作；而股权投资、企业社保这两项非园区业务都是非标业务。

>> 案例总结

从顶呱呱的产品分类中，我们总结了比较重要的几点：第一，简单业务标准报价，复杂业务咨询后确定报价。第二，细分传统代理记账业务，编制报表、发票代开、税务报到等业务可以单独报价，以降低单纯的记账、报税业务的价格。顶呱呱对营收300万元以内的小规模代理记账客户的收费为150～170元/月，但实际收益并不比传统代理记账公司200元/月收费的收益低。第三，税务筹划业务在直客端收益可观，尤其是利用园区资源操作的业务，操作简单、收益高，代理记账公司可以大力开拓。

第二十五讲 | 产品字典与结构化咨询

> 企业注册为什么那么难？

>> 产品字典

我们针对产品编制了产品字典，其中的每一个产品都包括以下内容：

1. 产品分类

这是科学化的基础。

2. 产品定义

这是对产品的本质特征和服务范围做出的简要说明。比如：工商服务，是指市场主体在成立、存续、消亡的过程中，对市场主体营业执照及其附属属性的相关处理服务；简易注销，是指根据《工商总局关于全面推进企业简易注销改革的指导意见》，对符合条件的企业退出市场的相关服务。

3. 政策依据

这是产品服务的法律依据。比如：公司注册最基本的法律依据是《中华人民共和国公司法》和《中华人民共和国公司登记管理条例》。

4. 适用场景

比如：简易注销的适用场景有两个，一是未开业，二是无债权债务，否则就不能进行简易注销；此外，简易注销还明文规定了不适用的场景。

5. 办理流程

任何产品都要确定办理流程，这是保证质量的前提。

6. 准备资料

明确告知客户办理这项业务所需要准备的资料。比如：企业注册需要准备名称、法定代表人等相关人员的身份证、经营范围、地址证明等。

7. 交付结果

这是最终交付客户的服务结果，需要我们明确地告知客户。比如：公司注册业务的交付结果至少包括营业执照、企业公章等一套印鉴章、企业章程、基本账户、核税通知书和税务Ukey。

8. 产品优势

每家公司都需要把自己的产品的优势讲清楚，包括产品属性优势和公司优势。比如：企盈的公司注册业务的优势包括注册在园区有财政扶持、注册开始前提供规划方案（包括股权和税务筹划）、良好的政府协调机制、规模化品牌公司确保服务品质、"一站式"服务的便利性等。把产品的优势描述清楚，能让客户更有信心地选择我们；同时，降低了我们的业务人员与客户沟通的难度。

9. 价格

这是指产品的销售价格。

把上述九个方面说清楚了，才算是把产品说清楚了。但这只是针对客户端的，更难的是针对员工端。除了向客户展示产品，我们还要让销售人员能够简单地卖出产品。这就相当于针对这套产品字典编写对应的教学参考书，也就是我们前面提到的针对产品的"傻姑三招"——如何向客户描述、如何让客户信任我们、如何成交。这就需要深刻理解每个产品的底层逻辑，把难以描述的复杂产品提炼得简单。

》 企业注册的销售密码——结构化咨询

在代理记账公司的所有产品中，最重要、最复杂的产品是企业注册，原因如下：

第一，企业注册涉及国民经济中的几乎所有行业。每个行业都有其特点和专业性，要掌握如此广泛的知识，难度很大。

第二，企业注册涉及的法律很多，每一部法律的背后还有很多实施细则，全部掌握几乎不可能。

第三，在企业注册初期，很多客户对自己的需求并不清楚。比如：客户要在上海市徐汇区注册一家企业，原因是他个人居住在徐汇区，认为企业注册在那里以后办事方便，但实际上，现在企业注册不需要去行政服务中心，注册在市郊反而可以享受财政扶持。在这种情况下，客户就需要我们的引导。

第四，在企业注册开始时就涉及税务筹划。比如：客户要注册一家贸易公司来销售锅炉，每台锅炉售价 100 万元。我们的建议是将 100 万元的销售额回归到真实业务——80 万元的销售加 20 万元的售后服务，因为售后服务的税率比贸易低 7%，这就是基于业务的合规的税务筹划。

第五，对于代理记账公司而言，企业注册是"入口"产品，这个产品销售的转化率直接决定了整个代理记账公司的盈利模型。这个产品做得好，后续的财税服务和其他增值业务都会有很大发展空间；反之，如果企业注册做得不好，整个代理记账公司就会举步维艰。

那么，该如何做好上述五点呢？当前最好的解决方案是结构化咨询①。结构化咨询就是把复杂的问题简单化。针对企业注册，我们只需要问客户三个问题，就能相对精确地定位客户的真实需求，把问题集中在较小的范围内，通过专业化，快速地与客户建立信任，这就是"黄金 60 秒"（如表 3-4 所示）。

表 3-4 企业注册结构化咨询三问

序 号	问 题	销 售 目 标
1	主营行业	聚焦客户行业，用客户熟悉的语言与客户沟通——显示我们在"工商"方面的专业性
2	年营业额	判断客户规模，提供基础的税务政策应用建议——显示我们在"税务"方面的专业性
3	用途	根据企业用途，提供合适的企业形式建议——显示我们在"法律"方面的专业性

▶ 思考题

客户注册一家企业一般有哪几类用途？

---

① 在《服务即营销的终极秘密——代理记账公司的管理与营销》中，我们讲过结构化咨询，举过广告业和医疗器械的例子。

第二十六讲 | 工商服务：企业注册与注销的销售密码

> 企业注册有哪些用途？

企业工商服务（内资）的内容如图 3-3 所示。我们用一个完整的案例来说明如何处理企业注册的结构化咨询。

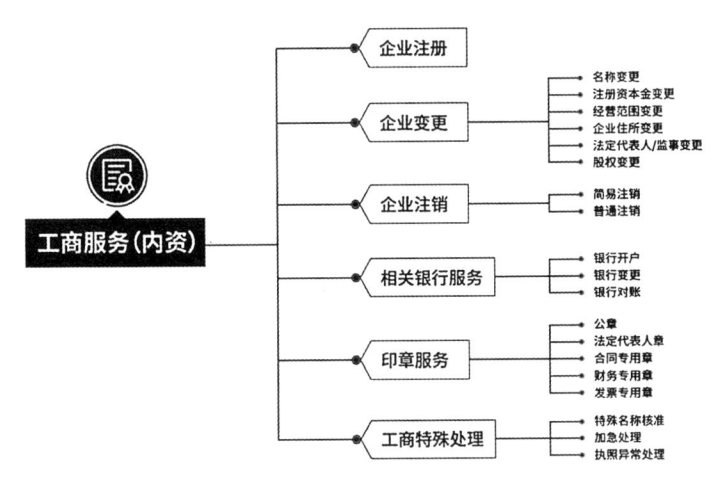

图 3-3 工商服务（内资）内容一览

>> **企业注册结构化咨询举例**

客户需求：注册一家贸易公司。

问题1：您主要做哪个行业的贸易？

客户回复：建材家居。

我们回复：这个行业分为三种业态，一是卖给企业，对方需要一般纳税人进项发票；二是卖给个人，对方只需要普通发票；三是在品牌建材家具市场中，给客户的发票由市场统一管控，您负责进货和销售，市场统一结算。您属于哪一种？

客户回复：我是大企业的供应商。

问题2：您的年营业额大约是多少？

客户回复：5 000万元左右。

我们追问：您的毛利润大约是多少？

客户回复：大约10%，500万元左右。

我们追问：您的净利润大约是多少？

客户回复：大约300万元净利润，其中还要支付超过100万元的营销费用。

我们的建议：在园区注册一家有限公司，让营销方在园区注册一家市场营销类的个体工商户。

通过这个案例，我们来解析结构化咨询：

首先提供行业业态，客户回复后，把问题聚焦对企业的贸易，由于有销项和进项，因此可以设立一家一般纳税人企业。我们用客户熟悉的语言与客户沟通，容易使客户对我们建立基于专业的信任。

客户的年营业额大约为5 000万元，第一年就有这么高的营业额，这是一定要做税务筹划的。由于需从账面利润中支付一笔不小的营销费用，因此可以采用设立市场营销类的个体工商户的形式，既简单又能解决问题。

此外，注册在园区，可以享受财政扶持和税务政策。

从企业用途上来看，有限公司是经营主体，个体工商户是配套的市场营销主体。这样一位客户，其有限公司和个体工商户的注册、代理记账、开票服务和园区收益等，我们一年的收入至少为2万元。

》 企业注册的用途

客户注册一个市场主体的用途包括：（1）用于经营，包括贸易、服务和生产加工，这是最常见的；（2）用于投资，具体内容参考第二十四讲；（3）用于税务筹划，如根据实际业务在全国各地注册企业，使得地方主体在小规模范围内享受优惠政策等；（4）用于解决员工社保或者户口问题；（5）用于品牌建设。这五种用途有不同的处理方案，背后都是不同的专业逻辑。

>> 简易注销

客户需求：我要注销这家企业（发给我们企业名称）。

问题：这家企业申领过发票吗？（经查询，这家企业注册了两年，没有异常和司法案件。）

客户回复：没有。

我们回复：这家企业实际上处于"未开业"状态，如果没有债权债务问题，可以申请简易注销，公告20天后即可办理注销手续。

我们来简单拆解简易注销的沟通逻辑：

凡是涉及已注册企业的后续服务，先获取企业名称，进而根据公开的信息和工具查询企业的基本状况，如是否有异常、企业的股权结构、企业的注册地等，帮助我们在不详细询问客户的情况下做出一些判断，客户就会觉得我们很专业。

发票的使用情况可以反映企业是否属于"未开业"状态，这是能否采用简易注销方式的前提。

所谓结构化咨询，就是建立一套咨询规则，客户有需求时，我们的员工即按照这套规则或话术与客户沟通，客户会觉得我们很专业，但不需要员工很专业。这样就能实现标准化，让销售变得简单。

工商服务还包括很多其他产品，如变更就是非常复杂的一大类产品，其中最复杂的是股权变更，涉及很多法律问题和税收问题。如果碰到创业企业融资，那就是增资扩股问题，还涉及一系列创业者与资本之间的约定，如对赌条款等，这些我们建议请专业律师参与。

▶ **思考题**

你碰到过复杂注销过程中的问题吗？

第二十七讲 | 财税基础服务

> 基础代理记账如何分类？

基础的财税服务一般包括代理记账、基础税筹、发票相关和账务合规（如图3-4所示）。

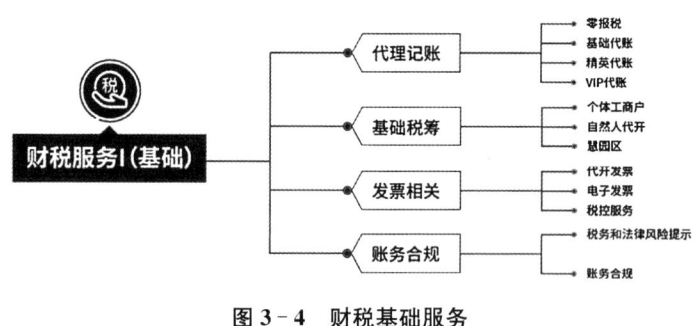

图3-4 财税基础服务

>> 代理记账的定义

根据《中华人民共和国会计法》，代理记账是指专业机构为企业提供的会计核算、记账、报税等服务。这里要明确两点：(1)《中华人民共和国会计法》确认的是机构服务，没有承认个人代理记账的合法性；(2) 代理记账的业务范围包括会计核算、记账和报税，不包含出纳服务。

>> 代理记账的产品分类

代理记账的产品分类如表3-5所示。

表 3-5 代理记账的产品分类

产品名称	价　格	人　员	交　付
零报税	100～200 元/月	实习生	简单账务处理、按时报税
基础代账	300 元/月（小规模） 500 元/月（一般纳税人）	有 2 年以上经验的会计小组	账务：保证二级科目准确 报税：准确报税
精英代账	800 元/月起	中级会计师	账务：辅助账、明细账 税务：税务筹划
VIP 代账	≥2 000 元/月	注册会计师	账务：管理报表、财务分析 税务：税务筹划、税务风险

（1）零报税，针对增值税、所得税均为 0 的企业，收费 100～200 元/月，安排实习生即可，简单账务处理，按时零申报。

（2）基础代理记账，小规模纳税人企业收费 300 元/月，一般纳税人企业收费 500 元/月，安排有 2 年以上工作经验的会计小组服务，保证会计核算的二级科目准确，准确报税。

（3）精英代理记账，收费 800 元/月以上，安排中级会计师服务，在基础代理记账外，确保辅助账、明细账准确，并提供税务筹划建议。

（4）VIP 代理记账，收费 2 000 元/月以上，安排注册会计师服务，在精英代理记账基础上，出具管理报表和财务分析报告，并做好税务风险规划。

我们要明确告知客户我们的产品分类，让客户选择，这很重要。如果我们只有一种产品——300 元/月的代理记账，有的客户会嫌贵，而有的客户会觉得我们不够专业和细致。现在我们有 4 种产品，客户有了选择后，不管哪种需求我们都能满足，客户就没有理由抱怨了。实际上，将客户的需求分类满足本就是市场化公司该做的事。

这个分类遵循了一个重要原则：价格与交付成本一致，也就是"一分价钱，一分货"。有了这样一套统一的标准，公司执行起来简单，员工培训起来也简单，而且可以复制。

》基础代理记账产品的销售密码

对于这样一个基础代理记账产品,我们的销售人员只需要做到以下三点:(1)能理解产品分类,并清晰、简洁地介绍给客户;(2)能说清楚代理记账相对于全职财务的优势(如表3-6所示);(3)能明白我们的公司相对于其他代理记账公司的优势。

表3-6 代理记账相对于全职财务的优势

全 职 财 务	代 理 记 账
√费用不低(工资+社保成本) √税务问题难以保障 √人员流动导致企业账务不连续 √人员技能单一导致企业账务风险	√费用优惠,享受专业服务 √团队服务,不用担心员工离职 √政企关系,不用担心税务问题 √现代化软件,高效连续,低差错率 √避免内部会计技能不足带来的风险

由此可见,基础代理记账产品的销售密码包括三个方面的底层逻辑:一是产品清晰,销售简单;二是打消客户找专职财务的想法;三是战胜同行,把自己的相对优势说清楚。这就是基础代理记账业务的"傻姑三招"。

》其他基础财务服务

基础税务筹划,包括个体工商户、自然人代开、园区财政扶持。

发票相关服务,包括代开发票、电子发票、税控服务。

账务合规业务,包括帮客户理账等。

▶思考题

你的客户抱怨过你的公司的产品价格贵或者不专业吗?你是如何应对的?

第二十八讲｜财税专项服务

> 高端不动产业务如何操作？

❯❯ 财税专项业务的分类

财税专项服务是针对某个行业或某类企事业单位的财税服务，可以分为很多专项，图3-5列出了我的公司在实践中操作过的分类，每类都有专门小组负责。

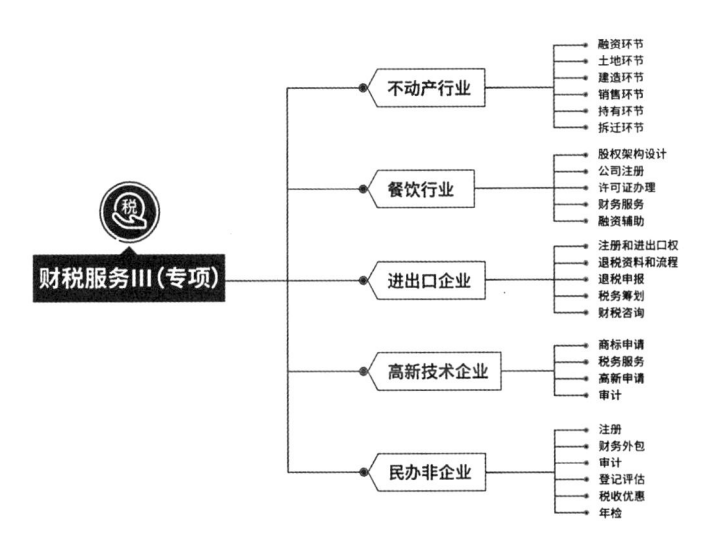

图3-5 财税专项业务的分类

1. 不动产行业

这是代理记账公司很少接触的行业，但有很大的市场空间。

2. 餐饮行业

这个行业中各种规模的企业数量众多，有以下特点：（1）一家企业往往有多个股东，投资股东和经营股东不一致，容易出现股权纠纷，所以股权设计和基本的经营股东激励是餐饮企业普遍存在的问题。（2）很多餐饮企业不开发票，也没有进项发票，所以不能按照传统方式报税，规模小的餐馆可以申请核定征收。基于上述两点，餐饮企业的非经营股东要看到企业实际经营的收入和支出，就需要财务公司出具基础的经营报表，尤其是现金流量表。（3）很多餐饮企业连锁经营，需要融资，针对投资人的财务预算和尽职调查都需要财务公司的协助。（4）餐饮企业都需要办理餐饮许可证。

3. 进出口企业

进出口企业的需求特点：（1）出口退税处理是出口企业的基础需求；（2）贸易类企业与服务类企业在外汇处理方面有区别；（3）进出口企业对进出口税务政策有咨询需求。

4. 高新技术企业

高新技术企业的需求特点：（1）知识产权申请，包括商标、专利和著作权的申请；（2）高新申请，即申请成为高新技术企业；（3）每个城市都有不同金额的高新技术企业补贴，帮助高新技术企业申请补贴是一项重要业务；（4）技术研发辅助账，这是传统代理记账公司最容易出问题的地方，因为高新技术企业的账务逻辑不是简单的收入、成本、费用逻辑，需要各种高新技术的比例数据和证据。

5. 民办非企业

民办非企业如行业协会、基金会等，有以下特点：（1）通常是非营利机构，不遵循企业会计准则；（2）往往由业务主管单位和民政部门双重管理，有年检，需做好审计；（3）需要掌握对非企业的各种税收优惠政策。

》 不动产行业财税服务

图3-6描述了房地产行业全生命周期的关键税务问题和对应产品。

1. 融资环节

筹集资金是所有房地产项目实施的第一步，由于各种资金的来源和投资回报不同，因此基于股权构架的各主体的所得税需要事先规划。

第三章 增长基石：产品图

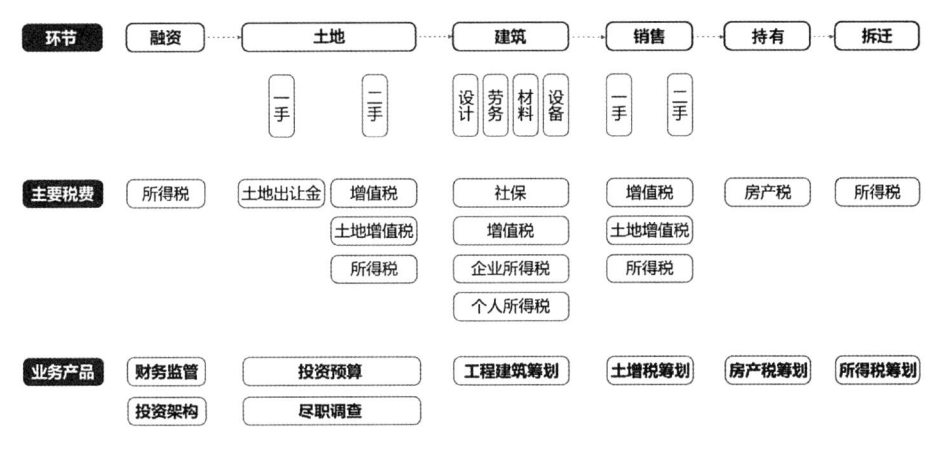

图 3-6 房地产行业全生命周期关键税务问题和对应产品

2. 土地环节

土地环节需要精确测算，对资金密集型行业，ROI 测算准确是项目成功的前提。

3. 建造环节

建造环节也就是工程环节，包括建筑设计、建筑材料、建筑劳务、建筑设备等，是税务合规的难点。

4. 销售环节

对销售环节，我们重点分析二手房销售。

5. 持有环节

房产，要么自用，要么租赁。在我国，企业持有房产需缴纳房产税。房产税主要有两种计算方式：一种是从价计征，另一种是从租计征。

6. 拆迁环节

拆迁环节也就是房产消亡的环节。关于拆迁，有非常多的税务规则。比如：政策性拆迁免增值税和土地增值税，符合政策性拆迁条件的，仅涉及企业所得税规划。

》 二手房销售过程中的土地增值税

二手房销售往往是资金方整体拿下楼宇后零售，很多资金方是临时组建的，没有专业的财税团队，因此在这个细分领域，代理记账公司有很大的机会。同时，由于我国房产升值幅度大，二手房交易中涉及的土地增值税金额巨大，因此合理处理是刚需。

1. 土地增值税

除了个人住宅，其余类型房产的交易都需要缴纳土地增值税，如企业拥有住宅或个人拥有写字楼。对于时间比较久远的二手房产如何确定原值的问题，如果采用重置评估，则需要与评估师事务所和税务局财产行为税部门沟通。

2. 特殊性重组

企业名下有房产，分立和合并是房产主体常见的操作方式，这就是特殊性重组。这里的分立，就是将企业名下房产过户到全资子公司；这里的合并，就是将子公司全部资产（包含房产）合并到母公司。根据相关文件，特殊性重组暂不征收土地增值税和所得税，且免征契税。所以，这对企业内部的产权交易非常有用。

▶▶ 专项财税服务小结

第一，从某个细分行业入手是做好高端业务的好方法。我的公司为了做好这个细分领域，专门成立了不动产事业部。除了上述二手房销售，大量不良资产的处理也需要财税服务。

第二，上述五类专项服务都有很专业、很复杂的细节，需要专业人员去研究，尤其需要在实践中厘清细节，否则我们不会随便接客户的业务。

第三，客户来源基本归为两类：一类是公司本身有专业的团队，相当于从产品出发去寻找客户，如我们的餐饮客户；另一类是来自客户的需求，如我们的不动产业务来自某一家零报税的合伙企业。从客户需求出发，自己"长"出来的业务是良性的，我们配备专业的团队，形成良性循环。这个从低端客户向高端客户进发的过程，就是"低端颠覆"，是非常重要的创新。

总之，细分领域是代理记账公司做高端业务很好的出发点，从现有大量客户中"长"出新业务是代理记账公司良好的发展路径。

▶ 思考题

你的公司做过哪类专项业务？总结了哪些经验？

案例七 | 创业护航不动产事业部

创业护航不动产事业部成立于2021年,其主要业务是与不动产相关的财税服务。该事业部的短期目标是平均每月成交一单,每单的平均价格不低于100万元。

》成立过程

2020年下半年,企盈财务代理的客户提出二手房交易中的土地增值税问题,我们意识到这是一个机会,于是,董事长亲自组织内部和外部资源与客户沟通,初步达成了合作意向,我们也初步掌握了业务核心。

2020年底,风景线财税事业部的一位同事提供了一个二手房交易客户需求,这个交易相对容易,很快就签约执行,合同金额超过1 000万元。这个项目在2021年基本结束,2022年进入项目清算阶段。

接连服务了两位大客户使我们意识到这是一个好机会。于是,我们决定成立不动产事业部。

2021年底,不动产事业部成立,我们专门设计了"不动产事业部宣传手册",开始对外推广。我们招聘了两位熟悉不动产行业的伙伴。之后,我们参加了多次全国性的不动产行业会议,创业护航税务师事务所开始在不动产这个圈子有存在感了。

2022年初,一家上市公司在上海的房产交易交由我们做税务服务,合同金额超过100万元。同期,一家同行代理记账的不良资产公司找到我们,我们帮客户处理了不动产交易环节的税务问题,合同总金额超过300万元。

》底层逻辑

1. 分形创新

传统的"注册公司+代理记账业务"是代理记账公司的第一曲线。在成熟的第一曲线上"长"出了各种小业务,如以商标为主的知识产权业务、以社保公积金为主的人事业务、以企业非诉业务为主的法律业务等,现在又"长"出了不动产业务,这就是分形创新。把第一曲线上的小分形独立出来,用这个小分形特有的方式发展成第二曲线(如图3-7所示)。

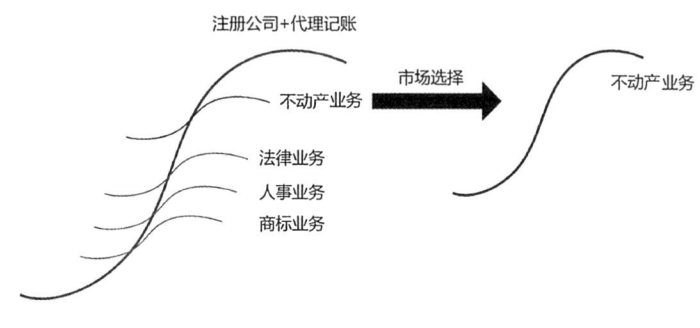

图3-7 分形创新

2. 错位竞争

这么大的项目,按照道理找专业的会计师事务所办理更合适。但我们发现,会计师事务所以审计为主要业务,对"税"的研究并不深入,尤其是与分税制相关的内容。在涉税业务方面,我们比会计师事务所更接地气。这就是与会计师事务所错位竞争,也就是说,我们做的是会计师事务所不擅长的业务。

>> 经营模式

老板作为公司的"天花板",应该发扬领导力,带头探索新的产品和业务模式,将新业务固化成可复制的产品和流程并扩大,而不是守旧地把自己陷于成熟的业务中。

不动产事业部是目前创业护航尚未成熟的第二曲线,因此目前这个事业部的工作由我亲自牵头。经过不到一年时间的探索,从最早的自己做销售,到现在建立了销售团队,也发展了不少渠道。我们希望探索出成熟的获客模式和相对标准化的解决方案,这样,这个业务才能真正成长为创业护航的第二曲线。

>> 案例总结

第一,在传统业务的发展过程中,保持对客户需求的极度敏感是核心竞争力。

当客户有需求时,我们要识别这个需求是否能发展成一项独立的业务,抓住机会的能力价值千金。

第二,一旦确立独立业务,就要设置部门,而且要由老板亲自领头。为什么要老板亲自上阵呢?一是创新难度大,只有老板才能接受失败;二是需要协调各种内部和外部资源,只有老板才能最大限度地调用资源来解决客户的问题;三是避免传统业务的干扰,一项新的业务可能会影响原有部分人员的利益,很多人不一定配合,只有老板亲自管理,大家才能配合。

第三,要重视科学方法论。不动产事业部的成立利用了分形创新和错位竞争两个商业模型,有了理论指导,我们更自信,思考得也更完善。

第四,代理记账公司发展到一定的规模,做大客户的业务是很有价值的增长点,这既是错位竞争,又是"低端颠覆"。这样的结果会让代理记账公司越来越有价值,越来越有尊严。

第二十九讲 | 复杂财税服务

> 财税外包如何交付？

复杂财税服务包括财税外包、税务筹划和税务稽查应对（如图 3-8 所示）。

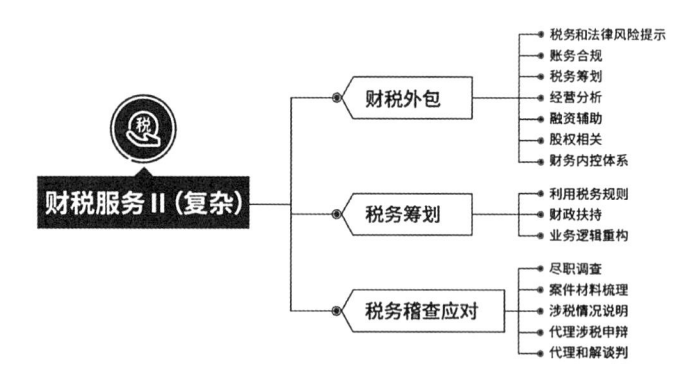

图 3-8 复杂财税服务

≫ 财税外包

1. 财税外包的定义

财税外包是企业将财税管理过程中的某些事项和流程外包给外部专业机构代办的模式。不同于普通的代理记账业务，它是结合客户的商业模式、经营模式进行定制化的财税解决方案。

2. 产品内容

对一家独立运营的代理记账公司而言，财税服务包含七个方面的工作（如图 3-9 所示）。

第三章 增长基石：产品图

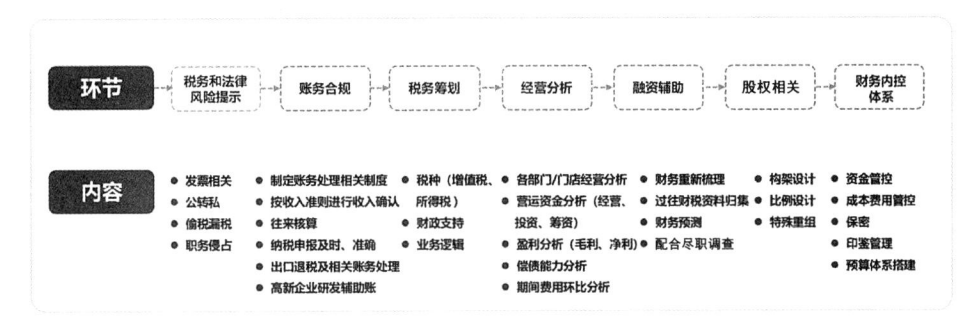

环节	税务和法律 风险提示	账务合规	税务筹划	经营分析	融资辅助	股权相关	财务内控 体系
内容	●发票相关 ●公转私 ●偷税漏税 ●职务侵占	●制定账务处理相关制度 ●按收入准则进行收入确认 ●往来核算 ●纳税申报及时、准确 ●出口退税及相关账务处理 ●高新企业研发辅助账	●税种（增值税、所得税） ●财政支持 ●业务逻辑	●各部门/门店经营分析 ●营运资金分析（经营、投资、筹资） ●盈利分析（毛利、净利） ●偿债能力分析 ●期间费用环比分析	●财务重新梳理 ●过往财税资料归集 ●财务预测 ●配合尽职调查	●构架设计 ●比例设计 ●特殊重组	●资金管控 ●成本费用管控 ●保密 ●印鉴管理 ●预算体系搭建

图 3-9 财税服务包含的工作

（1）税务和法律风险提示。安全是企业经营的基础，随着"金税三期"和"金税四期"的推行，我国"以数治税"力度加大，加上国家对违规网红和明星的涉税处罚，企业的风险意识也越来越强。

不同规模的企业有不同的风险应对级别。小企业的运营好比开拖拉机，眼睛看路即可，几乎不用仪表盘；中型企业的运营好比开汽车，既要看仪表盘，又要借助后视镜观察四周；大型企业的运营好比开飞机，只能根据仪表盘控制。

财务报表就是企业的仪表盘。从创业护航税务师事务所的实践来看，企业最常见的税务风险包括发票相关、公转私问题、偷税漏税，法律上还有职务侵占等。

（2）账务合规。以会计准则为依据制定账务处理的相关制度是最基础的工作。制度建设永远是第一位的，建立好制度和流程后，主要的任务就是监督执行。

（3）税务筹划。以企业的业务为基础，将税务规则、财政扶持、业务逻辑三个方面结合起来，合理合法地做好企业税务筹划。

（4）经营分析。这是企业发展到一定规模后的一项非常重要的工作。企业的员工超过 100 人后，老板就不能凭眼睛看到每一位员工的工作了，收入和支出也很多了，就必须根据"仪表盘"做判断，即必须做好财务分析。经营分析包含各个维度，如产品维度、团队维度、门店维度、营销方式维度等。

（5）融资辅助。帮助创业者拿到投资人的钱是创业公司最大的刚需，应根据战略进行财务测算，配合做好尽职调查等。

（6）股权相关。这类业务包括初创企业如何设计合理的股权构架，已经成立多

111

年的企业如何修正之前的股权问题,如何做好股权激励等。

(7)财务内控体系。这是财税外包需要向客户提供的最基础的服务,因为如果机制不健全,审批不规范,现金流管理有漏洞,业务、财务、税务不一致,源头上就会出问题。好的财税外包就是要让客户健全机制,并根据客户的不同发展阶段进行适当迭代,既不能过于复杂,又要管控住重点。

3. 财税外包的清单化报价

创业护航税务师事务所与客户达成初步意向后,会给客户一份服务计划书,至少包括以下内容:(1)客户的基本情况及财税需求分析,这里要确认客户需要上述7项服务中的哪几项;(2)服务内容及报价,针对客户的工作难度和工作量报价;(3)专项方案,如果涉及企业构架和税务筹划,就要提供基本方案框架;(4)税务师事务所及团队介绍,告知客户为其服务的专业团队;(5)服务流程,让客户清晰地知道我们的流程和需要客户做的配合;(6)相关附件,包括方案中涉及的园区简介、市场主体注册及服务价格、相关风险及注意事项等。

这份服务计划书要精美,让我们的无形服务外显化,让客户感知我们的专业、高级和私人定制。

4. 财税外包的交付

(1)交付报告

我们必须提供完整、专业的交付报告。交付报告的参考目录如图3-10所示。

```
                    目 录

  一、银行账户核算不完整 ........................3
  二、费用跨期 ................................3
  三、核算错误 ................................3
  四、费用少计提 ..............................6
  五、人员工资 ................................6
  六、发票问题 ................................7
  七、核算口径不一致 ..........................9
  八、费用挂账 ...............................10
  九、往来核算 ...............................10
  十、押金核算 ...............................11
  十一、研发费用辅助账 .......................11
  十二、报表差异 .............................11
  十三、历史沿革 .............................13
```

图3-10 账务合规交付报告目录

(2) 咨询服务台账

财务外包服务往往包含咨询服务。零散的咨询如果没有台账,就很难评估服务量,也就很难续费。咨询服务台账记录参考表3-2。

(3) 测算表

如果是税务筹划,那么筹划前和筹划后都要用表格清晰表达,并备注清楚计算逻辑。这既是专业性的表现,也是收费的依据。

(4) 分析报表

基于客户企业各个维度的分析报表和结论是重要的知识服务结果,应与客户沟通好简洁、务实的交付方式和频率。

(5) 其他服务

对客户财务人员的培训、与客户项目组的会议等都应该有规范的交付报告。

>> 税务筹划

所有税务筹划[1]都是三大原理的单独或者组合应用:

第一,在合法合理的范围内,让企业税负适用最低档税率,如利用小微企业政策、加计扣除、留抵退税等。

第二,合理利用地区、行业或者特殊时期的财政政策,如园区财政扶持、行业补贴等。

第三,根据企业特点,重构业务逻辑,如建筑设计企业将内部独立核算的设计小组独立成企业、内部市场化让部门得到更大激励、享受小微企业优惠税率等。

>> 税务稽查应对

随着国家税务合规管控力度的加大,税务稽查案件越来越多,这类业务会在后续章节专门讲述。

▶ 思考题

你的公司尝试过做财税外包吗?财税外包的客户画像是什么样的呢?

---

[1] 关于税务筹划,可参考由创业护航联盟(上海)税务师事务所有限公司编写、上海财经大学出版社出版的《税务筹划案例100》。

第三十讲 | 知识产权

> 商标注册业务值得花精力发展吗？

>> 知识产权业务的分类

知识产权业务分为商标、专利、著作权，企盈把高新技术企业申请也放在知识产权部（如图 3-11 所示）。

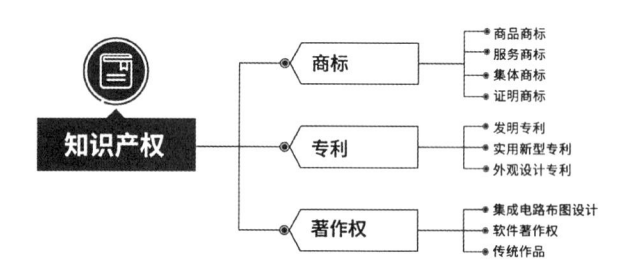

图 3-11 知识产权业务的分类

商标分为商品商标、服务商标、集体商标和证明商标。专利分为发明专利、实用新型专利和外观设计专利。著作权分为集成电路布图设计著作权、软件著作权和传统作品著作权。在这些业务中，数量最大、最容易操作的是商标业务。

>> 商标业务的市场

从 2015 年开始，我国的商标注册申请量持续快速增长，2020 年突破 900 万件，2020 年申请通过率约为 60%。这个申请数量与新增企业数量基本同步。不过，相对于代理记账和人事业务，商标业务最大的缺陷是低频，大多数企业两年才申请一件商标。但商标业务也有优势，就是与区域无关，都是到国家商标局网站申请，这也导致了竞争激烈。随着商标申请量的增加，互联网公司往往用低价甚至补贴来吸引流量。

代理记账公司做商标业务的定位

1. 定位增值业务

这是指做现有客户的商标注册业务，不专门开拓商标注册业务。因为商标业务低频、低客单价，又很难作为"入口"，所以专门获客的成本高，不划算；而且商标业务没有区域性，竞争激烈，传统型代理记账公司很难与互联网公司比价格。

2. 以通过率取胜

代理记账公司的客户本就不多，所以不要追求商标注册量，而要追求通过率。因为商标注册业务是按照申请收费的，所以很多互联网平台追求申请量，但是通过率很低，这样既浪费客户的钱，又浪费时间，还有重大决策风险。我们想象一下，一家创业企业的产品以某个提交申请的商标去市场上销售，9个月后被告知商标被驳回，那该多么糟心。

全国商标注册申请通过率大约为40%～60%，企盈却一直保持在90%以上，因为我们严格查询比较，告知客户风险，帮助客户选择合适的商标。到目前为止，商标查询还没有实现完全智能化，人工服务依然有很大的价值。这样负责的态度会提升客户的满意度。

我们将商标申请定位为增值业务，所以我对知识产权部的基本要求是绝不能因为增值业务而影响主营业务，即不能因为客户对商标注册不满意而导致代理记账业务流失。增值业务只能给主营业务加分，绝不能减分，因为商标申请的通过率高，赢得客户信任后，客户就会增购和转介绍。

3. 以时间和专业取胜

客户时间紧迫，我们可以当天提交，不增加费用，这体现了客户的时间价值。客户想注册的商标被他人注册了，我们想办法，看看是否有挽回的可能。

2012年成立的某服装销售公司需要注册的商标"潮流"于2018年8月被深圳某广告公司（公司主体已注销，其主营范围是广告设计）注册。根据《中华人民共和国商标法》第四十九条，深圳某广告公司商标注册时间是2018年8月，截至目前已满3

年;其注册的主营范围是广告设计,不涉及服装生产和销售;该广告公司主体已处于注销状态,存在占用商标资源的行为。按照程序,我们为客户递交"潮流"商标服装类别商标注册申请,同日对深圳某广告公司提起"潮流"商标3年不使用,撤销的申请,在新申请递交4至5个月后,递交一份商标驳回申请,待对方无法答辩,审理完结后,客户拿到了该商标。

>> 企盈的商标业务发展

企盈从2015年开始启动知识产权业务,净利润从25万元增长到2021年的185万元(如图3-12所示)。

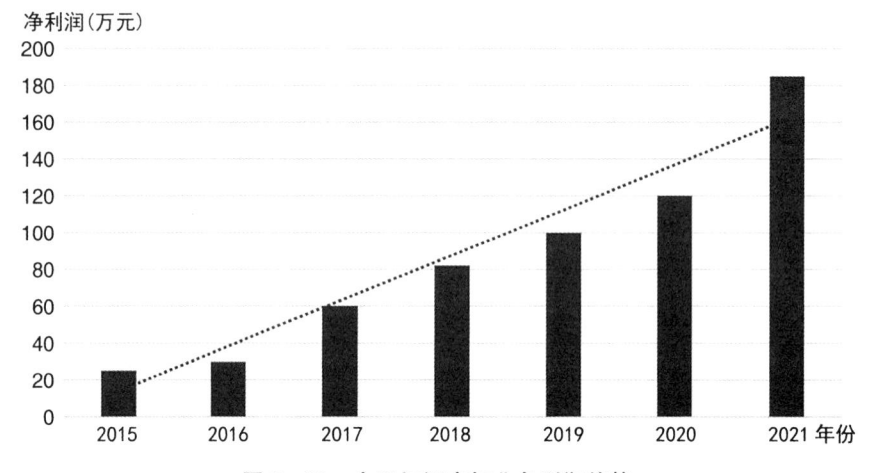

图3-12 企盈知识产权业务利润趋势

商标注册作为增值业务,因为没有额外获客成本,所以不仅取得了不错的业绩,而且增加了客户的黏度。

▶ 思考题

如果你的公司的客户数量不多,暂时没有专门的商标业务团队,碰到客户有商标注册需求时,你该怎么办?

第三十一讲 | 人事业务

> 代理记账公司可以开拓哪些人事业务？

人事业务可以分为个人服务和企业服务两个部分（如图 3-13 所示）。

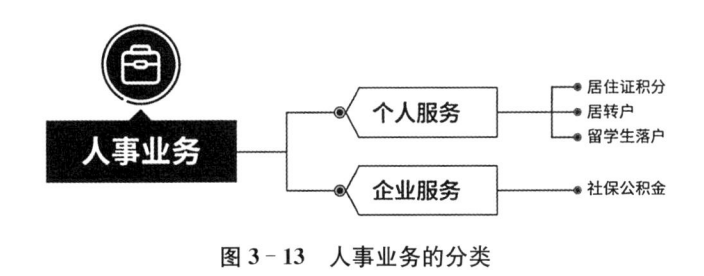

图 3-13 人事业务的分类

》 企盈做人事业务的原因

企盈是代理记账公司人事业务的先行者并且取得了不错的成绩。

2016 年，企盈在代理记账客户只有 3 000 位的时候就启动了人事业务，主要原因有以下四点：

第一，客户经常咨询我们社保公积金、户口、个人所得税的相关问题，这些问题其实属于人力资源问题，让人事专员来服务可以减轻会计人员的工作量，也让会计人员的培训和学习变得简单。

第二，人事专员回答客户的相关咨询更专业，客户也更满意。人事专员引导客户将这类业务外包给我们，这样，我们不仅做代理记账，而且有了一项新收入。

第三，企业的社保公积金服务是长期续费业务，与代理记账一样，是一种非常棒的盈利模式；不仅如此，人事业务的服务成本比代理记账低，因为只有增员或减员才需要人事操作，而一位员工能服务超过300位客户，运营利润高。

第四，客户在我们这里办理多项业务，客户的流失率会降低、黏度会提升。

》 人事业务包含的内容

1. 社保公积金业务

如同没有专业的会计人员而找我们代理记账一样，初创企业没有专业的人事专员，就会把社保公积金这样的人事业务外包给我们。这就是企盈做人事业务的初衷。这项业务的本质是行政操作，有各种规则，不能弄错或遗漏，否则会影响员工的居住证积分，甚至会影响员工的落户和买房资格。

这项业务的主要交付内容如表3-7所示：首先是企业社保和公积金账户的设立，然后是企业信息和员工相关手续的办理，最后是每月的增减人员更新。

表3-7 社保公积金业务

服务内容	办理时间	服务费	备注
企业社保公积金账户的设立	7个工作日	1 000元	代办社保公积金账户的设立：代办数字证书，公积金中心培训与公积金账户关联，社保公积金委托协议的拉取和对应公积金银行协议的签订
① 企业信息填报 ② 个人信息填报 ③ 个人信息采集 ④ 增员手续办理 ⑤ 减员手续办理 ⑥ 汇缴手续办理 ⑦ 近6个月补缴手续办理 ⑧ 退账手续办理 ⑨ 社保明细表制作 ⑩ 医保卡申请	每月	每人60元/月，200元起；20人～30人，每人50元/月；30～40人，每人45元/月；40～50人，每人40元/月	

续 表

服 务 内 容	办理时间	服 务 费	备 注
⑪ 设置个人社保密码 ⑫ 社保关系转移 ⑬ 工资性收入申报 ⑭ 生育津贴协助申领 ⑮ 社保最新政策、法规咨询 ⑯ 公积金明细表制作 ⑰ 公积金基数核定及调整 ⑱ 公积金最新政策、法规咨询			

2. 个人业务

这项业务主要是个人的居住证积分、居转户和留学生落户。在上海,因为居住证和户籍关系到买房和孩子读书,所以,与居住证和户籍相关的问题就显得特别重要。这些手续都很复杂,交由第三方专业机构来做是非常大的需求。

我们虽然服务企业,但企业的老板和员工也是我们的服务对象,如果能够从服务企业扩大到服务员工,我们的服务面就会扩大很多。类似这样的业务,我们在其他产品上也做了尝试,并取得了一定的成效。比如:法律业务中的个人交通事故处理,金融业务中的个人贷款,以家庭为单位的个人所得税申报等。

除了以上两类,我们还尝试了其他人力资源业务,如代发工资、劳务派遣、招聘、社保稽查应对等。

》 企盈人事业务的各项数据

截至2021年底,企盈的人事业务团队共有9人,年营收为550万元,利润为305万元,利润率高达55%,主要原因如下:(1)主要依靠转介绍,没有获客成本;(2)线性累加的盈利模式;(3)工作量低,每人服务的客户数比代理记账多,人效高。

图3-14是企盈2021年人事业务客户来源与分布数据:从客户数来看,老客户续费占比31%,转介绍占比65%,两项合计占比96%;从客户收费来看,老客户续费占比35%,转介绍占比54%,两项合计占比89%。

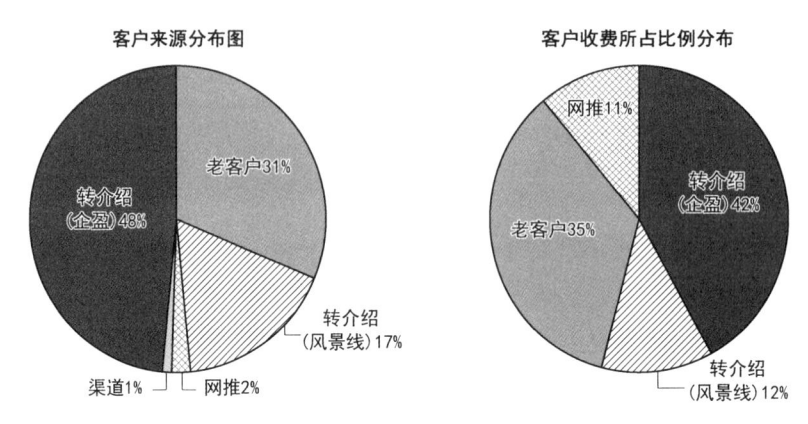

有尊严的增长——代理记账公司的增长密码

图 3-14　企盈客户来源与分布

企盈的人事业务转化率大约为20%,即每注册100家客户企业,大约有20家选择我们做人事业务外包,这比代理记账绑定率低很多,可见,人事业务还有很大的发展空间。

>> 如何做好人事业务转介绍

从图3-14可以看出,企盈的人事业务来源主要依靠转介绍。那么,如何才能做好人事业务转介绍呢?

首先,战略上要重视。最初在推进人事业务时,我在全员大会上向大家讲解这项业务的价值和重要性,在管理会上向管理层反复阐明,让大家理解这不仅是一项赚钱的业务,而且是我们"一站式"服务平台的重要组成部分。这样,企盈逐步形成一个真正的企业服务平台,为客户提供全方位服务,客户在我们这里就会有更高的黏度。

其次,下达指标。因为是战略,所以必须全员完成目标。我们在前两年给业务部门和会计部门的指标是:每人每年必须至少介绍成功一单人事业务,如果没有完成,就要参加周末的培训,直至完成;而且,没有完成指标的个人和团队取消优秀员工和优秀团队的评选资格。大家为了荣誉,基本上完成了指标。

最后,制定激励机制。不管是处理人事业务的员工,还是推荐客户的业务人员和会计人员,转介绍成功都有提成和奖励。

▶ **思考题**

你的公司在你所在的城市能做好人事业务吗?

第三十二讲｜股权业务

> 股权相关业务的关键点有哪些？

股权是股东的首要权益，只要有企业，就有股权问题。股权业务的市场容量很大，这一讲我们就来说说股权业务的关键点（如图3-15所示）。

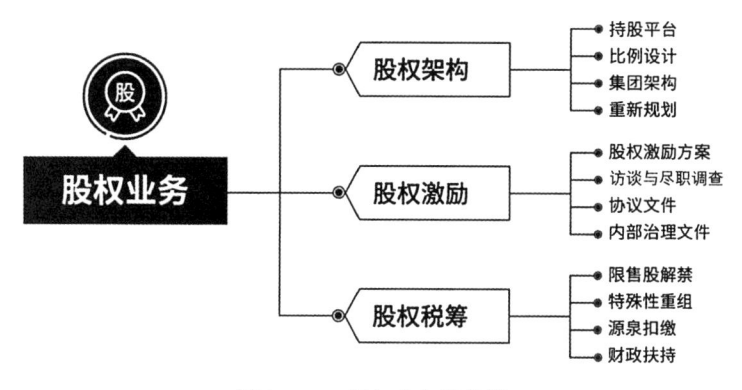

图3-15 股权业务的分类

>> 股权业务的难点

对代理记账公司而言，股权业务的难点包括：（1）涉及的专业知识非常广泛，对公司和员工的要求比较高；（2）大客户居多，他们对综合服务能力的要求比较高；（3）股权的背后是商业本质，从商业本质出发找到根本问题，提供务实的解决方案，这对员工的底层认知和逻辑要求很高；（4）执行阶段对很多专业文书有比较高的要求；（5）股权业务是典型的非标业务，很难通过简单的培训来保证员工的胜任。

总之，股权业务需要战略思维，需要法律、税务、人力资源等综合能力的组合应用，对公司和员工的要求高，所以难度高。

》股权业务的内容：股权构架

股权构架应事先做好规划（如图 3-16 所示）。

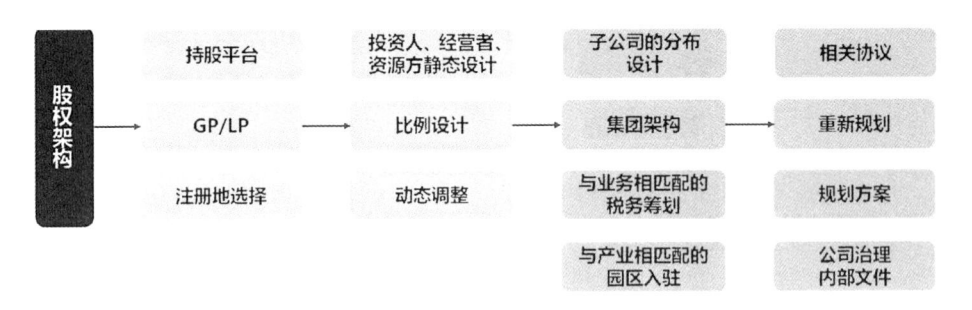

图 3-16 股权架构业务规划

关于股权构架业务，要着重注意以下关键点：(1) 充分利用有限合伙企业的特点——普通合伙人拥有决策权，有限合伙人只拥有收益权，这个机制使得很少的股权比例就可以控制整家企业；(2) 51%（经营决策权）和 67%（绝对控制权）是有限公司最重要的两个股权比例节点；(3) 与业务相匹配的集团公司构架有对应的税务筹划；(4) 经营者与投资人不同的有限公司往往涉及对经营者的约束与激励。律师应将上述专业设计用法律文件专业表述，包括章程和股东会决议等。

》股权业务的内容：股权激励

关于股权激励，我们总结了"三大亮点""四项输出""五大要点"和"六项流程"（如图 3-17 所示）。

"三大亮点"是善意、简单、务实。我们见过一家律师事务所给客户做的股权激励协议，共 12 页，员工都不想看。客户想对核心骨干进行激励，结果协议内容充斥着对员工的防备，员工当然不乐意。我们强调善意，股权激励是激发善意；我们强调简单，用简单的语言把关键约定描述清楚；我们强调务实，精准激励，对非上市公司而言，让员工做小池塘里的大鱼，更能让核心骨干做好他们擅长的事。

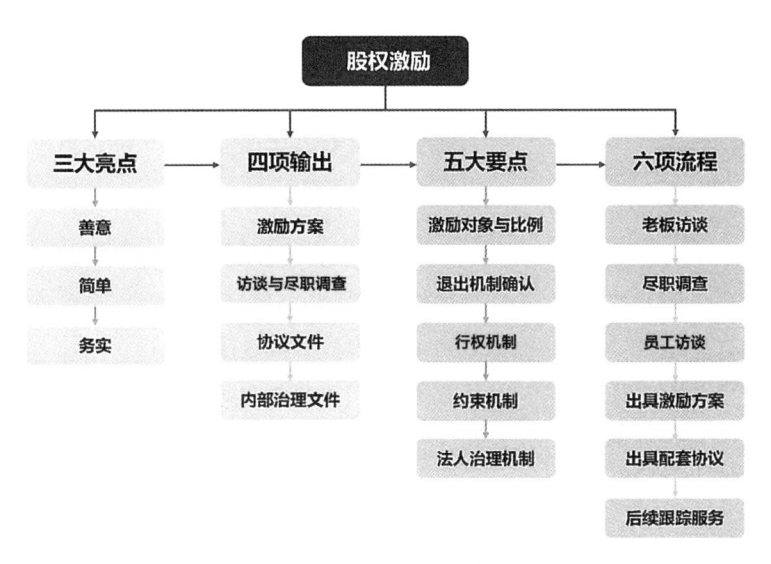

图 3‑17 股权激励

"四项输出"是与老板确定激励方案、访谈与尽职调查、起草股权激励协议、形成公司整体的内部治理文件。

"五大要点"是激励对象与比例、退出机制、行权机制、约束机制和法人治理机制。

"六项流程"是老板访谈、尽职调查、员工访谈、出具激励方案、出具配套协议和后续跟踪服务。

股权业务的内容：股权税务筹划

股权税务筹划的构成如图 3‑18 所示。

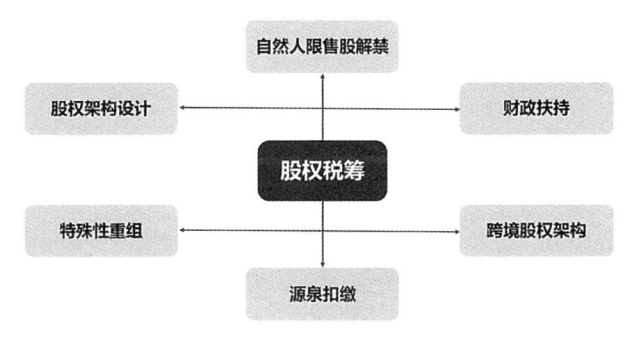

图 3‑18 股权税务筹划

123

关于股权构架的涉税问题，以下是一个错误的案例（如图 3-19 所示）。

自然人 A、B、C 几年前通过以下途径最终持有 G 公司股份（初始投资约 2 000 万元），G 公司于 2019 年上市，股票已经解禁（对应市值为 2～3 亿元）。

D 企业的设计非常糟糕。合伙企业是"先分后税"，有限公司是"先税后分"，这样的股权设计让 A、B、C 3 个自然人需要在 25% 的企业所得税后再缴纳 20% 的个人所得税。所以，我们想办法拆掉了 D 企业，这样，3 个自然人就只需承担 20% 的税负。[①]

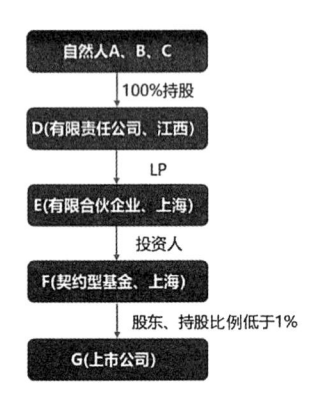

图 3-19 案例示意

》 代理记账公司如何做好股权业务

股权业务复杂且涉及的知识面广泛，对公司和人员的要求高，所以，对代理记账公司而言：（1）由专门的人员或者老板自己来研究，成为专家；（2）努力突破，实现第一个成功案例，才有底气成交下一位客户；（3）建议服务第一位客户时与第三方机构合作，在做项目的过程中学习是学习的最佳路径；（4）努力扩大客户基数，在现有客户中"长"出来的需求才是健康的。

▶ 思考题

你的公司做过股权相关业务吗？你是如何做的？

[①] 关于税务筹划的内容，可参考由创业护航联盟（上海）税务师事务所有限公司编写、上海财经大学出版社出版的《税务筹划案例 100》。

案例八 | 企盈的人事业务团队

我们采访了企盈的人事业务部负责人席娜，从她的角度我们来看一下企盈的人事业务团队是如何一步步发展到现在这个规模的。

>> 采访内容

采访者：您初到公司的时候就是负责人事业务的吗？

席娜：我是2016年加入公司的。刚进入公司的时候我是一名HR，当时社保公积金业务已经开始收费了，但是没有专门的人事业务部，所以这项工作是HR部门兼职来做的，我刚来公司不久就开始做这项业务了。

采访者：刚开始的时候业务难做吗？

席娜：其实并不难，因为那个时候公司对我们没有指标要求，只要求财税事业部每个月有新增的人事业务转介绍，所以我们那个时候没什么压力。

采访者：人事业务部是什么时候成立的？

席娜：到2017年，公司才正式成立人事业务部，我才开始负责这个部门。

采访者：作为一名HR，您为什么愿意负责这个部门呢？你当时觉得这项业务好做吗？

席娜：其实最开始我没有想过好做不好做的问题，就是觉得做这项业务可以接触到很多客户，而且客户都是来自各行各业的，感觉可以学到很多东西，比做HR有意思。现在想来，可能我最开始就选错了职业，我的性格可能比较适合做业务。幸亏公司给了我这个机会。

采访者：成立人事业务部后应该就有指标要求了吧？第一次接指标的感觉是怎样的呢？

席娜：是的，人事业务部刚正式成立就发布了指标，当时对于我们的新增客户数和营业额都有要求。我当时接这个指标是有点紧张的，因为以前都是做HR，没有正儿八经地接过业务指标。但同时我觉得，公司专门成立这个部门，还定了指标，说明公司觉得这个产品很重要，让我来负责这个部门其实对我来说是一个很好的机会，所以我很想把这件事做好。

采访者：当时的团队配置是怎样的？

席娜：当时的团队，包括我就只有3个人，我负责业务开发，同时兼顾一些落地的工作，另外两位同事负责落地操作。

采访者：人事业务部真正开始独立核算是什么时候？当时是怎么核算的呢？

席娜：2018年初，线下业务部开始实施"阿米巴"后，我的部门也随之开始独立核算。我们的核算方式与线下业务部是一样的，营收减去人员成本再减去各种分摊成本，就是我们部门的利润。我按照利润拿一定比例的分红。

采访者：开始独立核算，您的感觉是怎样的？

席娜：当时公司征求了我的意见，我是很愿意做这件事情的：第一，当时公司刚开始搞"阿米巴"，我的部门是第一批试点，说明公司很信任我，我还挺自豪的；第二，公司当时对我们的业务非常支持，下了行政命令要求财税事业部和业务部的同事必须每人每年至少介绍一单人事业务；第三，当时做了一下测算，完成相同指标的前提下，按照独立核算的政策，我的收入是有明显增加的，那我就更愿意做这件事了。

采访者：现在您的团队业绩怎么样？2021年完成了多少利润呢？

席娜：2021年我的部门的净利润是300万元，总体上完成了利润目标。现在我们的社保公积金业务客户数量超过1 400位，占总体营业额的64%，其他业务如积分落户、签证、居住证等占了36%。整体来说，虽然净利润每年都有增长，但增长过于平稳，主要增长还是来自企盈代理记账客户转介绍的社保公积金业务，而且这项业务有比较稳定的续费率。前期公司对我的部门的要求是对代理记账的老客户做充分转化，所以这个增长还是可以满足公司的要求的。但现在公司对我们有了更高的要求，所以从2021年开始，我们增加了人员，希望能够独立做一些新客户的开发。

采访者：现在您的团队规模有多大？

席娜：现在部门里除了我之外有12个人。我现在基本不再管操作落地的事，把主要精力放在客户开发上，有2位业务员直接向我汇报。操作团队有10个人，9个操作人员向1个操作主管汇报。操作团队也有一些变化，以往因为社保公积金以外的业务量特别少，所以当时操作人员并没有分工。但2021年开始抓客户开发后，

2022年积分落户和外国人签证业务的量上升得很快,所以这两项业务现在是有专人负责操作的。就好像公司把我们这项人事业务从一开始兼职慢慢孵化到现在独立核算的事业部一样,我们内部也在孵化一些新的业务。

采访者:现在的客户主要来自哪里呢?

席娜:社保公积金业务的客户主要来自财税事业部的转介绍,这个来源是非常稳定的。个人业务,像积分落户和外国人签证,我们目前做一些网络推广,在这个基础上促使这项业务的老客户不断裂变,因为这两项业务有明显的圈子,所以效果不错。2022年我们打算尝试与一些线下渠道合作。

采访者:在促进财税事业部转介绍方面,您主要采取了什么措施?

席娜:一方面,在部门刚成立的时候,公司发布了行政命令,要求还很严格,没有完成每人每年一单任务的个人不能评优秀员工,团队不能评优秀团队,这个措施实施了两年,确实帮我们在初期快速地积累了客户量。不过业务走上正轨后,这项行政命令就取消了。现在我们会定期为财税事业部、业务部的同事,尤其是新同事做人事业务培训,帮助他们了解我们的产品和转介绍政策,这样大家还是挺有积极性来介绍客户的。另外,在像"6·18""双11"这类日子,我们还会做一些活动,给客户打折,提高转介绍奖金的比例,这样签单就更加容易了,但不会影响同事的转介绍奖金,所以这些活动也很有效果。

>> 案例总结

从这段采访中,我们总结出以下三点:(1)人事业务与我们案例中的不动产事业类似,也是从客户需求中发现业务,通过逐步发展最终成为一个净利润300万元的事业部,符合分形创新的模型;(2)对于一项新业务来说,选对负责人非常重要,席娜是一个非常典型的业务型人才,企盈发现并成就了她,而她也为企盈的人事业务做出了贡献;(3)人事业务是非常典型的增值产品,因为主要来自代理记账客户的增购和转介绍,所以初期业务发展非常快。对代理记账公司而言,先把代理记账的规模做大,再以此为基础转化增值产品,是公司快速增长最好的办法。

第三十三讲｜法律业务

> 代理记账公司如何做好法律业务？

>> 法律业务与代理记账业务的比较

一般来说，代理记账公司负责的法律业务可分为非诉讼业务和诉讼业务（如图3-20所示）。

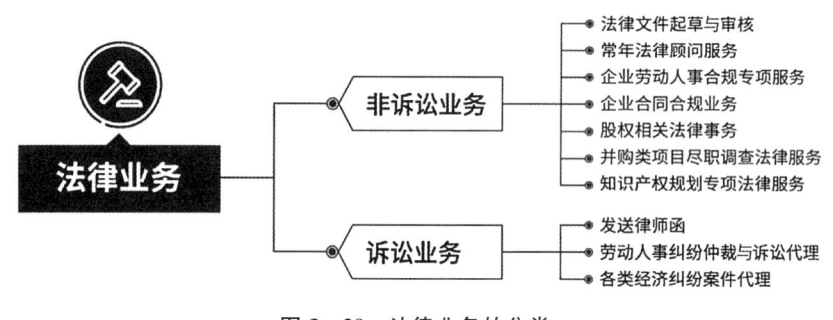

图3-20 法律业务的分类

根据司法部统计，我国律师每年处理的法律案件超过1 000万件，其中大约60%是诉讼案件。按照平均每起案件2万元计算，法律业务的市场规模至少为2 000亿元。

从表3-8可以得出几个有意思的结论：

第一，在我国，相对于会计师事务所，律师事务所的本土化比例极高。外资"四大"会计师事务所的营收占据了整个行业的15%以上，历史形成的品牌效应特别明显，从市场角度看，反映了会计师事务所的进入门槛比律师事务所高。

表 3-8 律师事务所、会计师事务所和代理记账公司市场比较

项　　目	律师事务所	会计师事务所	代理记账公司
企业数量	3万家以上	1万	10万家以上
从业人数	50万人以上（执业律师）	10万人以上（注册会计师）	200万人以上
平均员工数	15人	10人	20人
年订单数	1 000万份以上	200万份	4 000万份以上
客单价	2万元	5万元	1万元(工商+财税)
市场规模	2 000亿元	1 000亿元	4 000亿元
企业平均产值	700万元	1 000万元	400万元
人均产值	40万元	50万元(计算全部员工)	20万元

第二，从客户黏度看，财税服务（包括会计师事务所和代理记账公司）很大比例是长期续费模式，而法律服务是低频一次性业务，其相对获客成本更高。这是我们在思考法律业务时必须考虑的一个重要维度，也是代理记账公司有可能涉足法律业务的一个重要原因。与前述人事业务和知识产权业务一样，对工商注册和代理记账客户进行开发，在没有获客成本的情况下促成增购，就是代理记账公司的"入口"价值。

第三，会计师事务所的从业人员并不全是注册会计师，所以他们的实际人均产值大约为50万元，而很多执业律师并没有进入律师事务所工作，律师事务所的人均产值大约为40万元。两者的人效差不多。

第四，法律业务的订单数量巨大，每年仅诉讼案件就超过600万起，这大约相当于每年新增企业数量和商标申请数量，所以市场规模巨大。

由此可见，法律业务的市场规模很大，进入门槛较低。因为大多是低频一次性业务，所以信任很重要，这是代理记账公司涉足法律业务的机会。

>> 法律业务的内容

法律业务，从案件性质上看，大致可以分为诉讼业务和非诉讼业务；从对象上看，大致可以分为企业业务和个人业务。图3-20只列出了企业业务。

诉讼业务必须由律师事务所执行，包括律师函、劳动人事纠纷的仲裁与代理、经济纠纷案件代理。非诉讼业务常见的是法律顾问和各种专项服务，包括法律文件的起草与审核、企业劳动人事合规专项服务、企业合同合规业务、股权相关的法律事务、并购类项目尽职调查法律服务、知识产权规划专项法律服务等。

实际上，个人业务在法律业务中的比重更大，如刑事案件代理、婚姻家庭纠纷案件、交通事故案件、投资移民法律代理等。

>> 代理记账公司的法律业务

企盈与律师合作成立了法律咨询公司，尝试做企业非诉讼业务，但规模还很小。经过2年的尝试，我对法律业务的看法如下：(1)要成立律师事务所。(2)要全面承接法律业务，包括诉讼业务和个人业务，代理记账企业及其老板都是我们的客户对象。(3)要财、税、法一体化，在国家严格"以数控税"的大环境下，与税相关的法律问题越来越多，而我国专门涉税的律师事务所却很少，这为我们以"税"为核心的战略布局提供了发展空间。(4)要独立核算，尊重专业，使我们成为"一站式"企业服务平台。

总之，法律业务的市场空间巨大，但业务低频，对专业要求高，代理记账公司要涉足法律业务，就要充分利用现有客户，做好法律服务。

▶ 思考题

你经历过诉讼吗？你是如何选择律师的呢？

第三十四讲 | 资质许可证业务

> 哪类资质许可证业务最值得做？

很多业务需要凭许可证经营，协助客户办理许可证是非常专业的中介业务，也是代理记账公司的主要业务之一（如图3-21所示）。

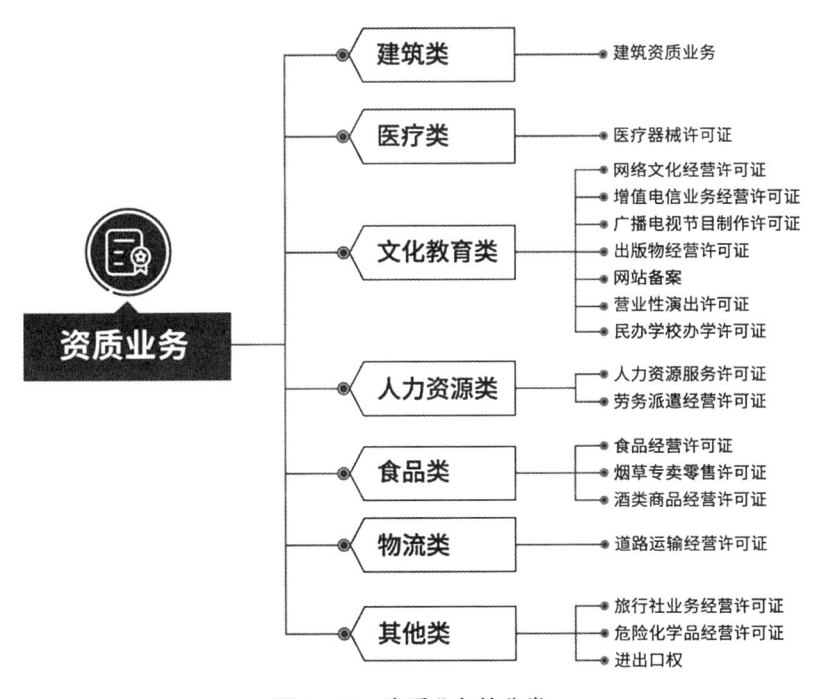

图3-21 资质业务的分类

›› 建筑类

在资质许可证业务中，建筑资质是最大的一类。这类资质要到住房和城乡建设委员会(俗称"建委")办理,具体内容包括:(1)电子与智能化工程专业承包资质;(2)消防设施工程专业承包资质;(3)防水防腐保温工程专业承包资质;(4)建筑装修装饰工程专业承包资质;(5)建筑幕墙工程专业承包资质;(6)模板脚手架专业承包资质;(7)施工劳务企业资质。

以上资质的要求包括两项:一是企业净资产,这是要求企业能承担一定的法律责任;二是专业人员,无论是技术方向还是管理方向,都需要有专业人员。

关于专业人员,需要符合以下条件:(1)所有工程师单证双网查;(2)所有建造师必须是全国唯一社保;(3)所有人员必须在申报资质前在单位完成社保缴纳。

建筑资质业务还伴随很多相关业务。比如:专业人才的培训和考证;财税服务,包括代理记账;公司转让;等等。这些业务形成一个闭环,有非常不错的利润。

>> 医疗类

医药医疗当然需要许可经营,我们做得比较多的是办理医疗器械销售许可证。

医疗器械是指直接或者间接用于人体的仪器、设备、器具、体外诊断试剂及校准物、材料以及其他类似或者相关的物品,包括所需要的计算机软件。

医疗器械总共分为三类,经营第一类医疗器械不需许可和备案,经营第二类医疗器械实行备案管理(备案凭证),经营第三类医疗器械实行许可管理(许可证)。基于此,我们的服务产品分为以下三类:

一是普通二三类医疗器械产品。这主要是对场地和人员的要求。因为是器械销售,所以对经营场地和库房有一定的要求,质量负责人要具备医学相关专业。

二是一次性重点监管产品。这是三类医疗器械中特殊的一类,主要是一次性无菌产品,需要更大的经营场所和库房面积,对人员的要求也较高。

三是体外诊断试剂产品。这是医疗器械中要求最高的一类产品——对人员和场所的要求更高,最重要的是要有冷库。

>> 文化教育类

这类许可证比较多,包括网络文化经营许可证、增值电信业务许可证(ICP证)、广播电视节目制作许可证、出版物经营许可证、营业性演出许可证、民办学校经营许可证等。其中,网络文化经营许可证和ICP证的数量最多。

▶▶ 人力资源类

人力资源类主要包括人力资源服务许可证和劳务派遣许可证。

▶▶ 食品类

食品类主要包括食品经营许可证、餐饮管理许可证、烟草专卖零售许可证和酒类商品经营许可证。

▶▶ 物流类

物流类主要是指道路运输许可证。

▶▶ 其他类

除上述几类外,还有旅行社业务经营许可证、危险化学品经营许可证、进出口权证等。

代理记账公司该如何做好许可证业务呢?(1)许可证业务是低频业务,所以前期每项业务都可以找同行合作;(2)如此多的业务类型说明我们的市场空间很大;(3)每一项许可证业务都需要与政府有关部门进行良好的沟通,需要较长时间来启动并扩展到一定的规模;(4)这些业务的利润相对较高,是代理记账公司应该重视的业务;(5)因为低频,所以代理记账公司可以安排人员负责后端对接,不管是自己做还是与同行合作,前端获取商机后再交由后端专业人员转化签单,这样效率较高。

▶ 思考题

你做过哪些资质许可证业务?

第三十五讲 | 涉外业务

涉外业务究竟包含哪些内容？

涉外业务共分为五类(如图 3‑22 所示)。

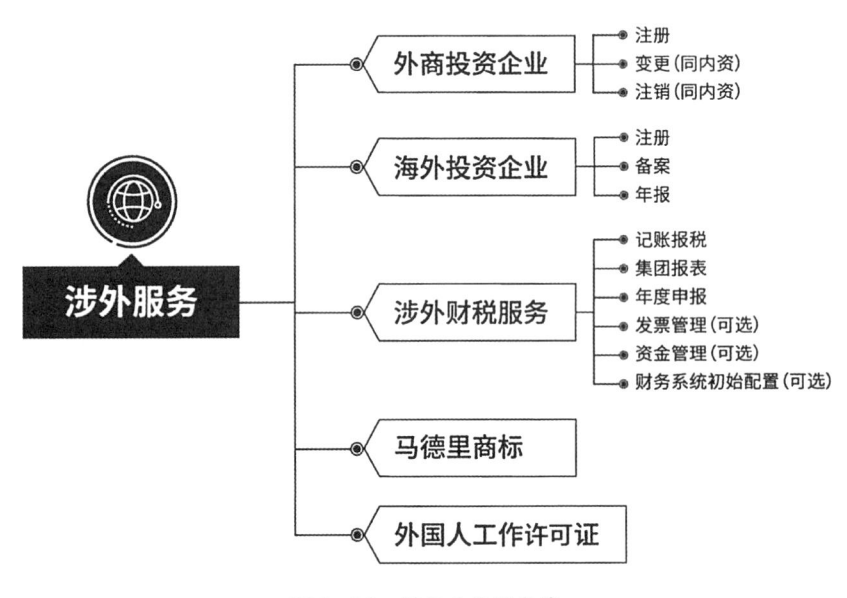

图 3‑22　涉外业务的分类

>> 外商投资企业

这里的外商投资企业（Wholly Owned Foreign Enterprise，WOFE）包括外商独资企业、中外合资企业和外资代表处。

外商投资企业的工商注册与内资企业的区别在于：(1) 除了《中华人民共和国

公司法》的相关规定外,外商投资企业还要遵循《中华人民共和国外商投资法》《外商投资产业指导目录》《外商投资准入特别管理措施(负面清单)》以及代表处设立的相关规定。(2) 根据《外商投资产业指导目录》,将外商投资分为鼓励、允许、限制、禁止四类。大体上,鼓励类是可以自由注册的,允许类中的部分行业(如教育、医疗)需要与中方投资人一起成立合资公司,限制类大多需要中方控股,禁止类是不能注册的。(3) 外资代表处是外国企业在我国常驻的代表机构,它不是独立的法人机构,不能进行直接的营利性商业活动。

曾经外资企业注册非常麻烦,现在注册手续简单很多,直接到市场监管局申请营业执照,然后到商务委备案即可。

尽管国际经贸冲突频发,疫情肆虐,但是因为我国经济发展迅速、市场大,我国外商投资企业数量和投资额仍在逐年增加:2021年新注册外资企业4.8万家,比2020年增长23%,外资企业总数已超过100万家;我国21个自由贸易试验区承接了超过10%的新注册外资企业。

对代理记账公司而言,相对于内资企业,要做好外商投资企业的工商服务,关键在于:(1) 要有良好的英语沟通能力,这是所有涉外业务的基础条件;(2) 要有特别的获客能力,要么英文推广,要么有特别的渠道去接触外商;(3) 要特别熟悉我国对外商投资企业的政策。

海外投资企业

海外投资(Outbound Direct Investment,ODI)是指对外直接投资,即中国企业投资到海外去。

海外投资业务主要分为两类:(1) 海外企业设立;(2) 对外投资备案。这两类业务可以单独操作,单独收费。

涉外财税服务

涉外财税服务(Accounting Outsourcing Service,AOS)是指在华外资企业财税外包服务,其主要内容包括:(1) 按照中国法律记账和报税;(2) 配合外资企业在海外的母公司,提供在华子公司的相关报表;(3) 年度汇算清缴、年报公示以及外资企业联合年检;(4) 协助企业申请发票,提供打印发票等发票管理服务;(5) 资金管理服务，与内资企业不同，外资企业更相信第三方，让第三方按照流程支付；(6) 外资企业认同对财务软件另外收费，我们现在使用的是专门的外资企业财务软件，可以自动生成英文报表。

需要注意的是，中国人讲究灵活度，国内客户希望代理记账公司灵活解决问题，而外资企业更强调规范和流程。

≫ 马德里商标

马德里商标(Madrid International Trademark System)就是根据《商标国际注册马德里协定》的规定，在马德里联盟成员国间进行注册的商标。我们通常所说的商标国际注册，指的就是马德里商标国际注册。

马德里体系是针对全球商标注册和管理的解决方案，只需提交一份申请，缴纳一组费用，便可在超过 120 个国家和地区（截至 2021 年）申请保护，通过一个集中化的系统，就可变更、续展或扩展全球商标。2021 年，国际产权组织共申请马德里商标 73 100 件，其中，中国申请 5 272 件。

≫ 外国人工作许可证

如果外国人需要到中国境内工作，就需要办理外国人工作许可证(Foreigner's Work Permit)（如图 3-23 所示）。该证一般到人力资源和社会保障部门申请。

图 3-23　外国人工作许可证

申请外国人工作许可证有下列条件：（1）接纳外国人就业的企业符合条件，确实有聘用外国人的需要；（2）需要到我国境内就业的人员符合条件，我国欢迎紧缺人才和专家；（3）申请人员必须有合法的签证和居留许可。

》 企盈的涉外业务

目前，企盈的外商投资企业和海外投资企业服务由外资业务部负责，他们一个团队6个人，一年的营收大约为300万元，利润大约为100万元，是企盈利润率比较高的一个部门。涉外财税服务由外资财务部负责，他们一个团队5个人，年营收超过200万元，利润为50万元，并逐年递增。马德里商标由知识产权部负责。外国人工作许可证由人事业务部负责。

对企盈而言，涉外业务带来的好处主要有三点：

第一，让公司的专业形象更好，财务专业、英文好的团队赢得了客户的信任。

第二，让公司的产品更全面，综合服务能力更强。比如：我们的税务师事务所在服务不动产大客户时，碰到外国企业源泉扣缴，让外资财务团队参与进来，客户对我们更有信心，我们操作起来也更顺利。

第三，上海的涉外业务量相对较大，涉外业务利润比较高，为公司贡献了财务指标。

▶ **思考题**

你的公司做过涉外业务吗？如果没有，有没有想过开展涉外业务？

第三十六讲 | 政企协调

> 如何处理税务稽查案件？

政企协调一般包括工商和税务两大类（如图 3-24 所示）。

图 3-24 政企协调的分类

>> 什么是政企协调

政府和企业之间有很多信息不对称，需要第三方机构来沟通。

人民群众出现法律纠纷，特别是诉讼，一般由律师事务所的律师代理，因为法律体系非常复杂，由法院工作人员直面当事人，工作效率会很低。由专业律师来代理，一方面站在当事人的立场，用通俗易懂的方式解释适用法律；另一方面站在法院工作人员的角度，把事实抽象成法律问题，与法院沟通，为当事人争取最大权益。同样，企业在工商和税务方面碰到问题时，也需要第三方机构来协调。我们一方面站在企业的角度，把问题解释清楚；另一方面站在政府的角度，既保护企业的合法诉求,又符合政策规定。

》政企协调：工商类

1. 特殊名称核准

我们经常遇到的企业所需的特殊名称包括：(1) 不带区域的名称,这需要经国家工商总局核准。(2) 特殊字号。随着企业数量的增加,字号已经成为稀缺资源。名称不能重复,一方面我们需要企业做适当的让步,另一方面我们需要与工商部门沟通以尽量满足企业的需求。(3) 特殊行业名称,即特殊的行业表述。

2. 执照异常处理

很多企业注册后长久不实际经营,从而导致两种情况：(1) 在公示系统中显示异常,如吊销状态；(2) 税务异常。这两类情况都会影响股东(特别是法定代表人)的征信情况。

出现这种情况,有的是因为疏忽,如某客户从国外回来,之前的企业没有维护,这时,我们就需要与工商和税务部门沟通,申请恢复正常；有的是明知故犯,如欠税,这时,客户就必须承认错误并接受处罚才能恢复正常。

3. 加急处理

客户"急"的环节可能包括：(1) 急着确定名称,以设计标识、印刷名片；(2) 急着签署合同,那就得加急出具营业执照并刻章；(3) 急着进账,那就得在加急出具营业执照后立即开立银行账户；(4) 急着开发票,那就得加急税务报到和申请发票。

》政企协调：税务类

1. 税务质询

某客户以企业名义购买了一辆路虎汽车,税务局质询其合理性。我们帮客户起草了一份情况说明。这份情况说明的主要内容包括：(1) 抬头,对象是企业所属税务局；(2) 企业简介,简短说明企业的主营业务,即购车的主要依据；(3) 购车原因——因为行业特性,为了推进业务而购车；(4) 购车过程,先有股东会决议,而后交代购车细节,包括车辆购置地点、相关证书号、车价、税款和支付过程,主要说明符合相关程序,合法购买；(5) 附件(如股东会决议)。

一份好的情况说明需要具备以下要素：(1) 称谓精准,这是公函的基本要求；

(2)陈述客观,选取与事件相关的内容,客观、简洁地表述;(3)晓之以理、逻辑分析,这是对事件和法条的综合处理;(4)动之以情,尽量争取税务局工作人员的理解与同情;(5)辩之以法,税法及其解释是基础,必须以法律为依据。

2. 税务稽查

"金税三期"实施后,当前的税务稽查已经进入"以数控税"阶段。被税务局通知税务稽查的企业,或多或少有些问题。遇到税务稽查,我们的处理方式和流程如下:(1)厘清事件的真实情况;(2)根据客户的情况和税法,分析后果;(3)与客户沟通,达成一致,并签署服务协议;(4)撰写情况说明;(5)携带客户委托书和情况说明与税务部门沟通;(6)多次沟通后,对结果进行处理。

▶▶ 代理记账公司如何做好政企协调

企业出现问题往往有很多原因;在信息化程度越来越高的背景下,政府部门执法的精准度越来越高;另外,在共同富裕的大背景下,对富人的征税管理越来越严格。媒体报道的各类明星案件实际上是对企业的税务合规教育。

我们作为第三方机构,在处理企业与政府部门的相关问题时,关键在于:(1)专业。与律师一样,对事件的专业判断是基础,这就要求我们非常熟悉相关法律和解释,这也是我们存在的最大价值。(2)沟通。与政府部门进行基于专业的沟通,在事实的基础上寻求最好的处理方案。(3)团队。我们的税务师事务所与律师合作,专业的团队能快速梳理事件本质,写好情况说明,以得到企业和政府部门的认可。

▶ 思考题

你的客户被税务质询或稽查,你是如何应对的呢?

案例九 | 企盈的涉外业务团队

企盈的涉外业务主要由两个团队负责：负责外资注册和海外注册业务的外资业务部、负责外资财税业务的企星团队。

>> 外资业务部

2005年，在上海成立了一家叫"维坤"的公司，这家公司的主要业务只有两项：注册外资企业和办理医疗器械经营许可证。该公司有两位股东，大股东叫郑继来，小股东叫王志壮，他们现在都是企盈的股东。

2013年，维坤拥有员工10人左右，一年的净利润超过100万元。这个时候王志壮找到我，希望我们可以作为他们公司外资业务的获客渠道，而那个时候的企盈并没有外资业务团队，当时企盈主要的业务是做内资园区招商。我告诉王志壮："单纯渠道合作，我动力不大，但如果你让我变成你们的股东，我就有动力做这件事了。"后来，我就在维坤入股了20%。

当时，维坤除了获客渠道外，还有一个难处：他们与政府部门不熟，搞不定后台的园区资源。而我也有一个诉求：企盈刚启动企业服务平台计划，维坤的医疗器械和外资业务正好是我看中的。所以当时我们俩一拍即合，我带着王志壮谈了很多园区项目，最终搞定了医疗器械许可证落地园区。

合作一段时间后，我们互相认可了对方的价值，我萌生了把维坤吸收进来的想法。我对他们说："我这边现在忙不过来，你们要不就来和我一起干，我就负责我擅长的事情，也就是找客户和搞园区，你们就负责把公司管理好。"他们觉得这个搭配很好，于是就做了一次股权置换，我从企盈中给他们分了18%的股份，就把整个维坤合并进来了，郑继来担任企盈的总经理，王志壮负责管理工商服务团队。

随着公司的发展，维坤的团队慢慢融入了公司，业务也根据公司的发展做了调整。医疗器械业务并入了特殊业务部门，外资和海外业务成立了外资业务部。

现在,郑继来和王志壮都是一家比较大的代理记账公司的股东,管理的团队比以前大几十倍,分红也比以前多了很多。他们给最初的企盈带来了非常重要的内部管理机制,帮助企盈走上了快速发展的道路。

》企星

2018年,企盈外资业务部的外资注册业务量已经有一定的规模,但是对这些客户的财务业务我们却服务得一般,很多客户留不下来。我当时分析后觉得,外资财务让我们当时的团队来做是不行的,因为我们财税事业部的员工英语不好、外资财务不专业,而这些内容的学习周期很长。所以我认为,必须找外援。

于是,我找了上海代理记账协会的一家副会长单位——星德,他们最主要的业务就是外资财务。我跟他们的老板孙总说:"我有很多新注册的外资企业资源,你精通外资企业的财务业务,有没有兴趣成立一家合资公司一起来做这件事?"结果我们一拍即合,于2019年初合资成立了一家新公司——企星。

孙总给我介绍了一个人,就是现在企星的负责人承弈洁,她当时在一家法国公司做财务,非常专业,我们就让她做企星的总经理,她按照公司的利润提成。然后,我们在企盈内部找了一些英语比较好的员工进行了一次竞聘,挑选了两位员工编入企星团队,这个团队就初步建立起来了。

企星建立后,我们做了四件事:(1)把企盈所有的外资代理记账业务全部转到企星,让客户感受到更专业的服务,客户满意度得到了很大的提高;(2)在业务开拓上,我们找了一家咨询公司,让其带领企星开拓外资财务业务,这家咨询公司帮我们开拓的业务直接转化了超过50万元的业务,并且帮助我们形成了初步的业务开拓体系;(3)开放谷歌推广,有了第一手外资注册和财务业务线索;(4)招了一位外籍员工做外资财务业务的销售。这几项措施的共同原则就是让专业的人做专业的事。企星的业务逐渐开展起来,现在已经成为我们不可或缺的一个团队。

》案例总结

一方面,让专业的人做专业的事。可以请外援或付费找咨询公司,把一项业务的获客和落地都搞定,这项业务才能发展起来。另一方面,与理念相近的人合作容易有好的结果。

第三十七讲 | 平衡产品多元化与销售难度的矛盾

> 销售人员如何卖多个产品？

前面我们讲述了十二大类产品，每个产品大类下还有很多小类，在摩羲云系统中，每份订单对应的产品多达100个。这么多产品，销售人员和会计人员不可能全部掌握，该如何销售呢？首先是将基础产品与复杂产品分开。

>> 基础产品快速上手

基础产品就是代理记账公司最常见的产品。在产品-客户矩阵中，"老产品卖给新客户"中的产品大多是基础产品。已经验证的基础产品反复卖是效率最高的。这里我们定义了四类基础产品：

1. 企业注册

因为企业在我们这里注册，所以很大可能在我们这里办理代理记账、注册商标等业务。可见，企业注册是代理记账行业的"入口"，对这个产品的销售必须非常熟练。

2. 代理记账

我们在第二十七讲阐述的基础财税服务就是代理记账的四类产品。将客户需求分为四类，匹配相应的人员来服务，这是代理记账公司的第二类基础产品。

3. 基础税务筹划

税务筹划非常复杂，但基础的税务筹划是业务人员和会计人员应该掌握的。

税务筹划有三大原理，即税务规则、财政扶持和业务逻辑。基础税务筹划是前两者的简单应用。我们这样理解基础税务筹划：（1）利用小微企业的各项优惠措施，让企业合法享受较低的实际税负；（2）利用个体工商户和自然人代开的核定征收政策，根据企业业务的真实情况，长期业务注册个体工商户，一次性业务用自然人即可;(3)把企业注册在园区以享受财政扶持。

培训简单又有很大需求的产品,就是基础税务筹划产品。

4.简易注销

未开业的企业注销,可以采用简易注销方式。简易注销须具备三个条件:(1)未开业,没有申请过发票;(2)未异常,在年报公示系统中处于正常状态;(3)没有债权债务。对符合条件的客户,直接报价即可,如上海的报价是2 000元。

为什么要确定基础产品呢?

第一,新入职的销售人员和沟通会计只培训这四类产品,一周内考核合规后就可以上岗;否则,将我们前面所述的所有产品都培训好才上岗,半年都不够。

第二,基础产品占据代理记账公司70%以上的订单,足以让销售人员和沟通会计服务大部分客户。

第三,基础产品的后端服务有保障,可以快速完成闭环。如果所有产品都混在一起让销售人员卖,即使成交也很难交付,反而使客户满意度降低。

在实际工作中,我们不允许新员工随便销售复杂产品,先把基础产品卖好,经过考核后才能销售复杂产品。

》 复杂产品采用协单制度

客户对复杂产品提出需求,销售人员可以采用协单制度(如图3-25所示),将这个商机转给产品负责人,要么由产品负责人签单,要么由产品负责人和销售人员一起签单。

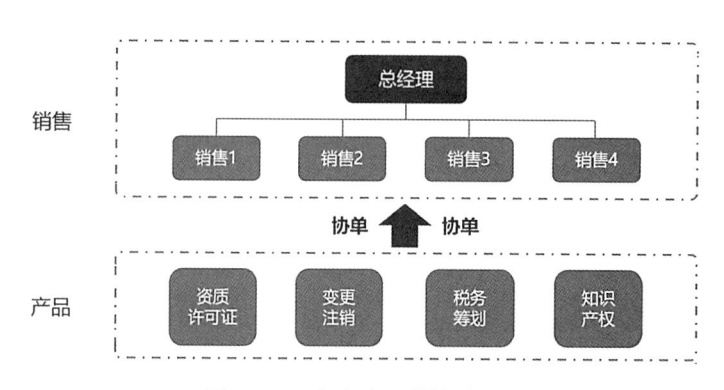

图3-25 复杂产品的协单制度

如何才能实施好协单制度呢？

第一，在岗位设置上，后端产品设置"业务产品经理"，他是"老法师"，能解决前端的问题。这个"老法师"可以是公司指定的专业人员，前期也可以是老板自己。

第二，复杂业务往往低频，只需少数人研究，前端碰到商机，转到后端处理即可，这样效率最高。

第三，制定绩效规则，保护销售人员的积极性。后端成单后要给销售人员提成并计算业绩。公司规模较变大后，可以让前端和后端独立核算。

第四，处理复杂产品问题的过程本身就是对前端销售人员和沟通会计最好的培训，以后再碰到类似的客户，销售人员和沟通会计就会非常自信。

第五，在公司层面组织产品发布和简单培训，后端确定产品后，用一张图向全体员工讲清楚产品的内容、解决客户什么问题、如何向客户描述、成功案例和我们的优势。其实，员工只需知道公司能卖这个产品，公司有成功的案例，真正碰到有需求的客户敢承接就好。

有了这样的复杂产品协单制度，既不需要销售人员和沟通会计学习很多知识，又能把商机转化为订单，可谓"一箭双雕"。

>> 大客户的分配机制

复杂产品有很多大客户，往往涉及较大的提成，我们的处理方案分为两种：

一种是按照比例提成。比如：我们操作某个不动产项目，有效收入是1 200万元，提取其中的20%即240万元发奖金，按照3∶4∶3的比例分配。发现商机的人拿走30%，就是72万元；销售人员拿走40%，就是96万元；后端与政府协调拿走30%，就是72万元。

另一种是底价模式。比如：一次复杂注销，向客户收费3万元，后端处理需要1万元，那么前端按照2万元的基数提成。

▶ 思考题

你的公司有销售人员很难培训的困惑吗？

第三十八讲 | 产品短视频：让销售变得更简单

> 如何让销售变得更简单？

代理记账公司的产品注定是多元化的，如何让销售变得更简单是老板们最需要重视的问题。为此，我们做过很多工作，如基础产品与复杂产品分开、成立税务师事务所、销售的结构化咨询、户外广告等。这一讲我们就通过产品短视频来阐述如何让销售变得更简单。

» 为什么要用短视频

人类已经进入视频时代，人们没有耐心看文字，甚至觉得图片太呆板，视频才能打动人。在这样的背景下，把复杂的产品用1分钟的短视频向客户生动地讲清楚，既节省了客户的时间，也满足了客户的情绪需求。

» 短视频的难点

制作短视频最大的难点是300字脚本的编写，这实际上是要求将产品的"傻姑三招"提炼出来。而后是图文并茂地拍成短视频，这需要专业的团队。正是因为这个工作确实有难度，所以我们费尽千辛万苦制作出来的产品短视频会共享给创业护航联盟的伙伴们。

» 短视频的内容

我们的产品短视频正在逐步上线，内容与产品图一致，可以通过摩羲云的销售助手查看。

1. 企业注册（外资）

首先简单介绍外资企业在中国的历史，包括相关法律以及外资企业的数量与外资规模；然后介绍外资企业的分类；接着介绍外资企业的注册步骤；最后说明注意事项。

客户看完这个短视频，既对外资企业的注册有了大概的了解，又对注册流程和注意事项有了初步的印象。客户会觉得我们的运营很规范、有科技感、关注客户体验。这些当然会让销售变得更简单。

2. 海外企业注册

首先介绍四类（贸易型、上市型、避税型、投资移民型）海外企业的注册目的并对主要注册地进行介绍，然后介绍海外公司注册流程并说明注意事项。

这样的短视频使客户1分钟了解海外公司注册，让销售变得更简单。

3. 版权申请

首先介绍世界和中国版权法的历史，然后定义版权，接着说明版权申请的流程，最后是注意事项。

这类产品，销售人员和沟通会计很难用一两句话向客户解释清楚，有了这个短视频，客户的疑惑就迎刃而解了，销售也就变得更简单了。

4. 高新技术企业

首先介绍高新技术企业的概念，然后介绍针对高新技术企业的优惠政策，接着介绍高新技术企业的申报条件，最后说明有效期。

5. 外国人"三证"

首先介绍《外国人在中国就业管理规定》中规定的"三证"——工作签证、外国人工作许可证和居留证，然后介绍人员条件，最后介绍申请流程。

用短视频的方式将那些证件逐一呈现，直观简洁，自然让销售变得更简单。

6. 食品经营许可证

首先介绍食品安全法的规定，然后介绍需要办理食品经营许可证的食品类别，最后介绍申请食品经营许可证的条件。

7. 贷款业务

首先介绍企业的两类融资方式——债权融资和股权融资，然后重点讲解申请贷款的流程——审核征信、出方案、预约和审批、签约、放款，最后说明注意事项。

由于代理记账公司很少做金融业务,因此前文没有专门介绍金融业务。但实际上,金融业务有巨大的体量,之所以没有在代理记账公司形成规模,主要是因为代理记账公司的金融业务存在以下难点:(1)虽然国家鼓励针对小微企业的普惠金融,但是企业大多信息不对称,而国家严格规定普惠金融不得收取佣金,所以代理记账公司对这项业务没有推广的动力;(2)线下服务成本高;(3)越是小企业,风险越大,所以银行针对小微企业的产品很少。

因为这项业务的客户需求大,所以我们希望在未来通过网络银行开展该业务。为了实现这个目标,将企业数据集中起来,在合规的范围内进行分析,通过数据来精准贷款,才是未来小微企业金融发展的方向。

8. 法律服务

用个人就医打比方来说明企业的风险控制,生动、易懂。

》 短视频的使用

如果你是摩羲云用户,那么你在手机端打开摩羲云小程序,找到销售助手即可,其中不仅有专业解说,还配有相关图文说明,简单生动,易于分享。

如果你是创业护航联盟的加盟商,还没有使用摩羲云,那么你可以联系我们的沟通会计,他们会教你使用。

如果你既不是创业护航联盟的加盟商,也不是摩羲云用户,那么你可以联系联盟小管家,申请试用。

▶ 思考题

上面介绍的短视频中,哪一个让你最有感触?

第三十九讲 | 产品部门管理：阿米巴核算

> 如何让负责产品开发的人也很有积极性？

企业服务其实是重产品、重交付的业务，怎样才能让开发产品的后端人员有积极性？这里用我们的实际案例来说明我是如何与产品主管沟通的。

>> 案例一：人事业务

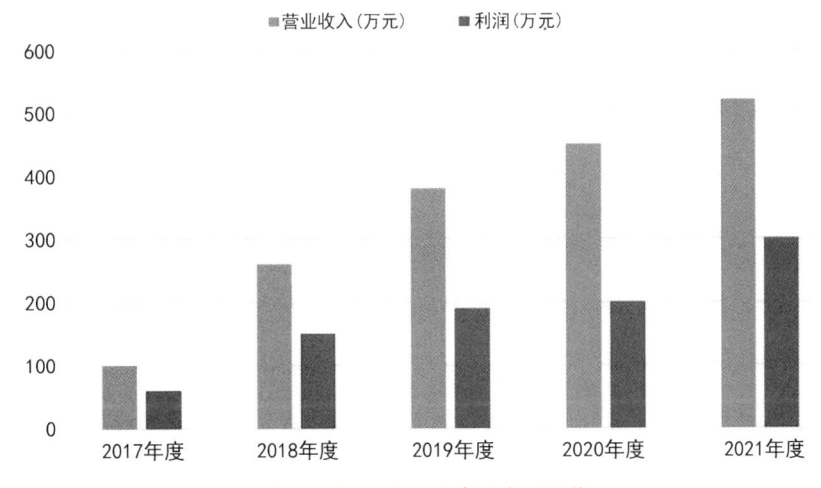

图 3-26 企盈人事业务及利润

2015 年，我让公司内部的人力资源部开始承接客户业务，一年下来，虽然有了点起色，但是规模很小。

2016 年，我与席娜（一个"90后"姑娘）沟通，让她负责人事业务。我当时给她定了一个目标：在当前基础上，2017 年一年如果完成 80 万元业绩，公司给她独立核算，超出40万元利润的部分直接奖励50％。那一年，席娜很好地完成了目标，她那年的收入超过了30万元。

2018年，公司又给席娜定了一个目标：完成200万元业绩和80万元利润，公司给她10％的股份。她又一次完成了目标。2019年，我们兑现承诺，席娜持有公司10％的股份，成为公司的总经理。

2021年，席娜的团队完成了超过500万元的业绩和超过300万元的利润。她的收入超过了60万元。

为了做好人事业务，我们经历了"四步走"：

第一步，让公司内部的人力资源部尝试在给同事办理社保公积金业务的同时帮客户办理相关业务。

第二步，发现客户有需求后，安排专门的人负责相关业务，成立人事业务部，制定初步目标，完成即给予奖励，这是阿米巴1.0。

第三步，达成目标便独立核算，按照利润发奖金，部门负责人为利润负责，这是阿米巴2.0。

第四步，成为公司股东，负责人收益来自三个部分：基本工资，每月1万元；季度奖金（根据目标分配利润）；10％的股东分红。

上面的每一步，公司都给予了不同程度的支持：第一步是建立基础，验证了客户需求的存在；第二步是动员全体员工参与，帮助负责人完成业绩；第三步是帮助负责人增加新的人事业务产品，希望有所突破；第四步是给予负责人足够的信任，使其成为真正的合伙人，在带领团队逐步扩大的同时，自己也得到成长。

》 案例二：医疗器械许可证业务

与人事业务类似，我们的医疗器械许可证业务也经历了"四步走"：

第一步，尝试。我们当时只能接普通的二类和三类许可证业务，并将客户放在同行的园区。

第二步，有了一定的客户数量后，我们安排专门的人负责对接，给他制定业绩目标和对应的奖金。虽然还是将客户放到同行的园区，但是他会关注结算价格、办理时间和办理的便利度，因为当这些条件都好的时候，同事能更好地推荐医疗器械业务给他，这是阿米巴1.0。

第三步，在实现业绩目标的基础上，按照利润核算收益，这是阿米巴2.0。

第四步，股权激励，这是阿米巴3.0。

现在我们有了自己的医疗器械园区，还可以承接同行的业务。

案例三：外资财税

我们的外资财税业务只经历了"两步走"：

第一步，接单后，安排懂英文的会计人员做账，但业务量少。

第二步，与上海市代理记账行业协会副会长孙总合作，成立企星。他帮我们推荐了一位外资财务负责人。目前，我们的外资财税业务已基本走向正轨。

这里为什么没有走第二步和第三步呢？因为外资财税业务的门槛比较高，既然大家已经有了信任基础，就应该果断开启。有了专业团队，就可以将之前零散的外资业务集中，然后请外资咨询公司帮助提升获客能力和财务处理能力等。我们的很多业务是这样逐步开展起来的，如知识产权业务、法律业务、金融业务、外资工商业务、政企协调业务等。在我们的税务师事务所内部，各专业小组也是独立核算的，如高新企业小组、进出口业务小组等。

关于产品阿米巴小组，我们简单总结如下：（1）一般分四步走，先尝试，再由专人负责，然后独立核算，具备一定规模后成立公司独立经营；（2）无论是与供应商合作，还是自己完成，独立核算后，负责人会关注价格、服务等关键因素，产品在公司内部会越来越成熟、越来越有优势；（3）负责人的选择很重要，一定要有一个较长的过程使大家相互信任；（4）公司不能当甩手掌柜，而必须赋能阿米巴，提供供应端资源等，并努力让员工配合；（5）阿米巴的基本逻辑是让员工做小池塘里的大鱼而不做大池塘里的小鱼，即精准激励；（6）阿米巴只能激励态度而不能激励能力，我们可以选拔既有能力，又有足够的热情和奋斗精神的人，这样公司的产品才会越做越好；（7）机制吸引人才，再加上好的产品，客户满意度会越来越高，公司营收和利润会越来越好，公司会越来越敢投入以引进人才和研发更多产品。机制、人才、产品、客户、公司形成良性正反馈，让公司越做越轻松。

思考题

你是如何激励你的公司中做后端产品开发的团队负责人的？

第四十讲 | "一站式"服务平台

> "一站式"服务平台有哪些优势？

像企盈这样的代理记账公司，虽然整体规模不大，但实际上是以集团公司的方式运营多个产品，几乎涵盖了对中小微企业全生命周期的各类服务，而且服务大量客户，就是"一站式"服务平台。

》 为什么要建立"一站式"服务平台

我们有一句口号：关注您的核心业务，把行政事务性工作交给我们。这就是我们要建立"一站式"服务平台的原因之一。

对于初创企业而言，创业者应该把时间和精力放到核心业务上，而不是一些事务性工作上。比如：对于技术公司，创业者应该非常关注技术开发；对于销售型公司，创业者应该非常关注市场营销。至于办理营业执照、做账报税、申请商标、社保公积金服务等，应该交给专业的第三方代理记账公司来做。让每个人做自己擅长的事，社会效率才是最高的。

此外，大企业有很多供应商，而小企业却缺乏采购能力，如此，小企业就应该找"一站式"服务平台，让平台去与多个供应商沟通，以降低沟通成本。

》 "一站式"服务平台的优势

"一站式"服务平台的优势包括：(1) 能满足小企业的需求；(2) 一位客户产生多个订单，提高了客单价，减少了获客成本，对代理记账公司有利；(3) 平台的积聚效应能让代理记账公司的规模快速变大，使获客更容易，形成"越来越"正反馈；(4) 能吸引各种人才；(5) 通过宣传，很多创业者因为认同我们"关注核心业务"的理念而成为我们的客户;(6)考验我们的管理能力,迫使我们与不同行业、不同专业、不同习惯的人合作,我们的认知和管理能力都会得到提升。

》 如何建立"一站式"服务平台

第一,把规模做到一定程度,如2000位客户,就会产生很多有趣的业务。

第二,按照"四步走"逐渐打造产品。

第三,加强宣传,让员工认识到我们是平台,让客户感知到我们是平台。

第四,关注多个产品之间的互相协调,重视信息化。

第五,关注岗位,因为有了岗位就有了要求和考核。不合适的人可以换,但岗位责任一直在。这是做好"一站式"服务平台中诸多产品的一个重要前提。

》 小的代理记账公司也可以建立"一站式"服务平台

越是小公司,越需要品牌。如果你的公司的规模还很小,难以实现那么多产品的交付,那么你可以这样做:

第一,安排一位员工先负责起来,这就是岗位。他可以通过与同行对接来满足公司的需求。

第二,有的产品,先与同行合作,形成规模后再自己独立完成。

第三,诚邀你加入创业护航联盟,我们有专业的团队可以成为你的后盾,有了我们,你可以大胆地接业务。

▶ 思考题

你认同"一站式"服务平台的理念吗?

案例十 | 创业护航服务平台的成长历程

2007年,我成立了我的第一家公司,当时公司的名字叫"励楚"。励楚唯一的业务就是园区招商。因为最初公司很小,没有品牌,所以我坚定地抱着"傍大牌"的理念,以"上海崇明××园区市区办事处"的名义开展业务,我的名片上的抬头是"办事处主任"。

2009年,包括励楚在内的上海几家园区招商做得比较好的同行商量说,大家公司都不大,不如合起来一起做。于是,2009年10月,我们几家公司合并成了一家公司——HX。

HX集中了上海最好的几家园区招商公司的资源,所以发展得很快,到2010年下半年,HX的业务量达到了巅峰。当时,HX一个月的签单量有400单,其中园区注册的新增单量就有100单,是当时上海企业登记代理行业名副其实的"巨无霸"。但是巅峰过后,各个合伙人战略目标不一致的问题很快显现。当时,HX的主流战略是追求利润率,但是我一直想做规模,合伙人之间的矛盾越来越凸显。终于在2011年3月,我离开了HX,自己成立了企盈。

这次合作的结果无疑是失败的,失败的原因是合伙人之间的战略方向有分歧并且无法调和。但庆幸的是,即使分开了,我和HX的股东依然保持非常好的关系。HX依旧存续,而当时我在HX招商的企业,现在仍在给我结算招商费用。

成立了企盈后,我的产品战略转变为建立多元化的企业服务平台。当时的转变主要基于两点:一是产品多元化——在原有内资园区注册的基础上,增加了变更、注销、许可证、涉外业务、代理记账、人事业务、知识产权等更加丰富的产品;二是园区多元化——原本我只做崇明区的一个单一园区,后来将园区扩展到了上海几乎所有郊区。

在这个过程中,我找到了一些合伙人,他们的加入对企盈的发展起到了至关重要的作用。

首先是2013年3月维坤的加入。毫无疑问，维坤的两位股东——郑继来和王志壮帮助企盈打造了较为规范的服务准则和内部管理流程，让我可以把全部精力放在业务开拓上，为企盈的后续发展打下了很好的基础。

不过，在2014年，喜欢胡思乱想的我开了个小差。2014年可以称作代理记账行业的互联网元年，但当时我觉得代理记账这个行业太难标准化，想破了头也想不到怎样才能蹭上互联网这班车。于是，我把公司交给了郑继来和王志壮，自己出去搞了个高尔夫的互联网项目。幸运的是，这个项目被携程收购了。在这个项目的融资过程中，我遇到了企盈的另一位合伙人——何煦。何煦当时是一家资本的投资经理，我们很聊得来，觉得彼此的战略目标和价值观都一致，于是在融资结束后，何煦加入了企盈，主要负责业务开发。在何煦的主持下，企盈的业务开始进入大规模增长阶段。

而我因为高尔夫项目被携程收购了，所以在携程上了一年班。在携程的一年时间对我产生了极大的影响，因为我在携程看到了真正的大公司是如何通过互联网，把旅游、票务、酒店这些极其复杂的产品标准化的，这让我对代理记账行业的标准化重燃了信心。于是，2015年，我回归企盈。这次回归后，我们几个合伙人达成一致，必须把企盈做成一个规模化、标准化的企业服务平台。

我们的努力很快收到了效果。2016年底，金财互联找到我们，希望对我们进行战略投资。经过几轮谈判，2017年2月，金财互联正式成为企盈的股东之一。上市公司对我们的认可印证了我们的道路是正确的。

携程和金财互联两家上市公司的经验让我感受到，要做一个平台，数字化是必由之路。于是在2018年9月，我和上市公司的竞业限制解除后，我成立了摩羲科技，希望通过摩羲云平台这个数字化工具，将代理记账行业的资源进行整合，真正达成数字化平台的愿景。经过两年的经营，全国有超过600家代理记账公司购买了摩羲云平台的服务，成绩还算不错。但同时，我们觉得仅仅通过一个数字化工具不能将用户的资源很好地整合，用户黏度始终不高。

最终，在2020年10月，我们正式开启了创业护航平台项目。相比摩羲科技，创业护航的模式更进一步。在前端，我们通过"百城连锁"加盟项目，将全国同业渠道的资源进行整合；在后端，我们把产品范围拓展到全国，从最开始的全国园区资源，到现在新上线的小微企业贷款产品，以及在测试中的更多系统工具。在企业服务这条产业链上,我们真正开始尝试做上下游整合,同时通过摩羲云系统的技术支持,将效率最大化。

创业护航建立的第二年,一个月的有效收入就已经相当于摩羲科技巅峰时期三个月的有效收入,而一个月的GMV更是相当于摩羲科技一年的GMV。可以说,从现在开始,我们的平台梦才真正有了雏形。

我将创业护航平台的发展总结如表3-9所示。

表3-9 创业护航平台发展历程

公 司	成立时间	业 务 模 式	经验/教训
励楚	2007年	内资园区注册	单点破局、借力品牌
HX	2009年	同行合并规模化发展	价值观一致保证合作底线
企盈	2011年	单一区域、业务多元化、园区多元化	产品多元化,提升客单价
摩羲	2018年	数字化平台	对认知和执行力要求很高
创业护航	2020年	业务平台化、前端渠道化、后端全国化、供应链上下游整合	以业务为导向,给加盟商带来价值才能持续发展

第四章

增长入口：营销方法论

第四十一讲｜战略定位：我是谁

> 我的公司与其他代理记账公司有什么不同？

>> 灵魂三问

1. 我是谁

企盈的定位是"一站式"服务平台，对应的口号是"关注您的核心业务，把行政事务性工作交给我们"。这就是告诉客户，我们做哪些业务。我们的宣传手册、员工名片、邮件签名中都有经过设计的产品矩阵，我们的短视频更生动地展示我们的产品、团队和成功案例。

"百城连锁"的加盟商之一——山东九星会计的定位是工厂会计专业财税服务机构，他们的口号是"工厂会计第一品牌"。他们在山东临沂为上千家工厂做代理记账和财务外包，在当地打出了名气。这就是根据当地小型制造业发达的特点，明确自己的定位，得到了客户的认可。

如何定位自己，就是把自己与别人区别开来。这是一个战略问题，我们会在后面详细讲述。

2. 我的客户在哪里

如果将公司定位为"一站式"服务平台，那么老板就是我们的潜在客户，我们的营销策略就是去老板集中的地方挖掘客户。

如果将公司定位为工厂会计第一品牌，那么所有工厂就都是目标客户，对应的产品交付能力就应该跟上。

3. 如何触达客户

基于"一站式"服务平台的定位，线上投放广告，让老板来找我们是比较有效率的营销方式,线下渠道则包括与商会等老板比较集中的地方合作。基于工厂会计的定位,去工厂集中的园区驻点或到工厂老板集中的会议场所做活动是比较有效的营销方式。

>> 如何定义"我是谁"

在上述三个问题中,最重要的是第一个问题:我是谁?这也是所有代理记账公司最难回答的问题。一旦你开始思考这个问题,你就会意识到自己存在的价值。

你的定位反映了你与别人的不同,决定了你的资源的投入方向和你的团队需要怎样的人,当然也决定了你要获取哪些客户、如何去触达客户。

作为代理记账公司,你可能会觉得自己和其他同行没有什么区别。其实,全世界好的生意只有两种:一种是差异化的,另一种是规模化的。差异化就是与别人明显不同,如主要针对工厂会计;规模化就是通过规模建立成本优势,如"一站式"服务平台的客户达到1万位以上。

明显的差异化带来相应的资源匹配。比如:擅长做外资业务的代理记账公司配备外籍员工到外国人的圈子里去做营销,线上投放谷歌,配备外语好的员工来服务客户。可见,定位决定了你的团队和营销方式。

想一想,你在哪些方面与别人不同?比如:你是依靠营销起家的,获客效率比别人高,你的团队和资源就可以先投到营销上;你有某个特别的渠道(如政府会计服务渠道),你就可以把团队和资源投到那里;等等。

如果你暂时想不明白自己的差异化优势,那你就要努力去做规模,用规模来创造成本优势,这其实也是一种差异化优势。

一旦你想透彻"我是谁"这个问题,你就会归纳出你的公司的第一套愿景、使命和价值观,这就是你的公司想解决什么问题、达成什么目标、有什么样的原则。明确这些问题并付诸实施,是一家公司成熟的标志。

>> 创业护航的三次定位

2007年,我初涉代理记账行业,定位是上海崇明岛招商代理。我与政府园区签署协议,园区授权我作为市区办事处。这样,我以政府的名义招商,不显示公司的名称,网站也由园区宣传,而且我只服务一个园区。因为资源有限,当时我的公司算上我只有3个人,网站只有一个页面。当时我的获客只有两招:一招是网络推广崇明园区的优惠政策,另一招是去各种老板的活动现场介绍崇明园区的优惠政策。这就是我当时的定位,用有限的资金和时间投入这一个方向——在崇明注册公司并提供政策优惠。我现在对政府财政分税制了如指掌,就是在那时打下的基础。

2011年,我的公司有一定的规模后,客户的各种需求就纷至沓来了。我成立了企盈,定位"一站式"服务平台,很快就获得了超过2 000位客户,也开始做多种业务,与多个园区合作。我们的网站也改为"一站式"服务平台,产品丰富了,团队也开始转型。这是我的第二次定位。

2015年,从携程回归代理记账行业,我开始做管理系统,坚持用信息化来推动公司的规范化和标准化,2019年向全国推出摩羲云,2021年全面启动"创业护航"品牌,实施"百城连锁"计划。此时,从资金投入到技术开发,我的精力放到为全国代理记账行业赋能上。这是我的第三次定位,我的获客范围从上海走向了全国。

▶ 思考题

你和你的合伙人讨论过"我是谁"这个问题吗?

第四十二讲 | 合适的营销方式：如何触达客户

> 哪种营销方式适合我？

>> 难度最低的营销方式：线上推广

在互联网上投放广告，通过网络招揽意向客户相对简单，而且线上推广没有物理空间的限制，容易实现规模化获客。

1. 百度推广

创业者要注册公司，在百度搜索框里输入"注册公司"或者"代理记账"，这就是精准的需求。这个动作有以下特点：(1) 客户主动发起，需求真实，意向强烈；(2) 上网搜索的客户往往需要马上解决问题，需求及时性好；(3) 客户直接搜索关键词，需求精准；(4) 尽管搜索被各大互联网分流，但是企业服务的流量依然很大，所以只要广告投放充足，就可以实现规模化获客。

虽然百度推广是难度最低且实现规模化获客的方式，但其也存在问题：(1) 价格高，如果不精细化管理，客户转化率低，公司的成本会很高；(2) 存在无效点击消耗，所以必须投入大额资金以获取有效点击；(3) 网络客户的及时性要求高，所以必须及时转化、及时交付。

简单来说，百度推广必须大额投入，一线城市一天至少10 000元，二三线城市一天至少5 000元，而且对销售转化的要求非常高。

2. 抖音投放

抖音投放的效果不如百度推广，原因如下：(1) 虽然抖音的算法能大致计算出广告对象，相对精准触达，但实际上不如百度推广的关键词那样精准；(2) 即使精准投放，由于抖音大多处于"娱乐"场景，因此客户即便有需求，也不一定会在这时工作。

但是,抖音也有优势:它的日活跃用户接近7亿人,这个数量实在庞大,如果精准投放的话,还是会有一定效果的。

3. 其他方式

其他线上推广方式,如58同城、小红书等,都有各自的问题。

需要说明的是,上面的分析都是针对代理记账行业的。

≫ 线上渠道合作

与电商平台合作是可能带来规模化流量的好方法,但是这个门槛很高,绝大部分代理记账公司没有这个机会。而与抖音或者视频号的主播合作是可以尝试的方向,不过这个方法需要商务开发人员的支持。

≫ 线下渠道合作

线下渠道就是老板集中的地方,包括:(1)商会,大多是地方商会,如上海杭州商会就是在上海的杭州籍商人组成的商会;(2)行业协会,这是某个行业的企业组成的协会;(3)企业培训机构,特别是为老板开办的培训机构;(4)展会,如不动产展会等;(5)律师事务所面对公司业务的部门,律师处理后需要做的工商、财税等相关业务,我们可以承接;(6)办公物业,办公楼是企业集中的地方,那里可以联系到企业的老板。

但是,线下渠道必须关注以下问题:(1)因为是线下联系,所以大多需要见面沟通,有物理距离和时间限制,效率不高;(2)渠道管理的"破0"是关键指标,建立合作后,成交第一单非常重要,有了第一单,客户才真正对我们的产品有了认知,后面的合作才会相对容易。

≫ 会议营销

这是创业护航目前给加盟商赋能最务实的一项:把老客户或者意向客户请到现场,请非常有气场的讲师做生动的演讲,不仅把税务问题讲透彻,而且把销售的产品讲清楚,现场气氛好,每一场会议都会有很好的现场成交量。

会议营销需要具备以下条件:(1)严格执行完善的标准操作程序(SOP)。从邀约到会前准备,从讲课到后会答疑,再到现场成交,会场人员的安排须非常严格,好不容易准备一场会,现场必须有好的转化。(2)好的讲师。会议营销的底层逻辑就是现场聚集意向客户后,规模化销售,让优秀的讲师帮助销售成交。关于会议营销的具体内容,本章的案例部分会专门讲述。

>> 与战略匹配的营销方式

确定了"我是谁"后,与你的资源和战略匹配的营销方式就是最好的。

第一,因为与战略匹配,所以能发挥你的优势。

第二,因为与战略匹配,所以营销为你的战略服务。比如:外资代理记账,从战略角度考虑,就可以做相对长远的打算,在外语内容上做宣传,赞助外国人会议,积累品牌效应。又如:我们要做"一站式"服务平台,于是做了很多户外广告,虽然当前转化率不高,但是可以逐步建立品牌。

第三,因为与战略匹配,所以团队和产品交付会让客户感觉专业,容易实现转化和后期转介绍,这是一个闭环的整体营销思路。

总的来说,触达客户分为线上和线下两种,线上更容易实现规模化,每种营销方式都有优点和缺点,与战略匹配的营销方式才是最好的营销方式。

▶ 思考题

你的公司最擅长用哪种营销方式?

第四十三讲 | 穿透蝴蝶结模型：客户行为与营销行为

> 如何把控代理记账行业的客户行为？

意向客户来了，该如何抓住？图4-1是客户心理和我们对应的营销行为的蝴蝶结模型。

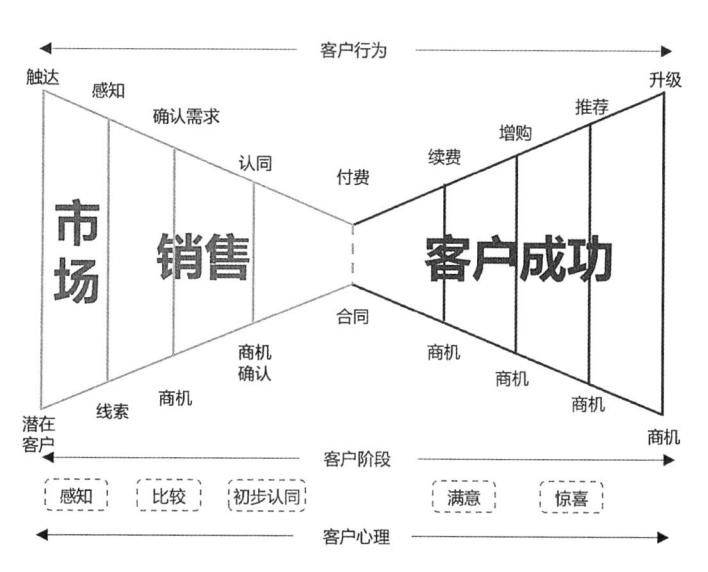

图4-1 客户行为与营销行为的蝴蝶结模型

>> 从触达到感知

不同的触达方式，客户的感知是不同的。

1. 线上营销

如果是线上营销，那么用户只能从你的页面感知你。所以，如何在网页上让潜

165

在客户感知你的公司的专业性、规模性等,需要市场负责人和网页设计人员反复讨论并确定方案。

我在最初做政府招商的时候,把网站做成一个页面,采用政府网站那种中规中矩的风格,因为这样,客户会觉得我的公司正规。网页上用一张图把分税制下的财政分成体系简单列示清楚,并用一个实例把计算结果展示出来,让客户一看就明白注册到崇明更划算,从而让客户感知我、信任我、主动联系我。

我现在做"一站式"服务平台,网站上要列出多种服务产品,还要在显著位置标明上市公司是我们的股东,以展示我们团队的专业性,并且有知名客户的点评,让客户感知我们是一家规模大、专业强、口碑好的互联网化的代理记账公司,进而信任我们、主动联系我们。

2. 线下营销

如果是线下营销,我们就要有道具,让客户感知我们的专业性,即把无形的服务外显给客户。

比如:我们的税务师事务所做不动产业务,我们专门制作了不动产行业财税解决方案的小册子,装订精美,见到客户时,先给客户看我们的介绍手册;我们正在编写创业护航产品手册,其中有公司的介绍,有每个产品生动而简洁的介绍,还配上短视频。

此外,办公室的装修设计也是一种道具。客户上门后,先带他参观公司。我们的会议室的名字都是用各种"税"命名的,让客户在无形中感知我们税务的专业度和专注度。我们筹备了"创业护航营业执照博物馆",将很多古老而有趣的营业执照展示出来,让客户觉得我们是一家有文化、有追求、有格调的代理记账公司。我们还把客户送给我们员工的锦旗悬挂出来,前台摆放我们的各种荣誉证书和奖杯,这也是为了强化客户感知。

>> 从确认需求到认同

触达客户,然后客户联系我们,我们与客户确认需求。在这个过程中,客户会做比较,如果认同我们,就会与我们签订合同。

我们将图4-1旋转90度来看,其实就是销售"漏斗"。销售"漏斗"的每个环节都有衰减,管理每个衰减的环节以减少衰减,就是销售管理的本质,也是销售管理最基本的方法论。

如果我们把主动联系我们的意向客户成交率提高50%,我们的业绩就相当好了,而这个环节有很多方面需要提升：

第一,注册公司,我们要求结构化咨询,以确保客户对我们专业的认同。

第二,我们正在编写一本内部手册——涉税情况说明案例汇编。熟悉各种案例,让客户感知我们有实践经验,这也是建立信任从而认同我们的方法。

第三,与客户沟通并取得认同的过程是最重要、最关键的销售环节。在这个环节,小客户和大客户的区别很大。面对小客户,严格按照产品逻辑,专业靠谱,价格合适,问题就不会太大；面对大客户,则要用与大客户的沟通方法,具体内容我们在后面的内容中详细讲述。

>> 从认同到签约付款

如果客户认同我们,那就到签约付款环节了。如果前面的服务我们都做得很好,那么这里就是水到渠成,我们一般采用"假设成交"法帮客户做决定。

比如：客户要注册一家带医疗器械许可证的贸易公司。通过结构化咨询,我们得知他销售三类普通医疗器械,年营业额大约为1 000万元,是一般纳税人,注册在我们的医疗器械园区,已确定服务价格为1.2万元、500元/月的代理记账费用。沟通到这一步,我们可以直接拿出合同,让客户签字,客户一般就会顺势按照流程签署了,然后我们安排操作人员与客户那边的工作人员对接,准备注册的相关手续。

>> 付费后服务环节的客户行为

我们在增长飞轮里强调：一边服务,一边增长。这就是我们这个行业的增长密码：交付难,周期长,但在长期的服务过程中,处处都是商机,让我们有机会持续地营销。服务让客户满意,客户就会续费；服务让客户很满意,客户就会增购；服务让客户惊喜,客户就会转介绍。

>> 客户行为与营销行为

第一,营销蝴蝶结模型与本讲的蝴蝶结模型相对应,这是代理记账行业的经营密码,解密的过程就是精细化管理提升的过程。

第二，客户行为与客户心理相对应，怎样的心理状态就会有怎样的行为结果。我们花成本触达客户后，客户通过我们的线上界面或者线下见面感受我们是不是他在寻找的供应商。客户的初步判断、比较、初步确认、心理认同的过程对应图4-1中的感知、确认需求、认同、签约行为。

第三，客户的心理和行为与我们的营销行为相对应。触达客户后，我们的市场行为（如网页、办公室装修设计）让客户感知，我们专业的结构化咨询让客户认同，一气呵成地帮客户做决定的行为让客户顺理成章地签约，然后启动交付。

第四，没有"因"，就没有"果"。我们做了很多工作，如前期的市场研究和网站设计、办公室布置、销售道具的准备、销售话术的演练、口碑的传播等，这些"因"使得客户在销售"漏斗"的各个心理环节逐步递进，最终从认同走向成交。因果关系是我们解决问题的唯一逻辑。问题没有解决好，一定是没有找到真正的"因"，或者没有好好改变这个"因"。我们必须笃信这一点，才有行动的动力。

客户行为与营销行为的蝴蝶结模型将客户从触达到成交再到服务中复购的链条连接起来，并与客户心理、我们的营销行为对应起来，这就是代理记账公司的营销密码。这个蝴蝶结模型是对营销因果关系的简洁说明，也是基本的营销方法论。

▶ **思考题**

你在营销过程中的行为与客户的行为之间是怎样的关系？

第四十四讲 | 核心方法论：种子客户与销售裂变

> 如何从 0 开始把销售做起来？

>> 销售的误区

很多老板有这样的烦恼：销售队伍组建不起来，销售负责人不给力。那么，销售做不好的"因"究竟是什么呢？答案很简单——没有找到适合自己的可行的营销方法。

大多数老板是这样组建营销团队的：找一个销售主管，然后费尽心思确定薪酬体系（底薪＋提成）。但如果找一个销售主管，制定好薪酬体系，就能把销售做好，那么这个销售主管为什么不自己干呢？他若能带领团队获客，那么找个会计人员来做账不就能设立一家代理记账公司了吗？

销售最大的误区就在于让销售人员自己去找意向客户，当意向客户成交为客户后，公司却做不了客户需求的业务。解决这个问题的关键在于：（1）市场人员与销售人员分开。市场人员负责找流量，销售人员负责将流量转化为合同。既能找流量，又能将流量转化为合同的销售人员太难找，如果有，他至少应该是你的合伙人。（2）不同的获取流量的方式对销售团队的要求是不同的，所以必须找到合适自己的流量获取方式。

>> 种子客户

对销售人员尤其是新人而言，要给他第一批种子客户，让他在现有客户的基础上去做转介绍，才能实现裂变。

我们的做法是至少给新销售人员 1 万元/月的市场预算，连续投入至少 6 个月。投入的方法有很多：

第一种投入是利用老板自己的渠道,这比直接的现金投入更有价值。我之前的助理是一个1997年出生的姑娘,我鼓励她做业务,对她说:"要有长远点的职业规划,总不能做一辈子助理吧。"她相信我,我就把我的一些意向客户和渠道资源对接给她,她在我的协助下认真处理。半年时间,她的个人业绩每月突破8万元,成了主管。现在我不给她资源了,她也可以把这些渠道维护好,在现有客户的基础上发展新客户,还想了很多办法自己去开拓客户,销售团队就这样发展起来了。很多老板自己的业务能力很强,但如果舍不得放手,即便不眠不休,公司也做不大。所以,必须让员工成长起来,管理就是通过别人取得结果。

第二种投入是投放广告。如果你的公司在二三线城市,你可以尝试58同城;如果你的预算宽裕,则可以直接投放百度推广。你得让你的业务员明白,广告投放非常贵,必须珍惜,所获得的意向客户会优先给转化好的人,而且这项支持最多只有12个月,你的业务员必须在有流量支持的情况下利用现有的老客户转化出新客户。

第三种投入是线下拓展。销售主管和渠道专员专门去开拓商会和企业培训合作渠道,建立合作关系后想办法"破0",然后逐步扩大规模。

>> 销售裂变

对于大多数规模不大的代理记账公司而言,上述获取流量的方式不能完全"喂饱"销售人员,正因为如此,我们一定要让销售人员有裂变的能力。

仅仅依靠投入广告来产出销售业绩是纯线上模式,企盈之前就是采用这种模式,线上的转化率能够做到1:1:3,就是投入1万元,当月直接转化1万元,老客户转化3万元,总的ROI做到1:4。这样的成绩已经不错了,但是我们依然发现不少问题:(1)采用纯线上投放转化的方式,销售人员不够珍惜流量。资源转化比人效重要,在这里是指适当降低人效,多招聘线上销售人员,让销售人员产生"饥饿感",他们就会更珍惜线索,从而提升线索的转化率。(2)线上销售方式裂变慢。将种子客户进行转化是一种思维方式,也是必须完成的思维转变。线下往往缺乏流量,所以,可以给线下团队一些流量,让线下销售也实现裂变,以刺激销售团队快速成长。

>> 核心方法论

第一,销售的核心方法论是"种子客户+销售裂变"。

第二，流量和销售分开，否则不可能有高效率。

第三，流量的来源是老板必须搞定的难点，也是代理记账公司营销的核心。

第四，转化是销售的使命，核心管理就是销售"漏斗"，努力减少每层"漏斗"的衰减。

第五，销售人员应该有"饥饿感"，这就是狼性。

第六，投入和渠道开拓的难度不同，应该有不同的激励机制。

>> 老板的担忧

很多老板会问这样一个问题："我投放了广告，把自己的渠道给他，培养了他，他有了客户基础却离开公司了，怎么办？"

我的回答是："老板都被伤过心，但还是得去做，否则公司就做不大。老板就是在委屈中成熟起来的。"

但若真出现这样的问题，我们还是要找一找自身的原因：（1）我们必须挑选合适的人。毕竟大部分人有感恩的心，如果我们支持年轻人，他们在公司获得了成长、增加了收入，一般会成为公司骨干而不是离开。（2）我们一定要制定恰当的薪酬体系。因为线下销售的难度大，所以我们采用阿米巴模式，让销售负责人成为合伙人，大家一起为自己而奋斗。（3）我们做到我们能做的，努力提升自己的认知和管理水平，碰到问题先找自己的原因，这样，我们的公司才会做大。

▶ 思考题

你的公司的流量从哪里来？你花了多少时间才建立相对稳定的流量？

案例十一 | 创业护航联盟的会议营销

>> 案例背景

会议营销是非常适合代理记账公司的一种营销方式。我们这个行业的服务有一定的专业性,一场好的营销会议能够让客户在现场认可讲师的专业性,继而认为我们的公司是一家靠谱的公司,这就在无形中拉近了客户与公司的距离,让销售变得更简单。

所以从励楚开始,我就一直很重视会议营销。关于会议营销的主题,我一直坚定地认为最有价值的是与税相关的内容,因为税往往是客户的核心痛点。在创业护航联盟成立后,我们也一直向我们的加盟商灌输这个理念。随着加盟商与我们合作的涉税业务越来越多,我们逐渐产生了帮助加盟商做会议营销的想法。

创业护航最早的讲师是我和"百城连锁"事业部的总经理彭秋粟。虽然我们两个人的专业过硬,讲的内容也"干货"满满,得到了同行和客户的认可,但怎样在会议现场做营销这件事,我们两个都不擅长。记得有一次,我把内容讲完了,主持人宣布活动结束,结果有人说:"就这样结束了?你们讲了半天,就不卖什么东西吗?"

>> 转变过程

我们过去的会议,与其说是营销,不如说是培训。认识到这个问题后,我就想着从外面找营销经验丰富的讲师,遂遇到了我们现在的金牌讲师杨秀萍。

杨秀萍的开价挺高,但我们觉得,能够帮助我们的加盟商把会议营销做好,体现联盟的价值,同时让我们的销售团队充分学习,这样的成本是值得的。于是杨秀萍加入了我们的"百城连锁"事业部。

我们的目标是帮助加盟商在会议营销中实现现场成交。这项服务的结果不错,在我们帮助加盟商做的营销会议中,每次的现场成交额都不低于 3 万元,最高的一次现场成交额达到了 21 万元。我们是如何做到的呢?

首先,我们重新设计了现场成交的产品。虽然我们讲的内容是涉税服务,但是直接在现场卖涉税服务的方案并不好卖:一是因为很多中小企业的老板并没有付费咨询的习惯;二是涉税服务本身太过低频,是很多老板未来才会有的需求,让他们提前买单的可能性不大。于是,我们把产品设计成了充值服务,客户在现场付费充值,将来这笔费用可以用来消费加盟商提供的所有服务,而且可以享受折扣。客户虽然目前没有涉税服务的需求,但是他的代理记账服务总要续费,他可能还会有变更、注销、知识产权等各种服务需求。这个产品就好卖很多了。

接着,我们重新设计了课程内容。在原来的知识分享的基础上,我们增加了很多直击客户心灵的内容,从当前的政策和时事角度帮助客户了解涉税风险,通过现场互动指出他们公司存在的问题等,让客户在现场便产生迫切的需求。这样,不仅客户愿意买单,而且现场气氛也更加活跃。

最后,我们制定了服务的SOP。帮助加盟商做一场成功的会议营销一定不是我们创业护航独自努力的结果,而是需要加盟商整个团队的配合。我们的SOP大致分为以下几步:(1)加盟商报名后,杨秀萍与加盟商的负责人沟通会议时间、场地、客户邀约范围、邀约话术,并建群,每天我们的服务人员在群内跟进客户邀约情况;(2)帮助加盟商制作宣传物料,包括海报、易拉宝、横幅、铭牌等;(3)会议前一天,杨秀萍和当地服务人员到达加盟商公司,给整个团队做会议流程培训,确定主持、气氛、唱单、收款等工作的人员,并确认场地的布置;(4)会议当天,做好讲课、答疑、收款、采访等工作;(5)当天会议结束后,与加盟商团队复盘;(6)后续,当地服务人员帮助加盟商跟进收款客户,出具涉税服务方案,帮助成交。在这些工作全部落地后,整个会议营销的效率就得到了极大的提升。会议营销服务也成为创业护航联盟目前最受欢迎的服务之一。

》 案例总结

第一,不要有"偶像包袱",你觉得"过度"营销不好,客户却在等着你卖给他好产品。

第二,无法现场成交的营销会议不是一场好的营销会议,因为你没有用你的分享打动客户。

第三,好的服务是手把手帮助客户解决问题,你对你的客户该如此,我们对创业护航联盟的加盟商也该如此。

第四十五讲 | 营销执行口诀："四个一"

> 老板要怎么做才算重视销售？

要把代理记账公司做大，营销获客是老板绕不过的坎。那么，老板究竟怎样做才是真正的重视销售呢？真正的重视体现在两个方面：一个是时间和精力，另一个是钱。这一讲我总结了"四个一"的执行口诀来做到真正重视销售。

▶▶ 对每位销售人员每月投入一万元

流量可以来自老板的资源，也可以从市场投入中获取。对每位销售人员投入1万元/月，实际上就是一种市场投入。如果是纯线上销售，需要投入得更多；如果是线下销售，还需要销售人员把1万元获得的客户累积起来后，作为种子客户实现二次转化。总之，必须有市场投入，销售才能做得起来。

▶▶ 每周参加一次销售会议

老板如果重视销售，除了投钱外，还要投入时间和精力。老板每周至少得参加一次销售会议。那么，参加销售会议要做些什么呢？

1. 看销售数据

销售会议首先要做的就是过数据。如何过数据？看销售"漏斗"：有多少线索？有多少商机？销售转化了多少注册？成功注册的合同中有多少成功转入工商服务部出执照？累积多少转化为代理记账？等等。

表4-1是我从邮件中截取的销售日报表，这是我们承接的一个电商平台流量的部分转化数据。看到这些数据，我就能明白：（1）现在一天的线索大约是十多条，基本是有效商机；（2）80％以上的商机成交了注册业务，说明销售的第一次转化完

成得不错;(3) 转化代理记账较少,原因是需待名称核准后才向客户推荐代理记账业务。针对这个问题,我召集会议,就如何提高代理记账转化率讨论了报价、话术、销售的时间点等,最终决定在电商平台允许的情况下,在注册环节就绑定代理记账。我们通过对销售"漏斗"的数据分析,针对衰减严重的环节找到了解决方法。

表 4-1 销售日报表

今 日 数 据	数　量
今日新增服务单	14个
累计服务单	
今日新增有效服务单	12个
累计有效服务单	
今日确认注册单(客户确认有注册意向即可)	8个
累计确认注册单(客户确认有注册意向即可)	
注册转化率(累计确认注册单/累计有效服务单)	83.78%
今日成交单量(指代理记账或Ukey托管)	4个
累计成交单量	
代理记账转化率(累计成交单量/累计有效服务单)	
今日成交金额	9 000元
累计成交金额	
今日服务单接通量	10个
今日服务单接通率	71%
今日转交工商OP服务单量	3个
累计转交工商OP服务单量	
今日注册完成量	2个
累计注册完成量	

除了这张报表外,还有各个维度的报表,如每个团队和销售人员的报表、注册地维度报表、产品维度报表、客户来源维度报表等。只有看清这些维度,才能发现问题并对症下药。

我有两点经验:一是新的销售渠道启用时,老板必须亲自关注,这样才能调动一切资源保障成功。二是真正重视销售,协调资源解决问题。与渠道合作遇到问题,一定要先找自己的原因,尽量不给别人添麻烦。当合作渠道正常运转后,逐步放手给销售负责人去管理。

2. 发红包

给优秀的销售人员发红包,让他分享成功的经验。这既是表扬,也是培训。

3. 确定下周目标并确定对赌

在探索阶段,我一般采用激励性对赌措施。我会提出一个目标,让销售业绩好的员工去冲击,让团队去突破;也可以两个团队对赌。这是游戏,真正优秀的销售人员和团队会为荣誉而拼尽全力、群策群力。

简而言之,开会就是过数据,通过数据发现问题并立即调动资源解决问题;开会也是现场培训和企业文化建设,让所有人为结果负责。

每周陪员工见一位客户

为什么要每周陪员工见一位客户?

第一,只有见到客户,我们才能真正知道我们的客户在哪里。

第二,只有见到客户,我们才能知道客户选择和拒绝我们的真正原因,才能有效调用资源来解决问题。比如:客户拒绝我们是因为产品问题,我们就要解决产品来源;客户拒绝我们是因为价格问题,我们就要分析产品的卖点和优势。

第三,只有陪员工见客户,我们才能知道我们的员工是如何与客户沟通的,好的方面和不好的方面有哪些。如果是沟通问题导致客户拒绝,那么就要认真演练"傻姑三招";如果是销售技巧问题导致客户拒绝,那么就要进行基础销售培训。

第四,只有陪员工见客户,并且帮助员工搞定客户,我们的员工才会真正感受到老板对他的帮助。

尤其是对刚组建的销售团队,我们必须这样坚持,直到销售团队稳定。

>> 每周约一个人面谈

每天在 BOSS 直聘上和两个人聊天,每周从十个人中约一个人面谈。为什么要这样做呢?

第一,招聘是人力资源部最重要的工作,尤其是对销售人员的招聘,但是不要指望人力资源部能招聘到好的销售人员。

第二,招聘到一位好的销售人员相当于公司获得一个"涨停板"。尤其是对于小公司而言,前期的销售人员招聘,老板必须亲自出马。

第三,即使公司暂时不缺销售人员,也要坚持每周约人面谈。因为销售没有上限,如果遇到特别好的销售人员,就可以把不理想的销售人员淘汰掉,使公司形成"不安逸"的氛围,做得不好的人时刻有危机感,这就是狼性的企业文化。

第四,老板比主管更能发现人才。对于特殊人才的录用,只有老板才能拍板。

▶ **思考题**

组建销售团队时,上述"四个一",你做到了几个?

第四十六讲｜销售团队的组建与带教

> 如何带教销售团队？

>> 从 0 到 1：组建销售团队

1. 找到适合自己的流量，老板自己先验证

2007 年我刚进入代理记账行业时，自己尝试了很多营销方式，包括短信群发、网络推广和会议营销。最初我自己管理后台，短信群发有一阵子效果不错，但只过了一年这个方式就失效了。至于网络推广，我当时自己在百度后台调整关键词价格，这个方式沿用至今。会议营销则是我自己演讲、自己谈客户，在那个年代效果还不错。

2. 验证方法后，招聘合适的人执行

验证网络营销可以规模化后，我招聘人员来接电话。我总结出结构化咨询模式，让他按照我说的做。然后我从民营医院挖来一位专门做网络推广的人。就这样，针对网络推广，验证后，我一边招聘市场投放人员，一边招聘销售人员，通过市场人员与销售人员相对应来提升营销效果。

之后，我尝试线下渠道，在没有线上推广流量的情况下对接其他有流量的渠道，包括商会、园区、律师事务所、培训会议，并挖掘现有大客户的上下游。初步验证后，我招聘专门的人员来负责开拓渠道，招聘有耐心的人员来做销售。后来我发现，开拓渠道最重要，我就让开拓渠道的人员做主管，成为营销阿米巴的合伙人。

>> 从 1 到 10：扩大销售团队

无论是线上还是线下，初步验证该方法可行，再扩大销售团队就不困难了。在扩大销售团队的过程中，需要注意：

1. 市场和销售同步

没有流量，销售很难扩大。即使是电话销售，也要做好配比。比如：8个人获取意向客户，2个人转化。市场和销售两个岗位的意识要贯穿整个销售管理过程。即使有的销售人员能够做到自己找客户、自己转化，也要看他更擅长哪一个岗位，并在另一个岗位给他配助手。比如：他擅长谈渠道，那就给他配一位熟悉产品的销售人员。

2. 严格管控销售"漏斗"

员工多了就必须看数据，通过销售"漏斗"管控销售行为。多少线索量？多少意向客户？多少成单？多少交接？等等。只有用各个维度的数据来分析，才能看到问题并真正解决问题。

3. 严格试用期的淘汰

用人成本很高，所以必须严格践行试用期的淘汰制度。比如：新人第一个月的业绩可以是0，第二个月至少得做到500元，第三个月要做到2万元，否则淘汰。这样才能保证团队的良性发展。

>> 销售团队的带教

销售团队的带教采用"四步走"：

第一步，我做你看。让他看见主管是怎么做的，亲身感受如何接触客户、如何与客户沟通、如何签单、如何交接。

第二步，我说你听。新人第一周必须完成所有基础培训，包括行业与公司、基础产品、销售技巧等，培训结束后要考试。

第三步，你做我看。他做的时候我们看着，这样就能发现过程中的问题，及时改进，这样学习的效率会很高。

第四步，你说我听。你为什么这样做？这样做好在哪里，不好在哪里？等等。不仅能做，而且能把做的说清楚，就基本合格了。只有想清楚才能说清楚，只有说清楚才有可能做得好。

▶ 思考题

你是如何组建销售团队的？你总结了哪些经验？

第四十七讲 ｜ 销售团队的招聘与薪酬

> 如何建立销售团队的薪酬体系？

>> 销售团队的招聘

招聘到合适的人，后面的培训和管理都会相对简单；否则，招聘到的人不对，怎么培训和管理也没用。

针对销售岗位的招聘，我总结如下：(1) 老板自己每天聊两个人，每周约一个人面谈。(2) 招聘必须与营销方式对应，不同的市场获客方式对销售人员的要求不同。(3) 在销售团队扩张的过程中，招聘必须关注人效，3 个月试用期的淘汰机制必须坚持。(4) 人事招聘专员也要有销售"漏斗"管理。发出多少邀约？有多少人来面试？有多少人通过试用期？等等。只有精细化考核，才能保证人事招聘的效率。(5) 永远不要依赖人力资源部招聘销售人员，老板和销售负责人要亲自出马。

>> 销售团队的薪酬体系

1. 销售薪酬体系的构成

月度薪酬＝底薪＋销售提成＋跳档奖金

底薪根据贡献度设置，销售提成是销售人员的主要收入来源，跳档奖金是完成各级目标的奖金。

2. 底薪

表 4-2 是企盈和风景线设置的销售底薪。

表 4-2　企盈和风景线设置的销售底薪

级　　别	底　薪	销售经验	类同行	同　行
S1——基础咨询师	4 000 元	0	0	0
S2——中级咨询师	5 000 元	3 年	2 年	2 年
S3——高级咨询师	6 000 元	5 年	3 年	3 年

我们把销售人员称为"咨询师"是因为我们对销售的定位：为客户的工商和财税等需求提供咨询和解决方案。

底薪有调整机制，即晋升机制。表 4-3 是企盈和风景线业务部的底薪调整机制。调整标准：季度销售额 9 万元以上，升到 S2；季度销售额 12 万元以上，升到 S3。

表 4-3　企盈和风景线业务部的底薪调整机制

级　　别	底　薪	季度指标
S1——基础咨询师	4 000 元	0
S2——中级咨询师	5 000 元	9 万元
S3——高级咨询师	6 000 元	12 万元

3. 提成

代理记账行业的提成机制比较简单：（1）一次性业务的提成比例为 15%。（2）长期业务，一次性提取的，提成比例为 20%；长期享受的，首年的提成比例为 10%，以后续费每年的提成比例为 6%。（3）合作完成的，原则上双方各得一半。（4）提成基数为有效收入（去掉第三方成本后的收入）。比如：复杂注销收费 9 000 元，第三方审计费用为 3 000 元，那么有效收入就为 6 000 元。

4. 跳档奖金

表 4-4 是企盈和风景线业务人员的跳档奖金表。

表 4-4　企盈和风景线业务人员的跳档奖金

有 效 收 入	业 绩 奖 金
≥4 万元	3 000 元
≥6 万元	6 000 元
≥8 万元	8 000 元

业务人员的月有效收入 4 万以上,额外奖励 3 000 元;业务人员的月有效收入 6 万元以上,额外奖励 6 000 元;业务人员的月有效收入 8 万元以上,额外奖励 8 000 元。这可以激励员工去完成更高的目标。

>> 关于薪酬体系的使用说明

表 4-2 至表 4-4 仅供参考,你必须结合你的公司原有的薪酬体系、业务来源和当地的实际情况进行调整。还有很多细节约定,如特殊业务如何核算、进行中的项目如何计算季度收入等,在完整版的薪酬体系中,创业护航联盟的加盟商可以找你的沟通会计领取完整版的内容。关于薪酬绩效的原则,我们会在后续章节阐述。

▶ 思考题

你觉得你的公司的薪酬体系合理吗?

第四十八讲 | 与战略匹配的销售目标

> 如何设定销售目标？

≫ 不同阶段的销售目标设定

1. 可持续现金流目标策略

如果你的公司处于发展初期，目标是"活下来"，那么可以采用可持续现金流的销售策略。

可持续现金流，是指"销售收入＋代理记账续费收入＞公司成本"。因为公司设立第一年的收益均为新客户的注册和代理记账费，没有续费，所以应努力收取一年的代理记账费，而记账行为在日后逐步发生，我们就可以利用客户的预付款来充当现金流。

2. 激进的销售目标策略

如果你的公司已经有比较好的基础，想进一步占领市场，那么可以采用激进的销售目标策略。

2016年，我们打了一场"冬季战役"，要求11月和12月突破每月1000单。我们以单量作为公司的销售目标，因为这时公司的战略是成为上海最大的代理记账公司之一，并累积客户基数。

采用这种策略需要综合考虑以下因素：（1）公司有足够的现金流支持；（2）向全员宣传"冬季战役"对公司的战略意义；（3）提供足够的激励；（4）动用公司资源，加大投入，包括增加广告投放、前端和后端都有任务指标等；（5）事先做好详细测算；（6）后端交付团队，包括工商团队和财税团队，需要紧密配合，在"战斗"中锻炼团队精神；（7）不允许作弊，如将一份合同故意拆解成两单；（8）召开总结会，总结成功经验，发放奖金，打胜仗是最好的团建。

3. 效率目标策略

如果你的公司已有较大的规模，则需要关注各项效率。比如：创业护航集团已经有600位员工，其中销售人员有200位，在代理记账行业中已经具有较大的规模，但与其他行业相比，公司实际上处于从小企业向中型企业转型的过程中。这个转型其实是从上到下的全面改革。这时，公司要进一步扩张，最重要的指标就是效率，即公司要拥有高效获客的能力，否则扩张就是危险的。

在这个战略下，我们对应的销售目标如下：(1) 线上团队的关键目标是ROI，即投入产出比，相当于投入1万元能产出多少销售额。(2) 线下团队的关键目标是人效，让新的销售人员快速成长起来，让老的销售团队效率得到提升。(3) 后端的财税团队主要关注百元转化率，后端的有效转化能力提升了，前端才能更大胆地营销，公司就会进入正反馈的增长飞轮。

4. 资本支持下的市场占有策略

有的公司在拿到投资人的钱后便不惜一切代价地抢占市场，这种做法在中国的财税行业中越来越少：一是资本很难在传统业务上"烧钱"，二是没有效率的扩张很难持续。

过程目标

除了结果目标，过程目标同样重要。销售"漏斗"中的各项衰减指标就是销售管理的关键。

1. 渠道的"破0"

这是渠道销售最重要的过程目标。好不容易与渠道签署了合作协议，但是迟迟没有成交量，前期的工作就都白费了。所以，想办法成交第一单，也就是"破0"，会成为合作真正的起点。

在渠道销售中，"破0"率是我们每周都会看的数据。在每周和每月的管理会上，"破0"率高的团队会分享他们的经验，"破0"率低的团队会分析失败的原因并找到解决方案。这就是过程指标的意义，有过程才有结果。

2. 从线索到商机的转化率

线索是指我们能联系到的潜在客户，商机是销售沟通后有明确意向的潜在客户。从线索到商机的转化率能说明两个方面的问题：(1) 如果这个指标长期偏低，就说明线索质量不佳，市场部应调整策略，提供更有质量的线索；(2) 如果线索质量没有问题,那就是销售问题,销售部门应做出改进。

3. 从商机到合同的转化率

这是成交的过程,如果成交率低,就要仔细分析:(1)产品问题,包括价格、产品与客户的匹配度等。比如:不少客户需要办理医疗器械许可证,那么我们得有医疗器械园区做匹配;如果这些客户对价格敏感,我们就可以适当调整产品价格。(2)销售问题。比如:客户注册后代理记账的绑定率不高,我们就应认真研究好的销售策略并培训员工。

4. 从合同到交付的转化率

有的客户与我们签署了合同,但一直没有进入注册核名环节。我们就要分析,究竟是客户的原因,还是我们的原因。

在我们的公司,销售人员需要向客户收集核名材料,交接给工商服务部,因为客户与销售人员熟悉,直接转到工商服务部可能会因为沟通等问题而出现退单或者停止注册的情况。我们关注这个过程指标,就会制定相应的规则。

5. 服务过程中的转化率

这就是代理记账过程中的增购和转介绍,也就是百元转化率。

这些过程指标其实就是客户行为-营销行为蝴蝶结模型中的各个环节,也就是两个销售"漏斗":一个是新客户进来的缩小的销售"漏斗",另一个是老客户转介绍敞开的销售"漏斗"。两个销售"漏斗"连接在一起,就是蝴蝶结模型,也就是我们管理销售全过程的基本依据。

为了管理好全链路的营销数据,2022年我们设置了"数据督导"这个岗位,直接向我汇报,专门对各个环节的过程指标进行监督和指导。这条数据链路中各个节点数据的乘积就是公司的核心能力。

数字化是现代公司的核心能力,甚至是全部管理。十几年前,当我的公司只有3个人的时候,我就购买了CRM系统,所有客户的数据必须进入系统,这也形成了现在我的公司的每一个人都有数据意识的企业文化。数据管理这么细致,员工不敢随便飞单,每个流程都管理起来了,所有客户的体验都会好。

▶ **思考题**

你是如何管理公司的销售结果指标和过程指标的呢?

案例十二 | 风景线线下销售团队的打造（上）

风景线在产品和服务上与企盈相同，它的特殊之处在于，它所有的销售团队和代理记账会计团队都是独立核算的阿米巴。

>> 风景线的成立

从 2015 年开始，企盈进入了发展的快车道。当时企盈的线上销售团队在郑继来的管理下保持稳定的增长率和转化率，何煦带领的 2015 年新成立的线下销售团队也取得了很好的成果。2016 年 11 月和 12 月，我们打了一场"冬季战役"，两个月内，企盈的所有销售团队完成了包含企业注册、变更、注销和代理记账在内总计 2 000 单的业绩，其中，线上销售团队完成了 1 200 单，线下销售团队完成了 800 单。

但是，快速增长也带来了一定的负面影响。当时企盈的战略目标是迅速扩大规模，所以我们的绩效考核完全是按照量来计算的。在这种考核体系下，所有员工必然尽量降低价格以加快成交速度。因此，虽然在 2015 年和 2016 年企盈的单量增长非常迅速，代理记账客户数从 2015 年初的不到 2 000 位增长到 2016 年底的 6 000 位，但是利润率的下降也非常明显。

在快速增长的时期牺牲一些利润换来规模的迅速扩大，我认为是应该的。但是到 2017 年初，企盈的规模已经达到了一定的程度，也获得了上市公司的注资，这个时候再去盲目扩张就不可取了。在保证利润的前提下，增长变成了我们的战略目标。

要达到这个目标，需要公司的所有团队都关注公司的利润。但事实上，很多管理者并没有利润的概念，甚至并不想为利润这个指标买单，由此我们想到了阿米巴——阿米巴长是根据团队的利润分红，他们为了拿到足够的分红，必然关注团队的利润，这一点正是为我们的这个目标服务的，所以当时我就决定引进阿米巴模式。

但是，当时的企盈已经有接近 200 位员工，很多团队的管理人员在公司已经做了很多年，早就习惯了原本的模式，并不想做出改变，强行在全公司进行改革一定会出现很多问题。于是，我们决定先在一部分员工中试点。我们选择了成立时间不到两年的线下销售团队。

当时的线下销售团队一共分为4个小组，其中3个小组已经比较成熟，业绩稳定，另一个小组成立的时间比较短，还需要发展。于是，我们决定成立一家新公司作为阿米巴试点的平台，将这4个小组放到新公司里，再单独配备工商服务部和财税事业部，形成一条完整的业务线。在4个小组中，3个成熟的小组直接开始试行阿米巴模式，另一个小组作为储备阿米巴。就这样，在2017年10月，风景线正式成立。

》业务数据

经过四年多的发展，风景线取得了不错的成绩。截至2021年底，风景线共有员工157位，存量代理记账客户3 670位，相当于每年新增接近1 000位代理记账客户。由于风景线的客户中，90%来自线下渠道，有了渠道的背书，客户的信任感和质量都非常好，因此公司的有效收入更加客观。2021年，风景线全年的有效收入是1 868万元，同期企盈的有效收入是2 866万元，但是企盈有接近350位员工，从有效收入的人效来看，风景线的人效达到了企盈的1.45倍。这也达到了我们的战略预期，即在保证利润的基础上保持相对快速的增长。在这个过程中，阿米巴模式的实施无疑起到了至关重要的作用。

》阿米巴模式的实施

在代理记账行业中没有成功实施阿米巴的先例，我们只能自己摸索。经过几次讨论，我们决定采用子公司的形式来实施阿米巴。一方面，使公司的核算更加方便；另一方面，让阿米巴长有一家自己做法定代表人的公司，这很有仪式感。

阿米巴公司的注册资本是100万元，风景线占股70%，阿米巴长占股30%，双方的注册资本全部实缴到位（如图4-2所示）。为什么要求注册资本必须实缴到位呢？因为白送的股份很多人不会珍惜，而自己投资入股，重视程度一定会大大提高。

在内部结算上，我们采用内部定价模式。第一批阿米巴都是销售团队，他们的责任就是与客户签约并收款，但是客户的服务他们没法做。因此，我们在风景线母公司为他们配备了工商服务部和财税事业部。所有客户的后期服务，各个阿米巴通

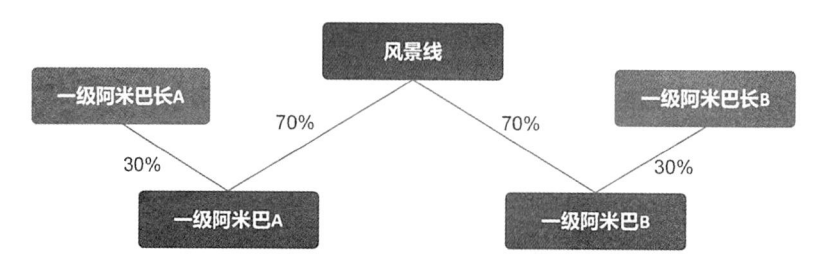

```
        ┌────────┐
        │ 风景线  │
        └────────┘
       70%      70%
   ┌─────────┐      ┌─────────┐
   │一级阿米巴长A│      │一级阿米巴长B│
   └─────────┘      └─────────┘
      30%              30%
   ┌─────────┐      ┌─────────┐
   │一级阿米巴A │      │一级阿米巴B │
   └─────────┘      └─────────┘
```

图 4-2　阿米巴模式

过内部定价的方式与母公司结算,不同产品的结算价格不同。同时,为了精确地计算净利润,阿米巴还要承担各类行政成本的分摊,如办公室的租金、水电费、快递费、年会的费用、人事等职能部门的工资等。

第五章

增长保障：人力资源体系

第四十九讲 | 领导力：领导与管理

> 领导与管理有什么区别？

>> **领导与管理的区别**

表 5-1 是关于领导与管理的区别的各种说法。

表 5-1 领导与管理的区别

作者	领　导	管　理
笔者	宏观	微观
	战略	战术
	决策	执行
	方向问题	方法问题
	更动态	更静态
刘澜	解决挑战性难题	解决技术性问题
本尼斯	做正确的事	正确地做事
科特	确定经营方向、凝聚团队、激励和鼓舞	计划和预算、组织人员、监督与控制
	实现变革	维持秩序
海菲兹	解决适应性问题	解决技术性问题

邓小平带领中国人民搞改革开放，实现了中国的富强，我们可以说邓小平领导了中国的改革开放，但没有人会说邓小平管理了中国的改革开放。我们可以说一位工人管理了一台机床，但不能说他领导了这台机床。领导的对象是人，而管理的对象可以是人，也可以是机器。

对企业家而言，既要有管理能力，又要有领导力。

》 定义领导力

我们用刘澜的定义：领导力就是带领团队，解决具有挑战性的难题。

1. 领导力是解决挑战性难题

公司初设，如何活下来？面对激烈的市场竞争，如何突破"瓶颈"？发展到一定的规模，如何解决内部冲突？希望通过融资快速发展但投资人不认可，怎么办？这些都是决定公司存亡与发展的重要问题，都是具有挑战性的难题。能解决这些问题的人就具有领导力。越难的问题，解决得越好，领导力就越强。

2. 领导力得带领团队

一个人干，叫解决问题；带领团队一起干，才是实现变革。团队愿意跟着你干，这是每一位优秀的创业者必须具备的领导力。比如：乔布斯在苹果的困难时期对如日中天的百事可乐公司总裁斯卡利说："你是愿意一辈子卖糖水，还是愿意跟我改变世界？"在你一无所有的时候，让厉害的人愿意跟着你干，这就是领导力。

3. 领导力源于责任

领导力不等于职位或权力。职位和权力只是领导力的资源，我在《服务即营销的终极秘密——代理记账公司的管理与营销》中讲过我女儿义卖的故事，即使没有职位，也可以有领导力。

领导力源于责任。张瑞敏想负起救活电冰箱厂的责任，任正非想负起通信技术国产化的责任，马斯克想负起人类移居火星的责任……伟大的企业家都是因为想负起了不起的责任而具有领导力。

4. 领导力不等于号召力

希特勒号召了德国人，但他解决不了德国的真正问题，那不是真正的领导力；网红主播有很多粉丝，但他们并不带领大家解决问题，那也不是领导力。

5. 领导力必须有结果

没有好的结果,再好的客户也会解约,再好的员工也会离开,再好的投资人也会不满意。

>> 代理记账公司老板的领导力

如何看待代理记账公司老板的领导力与管理呢?

第一,在公司成立初期,老板一个人使出浑身解数获得了最初的200位客户,组建了几个人的小团队。此时解决了第一个具有挑战性的难题:开启一份事业,让公司活下来。

第二,一边带领核心骨干,把交付做好,让客户满意;一边想方设法找到更多客户;一边寻觅优秀人才和合伙人,将公司规模做大。此时,老板具有一定的领导力。

第三,要把公司进一步做大,就得鼓励核心骨干做阿米巴。可以带领敢于尝试的员工先做起来,让一部分人先富起来。阿米巴模式不能激励能力,但能把有能力的员工的积极性极大地调动起来。带领团队实现这样的变革并有良好的结果,这就是领导力。

第四,完成融资,使公司能够快速发展,老板的领导力得到了明显的提升。

第五,服务好员工,让他们更轻松地赚钱。不仅要关心他们的工作,而且要关心他们的生活;不仅要老板自己撸起袖子谈大客户,而且要让团队成长。

第六,每次年会,我都会写一首诗给我的员工,我还愿意将自己的想法写成书分享给大家。你也有你的特点,如带领大家跑马拉松等。老板要利用个人独特的一面建立领导力。

作为代理记账公司的老板,我们必须一边解决挑战性难题,一边解决技术性问题,也就是说,日常管理是基础,关键时刻带领团队实现变革是必须有的魄力。

▶ 思考题

你如何评价你的领导力?

第五十讲 ｜ 领导力：六种权力

> 如何使用好权力？

领导力不等于职位，领导力也不等于权力，但职位和权力是领导力的资源，我们必须用好权力。

>> 什么是权力

权力，简单地说就是让别人听你的。比如：下班后想回家，但领导让我加班，我只得加班，领导就实施了某种权力；周末不想出门，但伴侣告诉你有一部电影很好看，于是你跟伴侣看电影去了，伴侣就实施了某种权力。

>> 六种权力

1. 报酬权力

报酬权力就是奖励权，即发多少工资、给多少奖金。这是"胡萝卜"。

2. 强制权力

强制权力就是惩罚权，即做得不好扣奖金、出现事故进行处罚。这是"大棒"。

3. 合法权力

合法权力是组织和社会赋予的权力。比如：你是上级，你就可以要求下级完成你交代的任务，这是公司赋予你的合法权力。

4. 专家权力

专家权力来自专业能力。比如：医生开出处方，你得按照处方吃药，这是医生的专家权力。

5. 参照权力

参照权力就是让别人把你当作榜样，愿意听你的。比如：财税专家的建议，我们愿意采纳；同行的成功经验，我们愿意效仿。

6. 信息权力

信息权力就是说服力。不仅让别人听你的，而且让别人感觉仿佛是在听自己的。这是一种非常重要的权力，如伴侣叫你去看电影体现了信息权力。

如何用好六种权力

刘澜把上述六种权力分为两类：报酬权力、强制权力、合法权力与职位有关，是"职位权力"；专家权力、参照权力、信息权力与个人有关，是"个人权力"。如果我们用物理学中的推力和拉力来对应的话，职位权力就是推力，个人权力就是拉力。领导力主要靠拉力。所以，我们要成为有领导力的老板，就应该做到以下四点：（1）提升自己各方面的专业性，让自己具有专家权力；（2）给更多人带去好处，让自己拥有粉丝；（3）让自己的逻辑具有说服力，让自己更有信息权力；（4）配合职位权力，合适的薪酬体系、适当的强制手段让我们具有全方位的领导力。

领导力是双向的，实现一方的目标是权力，实现双方的目标才是领导力。所以，我们要去"服务"员工，"赋能"员工，才能实现我们和员工的共同目标。

思考题

你使用过哪几种权力？效果如何？

第五十一讲 ｜ 领导力："跟我来"的力量

> 如何让员工愿意跟着我干？

>> 领导与领导力

有很多人想当领导，但只有很少的人想发挥领导力。当领导有更高的地位、更大的权力、更多的金钱，这是大多数人想要的；但是发挥领导力要挺身而出，承担责任，解决大家的难题。

2015年红军长征胜利80周年期间，我去了贵州，在遵义参观了遵义会议旧址，在土城古镇参观了四渡赤水纪念馆，在娄山关参观了红军战斗遗址。第五次反"围剿"失败后，红军开始长征。血战湘江后，红军面临覆灭的危险。在遵义，毛泽东不是等着当时的常委给出解决方案，而是挺身而出：我来解决难题。尽管之后张闻天和周恩来都认为他可以担任总书记，但是毛泽东表示：让我来解决问题，而不是让我来当领导。这是真正的领导力，也是高超的领导艺术。

当被质疑"红军还能打多久"时，毛泽东满怀激情地说："它是站在海岸遥望海中已经看得见桅杆尖头了的一只航船，它是立于高山之巅远看东方已见光芒四射喷薄欲出的一轮朝日，它是躁动于母腹中的快要成熟了的一个婴儿。"（《星星之火可以燎原》）充满坚定的信心和希望。每次读到这句话，我都会感慨：跟着这样的人，我愿意！

就像乔布斯向斯卡利表达的：虽然现在的苹果还不够好，但是我们会改变世界的。当读到《乔布斯传》中的这一段时，我想说：跟着这样的人，我愿意！

>> 跟我来

领导力的重要理念是"跟我来"：碰到难题，让我来解决，让我来承担责任，我知道方向，大家跟我来。

我们在把公司做大的过程中,会遇到无数次"跟我来"的情况:

2011年,从合资公司分离出来,重新成立企盈的时候,我们租了两间民房办公,本来就不多的同事看着公司寒碜的状态,失去了信心。我组织大家开会,告诉大家,我们之前可以做好,现在一定可以做得更好。我带领大家谈客户、招聘、推广,虽然收入不多,但转化率高,我们很快就满血复活了,不到一年就搬进了徐家汇核心区的写字楼。大家看到了希望,就更加愿意跟随我。

2015年,公司的发展遭遇"瓶颈",我的合伙人焦虑地问我怎么办,我说:市场足够大,只要我们有核心竞争力,让客户选择我们,就不用怕。我的坚定感染了核心团队,大家一起努力,最终渡过了难关。

2016年,为了实现规模化,我们发动了"冬季战役",全员动员,倾注资源,实现了连续两个月每月新增订单1 000单。这也是告诉大家:跟我来,我们能成为一家优秀的代理记账公司。

2018年,公司代理记账部所在的办公楼层发生了火灾,我第一时间到派出所替换出在那里做笔录的同事。我告诉大家:"我是法定代表人,我来承担责任。"在不知道后果有多严重的情况下,我挺身而出,不让员工难受。这也是告诉大家:跟我来,会克服困难的。之后,我们与税务局沟通,税务局协助我们延后申报,并将烧毁凭证的企业在税务系统中备案,最终带领大家一起渡过了难关。

2020年,"新冠"疫情肆虐使我们无法到办公室办公。我们立即成立"疫情防疫和工作小组",组织大家一边做好防护,一边居家办公。结果,我们2020年的业绩与2019年相比依然有大幅提升,做账、报税也基本正常进行。这是在遇到重大阻碍时告诉大家:跟我来,一起战胜疫情,一起克服困难。

同年,我们成立了税务师事务所,很多非标准业务我们之前没有做过,于是我带领大家边实践、边学习,在现有案例的基础上提炼出可简洁描述的产品。比如:针对不动产行业,我们总结出房地产行业生命周期中的涉税服务图,让客户一看就能感受到我们的专业性。在创新的时候,我想跟大家说:跟我来,我们一起研究,一定会更专业。

▶ **思考题**

你在工作中有"跟我来"的故事吗?

第五十二讲 | 领导力：领导力故事

> 如何讲好故事？

要让别人愿意跟着你干，光靠讲道理，往往收效甚微，只有在情感上打动人，才能激发更多人行动起来。讲故事是调动人的情感的好方法。

» 怎样的故事是好的故事

好的故事至少包含两个要素：(1) 形象，越是具体生动的故事，越能打动人。(2) 距离，包括物理距离和心理距离，离我们越近的故事，越能打动人。

» 讲好领导力故事的条件

讲好领导力故事有一个基本条件，就是故事中必须有听众。你的故事必须让听故事的人有代入感，即使讲的是别人的故事，也要让听故事的人能像照镜子一样看到他自己。

顺丰快递上市敲钟，这是讲故事的好机会。王卫是如何讲故事的呢？他不穿西装，而是穿着顺丰的工作服；他没有带很多高管，带的是快递小哥、客服人员和货机机长。上市那天，顺丰给全体员工(40万人)发了10亿元红包，最少的也有1888元。王卫就是在这个最荣耀的时刻，用仪式和行为在讲顺丰的故事：我尊重一线员工，我一定要为那个被打的快递小哥讨回公道，一定要给他安全保障和荣耀。这样的故事，是讲给顺丰的员工听的，也是讲给顺丰的客户听的。顺丰的员工在这个故事中看到了自己：我在一家优秀的公司工作，我为公司感到骄傲，只要我努力干，就能得到好的收入和荣誉。

》 讲领导力故事的方法

1. 用嘴讲故事

在每一次新员工培训时，我都会讲我刚进入这个行业见客户的故事①。我想用我的亲身经历告诉新进入公司的员工：专业是第一位的，创业初期尽管很缺客户，但是切实地解决客户的问题应放在首位。专业比诚信更重要，如果不专业，诚信也不能发挥作用。就像医生，如果不专业，开错了药，服务态度再好也没有用。我们希望用我们的专家权力来赢得客户。

2. 用道具讲故事

销售一定要有道具，已经成交的营业执照就是我们最简单、最有用的道具。我们制作一个营业执照文件夹并打上标签，客户如果是广告行业的，我们就现场翻到广告那一部分，看到那么多广告行业的公司是在我们这里注册的，客户很快就对我们有了信任。用道具讲故事，既形象又贴近客户。

3. 用仪式讲故事

王卫穿着工作服带领员工上市敲钟就是用仪式讲故事，十分打动人。对于代理记账公司，我们会在销售周会上给本周冠军发红包，在年会上给销售冠军颁发奖杯，并朗诵颁奖词等。这就是用仪式讲好我们自己的故事。

4. 用行为讲故事

张瑞敏举着榔头，当着海尔员工的面把次品电冰箱砸掉，就是用行为告诉员工：次品绝不能卖出去，质量是海尔的生命。这是令人震撼的故事，从此，海尔的全体员工牢固树立了质量意识。

每周陪我们的销售人员去见客户，实际上就是用我们的行为给员工讲故事，这样的故事形象且零距离，非常有感染力。

▶ 思考题

你该如何讲述属于你的领导力故事的？

---

① 客户找我重新成立公司，但是我发现客户当前的公司除了重复缴税外没有其他问题，不需要重新注册，只需要与税务局沟通，允许差额抵扣，即可合法减少税负。因此这单生意我没有接。

案例十三 | 风景线线下销售团队的打造（下）

在上一个案例中，我们介绍了风景线成立的过程以及目前取得的成果。其实在成立的初期，风景线遇到过很多问题。

>> 风景线的前半年

代理记账行业中的阿米巴最好是分阶段循序渐进地推进。我们之所以这样建议，是因为在风景线成立之初，我们犯了错误。

当初，我们"一步到位"地为3个阿米巴直接成立了子公司，并且销售阿米巴从一开始就与后端服务团队结算服务费，办公室租金、水电费分摊等一个不落，看上去非常科学。但事实证明，我们的步子迈得太大了。在风景线成立之初的半年里，我们做得最多的事情就是开会，讨论团队之间该怎么结算、分红该怎么计算、前期母公司该投入多少、后期阿米巴长该怎么偿还这个投入……如此，风景线在前半年一直处于亏损状态，业绩增长缓慢。而作为第一批阿米巴长，每个人都往自己的团队注资了20万元，所有人都希望尽早收回投资，公司的这种状态不可避免地造成了一种从上至下的焦虑。在第一个半年，其中一位阿米巴长提出了退股并且离开了公司，一位储备阿米巴长也因为业绩不佳而离开了，我们最初的阿米巴团队只剩下了2个。

>> 阿米巴模式的关键点

虽然最终风景线的阿米巴模式获得了成功，但是回头看前半年的困境，我们的起步其实是有问题的。通过这些问题，我们总结出了阿米巴模式的三个关键点：

1. 数字化结算

虽然我们在内部结算方式上走过不少弯路，但是依靠摩羲云系统的前身——布政使系统，不管多么复杂的结算，我们都可以做到数据准确，这在一定程度上稳定了各位阿米巴长的心态。如果依靠人工来结算,结果则会更加糟糕。

2. 选拔业务能力强的阿米巴长

在选择风景线最初的阿米巴长时,我们在很大程度上是以 2016 年底"冬季战役"的情况为参考的。我们相信,如果一个人连带领团队完成业绩指标这件事都做不到,那就更不可能带领一个独立核算的团队做出利润了。多亏了这个选拔标准,虽然风景线前期的业绩并不理想,但大部分阿米巴长相信自己有能力带领团队突破,这才带来了后期的成功。

3. 循序渐进的实施步骤

阿米巴 1.0:团队负责人按照团队的业绩制定绩效考核标准。这个时期不需要强调成本问题,但是要给团队负责人一个基本理念:你只能根据你的团队的业绩完成情况拿奖金。

阿米巴 2.0:团队负责人按照自己部门的毛利(收入－员工成本)领取奖金。这个阶段通过核算员工成本给团队负责人建立一个基本的成本概念,团队负责人也可以通过优化团队结构来提高人效,从而提高自己的收入。但是团队负责人无法控制的行政成本暂时不进行核算,也没有必要进行内部结算。

阿米巴 3.0:这个阶段就是和风景线一样的独立核算阶段,与服务部门进行内部结算,同时将行政费用分摊到每个阿米巴团队。从核算角度来说,阿米巴就是一家小公司,每个阿米巴长真正地为自己的净利润负责。

>> 营销赋能

目前,风景线已经拥有 6 个一级阿米巴,部分一级阿米巴还孵化出总计 7 个二级阿米巴,这个模式已经蓬勃发展了超过 4 年时间,仍然保持着相当的活力。除了最初的半年,我们的主要精力放在各种核算体系的规则搭建上外,大部分时间,我们为风景线做的是营销赋能。

我们帮助风景线开拓了各种营销方式,这些营销方式分为直客和渠道两种。

1. 直客

(1)流量平台:从最初的快法务、公司宝、企业去哪儿等平台,到现在的各种精准获客平台,我们一直在寻找更好的流量合作方式。

(2)电话营销:从人工到机器人与人工结合,从工商名单到更有针对性的特殊业务名单,我们一直在优化电话营销的方法。

(3)微信营销:从一开始的各自为政,到公司统一制作内容并有详细的微信营销管理办法,我们一直在提升微信营销的品质。

2.渠道

(1)异业渠道:与孵化器、商协会、律师事务所、银行等渠道合作,打造渠道结合会议营销的营销方式。

(2)同业渠道:利用摩羲云在行业中的影响力,与代理记账同行进行财税专项服务的业务合作。

现在,我们又在尝试为风景线进行更多的线上广告投放,帮助各个阿米巴团队尤其是新的阿米巴团队快速积累种子客户,尽早让业务步上正轨。

所有这些工作都基于一个原因:我们的销售阿米巴长非常优秀,也非常努力,我们只有在销售上更加努力、更加优秀,给予他们更多营销赋能,才有资格分享他们创造的利润。

>> 案例总结

第一,阿米巴模式非常适合依靠人来提供服务的业务模式,因此很适合代理记账公司。

第二,阿米巴模式的实施有三个关键点:数字化结算、选拔业务能力强的阿米巴长、循序渐进的实施步骤。

第三,稳定的阿米巴模式需要公司给阿米巴团队持续赋能,尤其是营销方面的赋能。

第五十三讲 ｜ 心理契约：什么是心理契约

> 管理好下属最有效的方法是什么？

我读过无数管理学书，听过无数管理学课。迄今为止，我认为最有效的管理下属的方式是心理契约。

>> 心理契约的含义

心理契约是由心理学学者和管理学学者共同提出的，是员工以自己与组织的关系为前提，以承诺和感知为基础，自己和组织之间形成责任和义务的各种信念。

你与员工签署的劳动合同是显性契约，你与员工约定目标完成后的绩效奖金也是显性契约。但这些显性契约并不能使员工真的让你满意。当员工加入你的公司，成为你的下属后，对于公司能给员工什么、员工需要付出什么，每个人都有一个预期，并基于预期进行盘算，这种盘算是在每个人的心里进行的，这种心理交换的协议就是心理契约。心理契约是一种隐性契约。

心理契约的特性：（1）不确定性和动态性。不同的人有不同的诉求，同一个人在不同的时间也会有不同的诉求，所以需要你与下属保持长期沟通以达成心理契约。（2）双向性。这不是管理下属，而是双方达成一致，你了解下属真正要什么，下属也认同你。这与领导力是一致的。领导力不是让你去单向地管理员工，而是解决员工的难题。领导力的前提是了解员工，了解员工的最好方式就是与员工建立心理契约。

>> 要建立心理契约的原因

第一，如果你不了解员工的真实需求，你就没有办法实现你的管理目标。

我们有一位销售冠军是女性，她的业绩一直非常好，销售负责人欲晋升她为销售主管，但出乎预料的是，她并不愿意。销售负责人很生气："我晋升你是为你好，你还不乐意，是对我有意见吗？"我们与她深入沟通后才知道，她有一个孩子，而且刚买了房子，每个月要还1.5万元房贷，她现在只想努力做好销售，拿更多的销售提成和奖金；她很享受"销售冠军"的成就感；虽然她自己业绩做得很好，但是她不知道如何带别人做。了解了她的真实需求后，我们给她安排了一位助理，帮她处理她忙不过来的那些行政事务性工作。很多时候，员工离职并不是因为薪酬，而是因为误会或者不开心，这显然是没有建立心理契约导致的。所以，我们现在要求我们的每个主管必须了解其直接下属的真实需求，这是建立心理契约的第一步。

第二，要完成工作目标却没有与员工达成心理契约，一味单向地发布命令，效果不会太好，应该让每个人都明白其存在的意义。

你希望会计主管把流失率控制在7%以内，于是你对她说："小张，你的这个组，下个月的流失率必须控制在7%以内。"小张的感觉是"你在催长工交租"，完成你的任务是单向的、被迫的，毫无成就感。长此以往，她会形成不好的心态：老板怎么说，我就怎么做呗。我来换一种说法："小张，你们代理记账部是我们公司最重要的部门，但是我们现在流失率偏高，如果长期这样，我们花了很多钱争取来的客户数量还赶不上流失的客户数量，那我们公司就完了。如果你们能把流失率控制住，我们销售再加把力，公司就会进入不断变大的良性循环。这样你的团队也会变大，你的收入也能增加。你的工作对公司至关重要，希望你能给我一个降低流失率的方案。"小张感受到了自己的重要性，就有了使命感和责任感，在这样的前提下，她一定会心甘情愿地完成目标。

第三，除了工作目标，员工生活上和情感上的诉求也是领导必须关注的。

在代理记账行业中有很多女性从业人员，她们的感情丰富而细腻，容易感受到压力，这时，我会对她说："把压力说给我听，不要一个人扛着，我来帮你解决。"这也是一种心理契约。心理契约让我们与员工之间相互了解，达成一致，这是管理好的前提。

▶ **思考题**

你在工作中使用过心理契约吗？

第五十四讲 | 心理契约：心理契约表

> 领导该关心下属的哪些方面？

>> 心理契约的组成

一般来说，心理契约由三个部分组成（如图5-1所示）。

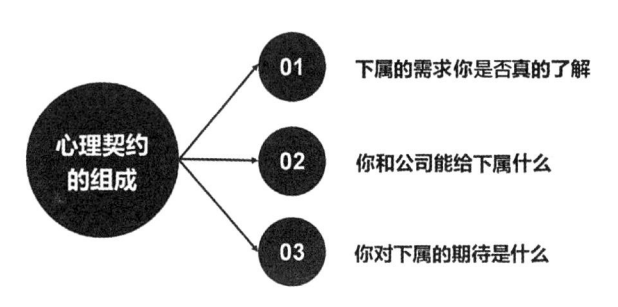

图5-1 心理契约的组成

1. 下属的需求你是否真的了解

如果你的战略正确，做事情的方法也正确，那么剩下的问题就是如何把正确的事情执行对。这里容易忽视的一个问题就是：主管对下属并不真正了解。

管理大师彼得·德鲁克说：管理的本质就是激发和释放人的潜能和善意。你不了解员工，就很难激发员工的潜能，甚至你都不知道他的潜能是什么、有多大。这也是为什么要有"管理半径"这个说法——每个管理者最多直接管理12个人，也就是说，最多12个人直接向你汇报。其中一个重要的原因就是，你必须花时间和精力去了解你的直接下属。

我有一个习惯，就是经常晚上或周末在办公室开会讨论问题。这一点，摩羲科技现在的产品和技术负责人Sindy虽然认同，但是有一个隐性的问题，就是她希望能花时间辅导孩子功课。知道这件事后，我与她达成了一致：我出差的时候（我经常出差），她晚上和周末全心辅导孩子；我在公司的时候，她全力配合我的工作时间。我们就这样达成了心理契约。

了解员工的真实需求是管理的基本功，每一个管理者都要做好这项工作。很多管理者习惯了高高在上，根本不关心下属，这样的企业文化是不可能造就好的管理团队的。

2. 你和公司能给下属什么

你要赋能下属：（1）帮助下属解决工作上的困难，给予指导，这是第一位的，体现领导力。（2）协助下属完成内部沟通。除了外部问题，很多跨部门的问题只有领导才能协调。（3）除了工作，下属生活上的问题你能帮忙吗？或者能与其达成心理契约吗？你可以动用公司的资源帮助你的下属。比如：下属的家人生病了，公司可以出面解决住院问题；下属要贷款买房，需要公司盖章，你可以去人力资源部做协调；等等。

3. 你对下属的期待是什么

作为上级，在建立信任的基础上，你必须明确地让下属知道你对他的期待。

（1）业绩目标。这是最基础的期待。对于你给的目标，他是什么态度，是积极的、有信心的，还是勉勉强强答应下来的？对于完成目标有计划吗？如果有困难，具体是哪些困难？下属的态度对你制定团队目标很重要，对他本人的职业生涯也很重要。

（2）成长。你的下属对晋升有诉求吗？是怎样的诉求？他完成今年的目标后能晋升吗？他对学习和培训有诉求吗？这些你都得事先与公司沟通。你有意培养他，应该让他知道，这样他才会更有动力，也更有利于与你工作上的一致。

》 心理契约的三类信息

我们设计了如表5-2所示的心理契约表，帮助主管与下属建立心理契约。

表 5-2 心理契约表

团队长		心理契约三类信息			心理契约是否有效		
序号	团队成员	A. 工作的诉求	B. 公司可以给予他的	C. 他需要做到的	团队长是否明确A的内容	A和B是否匹配	对于B和C,成员是否清晰地知道
1							
2							

表 5-2 中心理契约的三类信息就是前述心理契约的三个组成部分。

>> 心理契约是否有效

第一,主管是否明确第一项内容,这相当于签字画押,确认你真的了解你的下属。

第二,下属的诉求与你和公司能给予的是否匹配？如果不匹配,怎么办？

第三,对于公司能给下属的资源和支持,以及你对下属的期待,下属真的知道吗？

>> 心理契约表的意义

使用心理契约表的意义主要有以下三点：(1) 让每个主管认真填写,只有落实到动作,才能在全公司形成机制;(2) 每半年(时间太短,流于形式;时间太长,可能出现大的变化)填写一次,形成公司管理的固定动作;(3) 把心理契约这个复杂概念简单化,方便执行和培训。

▶ 思考题

你会使用心理契约表吗？

第五十五讲 | 心理契约：如何与下属沟通

> 如何与下属有效沟通？

与下属有效沟通是建立心理契约的基础。那么，如何才能做到有效沟通呢？

>> 有效沟通三要素

1. 心态

沟通强调双向，也就是说，我们必须具有同理心，要站在对方的角度思考问题。然而上级与下属的沟通很容易变成单向的命令。我经常对我的管理层说："如果管理者只需要把任务分解并下达给自己的下属，那要你们有什么价值呢？"

2. 目标

作为主管，我们在与下属沟通前必须做好充分的准备，有明确的沟通目标。比如：要完成公司的任务，就要对任务进行合理的分解，再与下属就分解后的目标达成一致，然后思考完成这个目标有哪些困难，如何帮助下属克服这些困难。

3. 反馈

在你与下属沟通后，他在行动上有反馈吗？如果没有反馈，那就是一次失败的沟通。

为了让对方有反馈，我们需要主动提问。比如：一位表现不错的员工提出离职。如果是表面沟通，他可能会随便给你一个离职的理由；但如果你需要正确的反馈，你就得主动关心他离职的原因。"我不想做这种重复的操作性的工作，没有挑战性，也没有乐趣。""那你希望做什么样的工作呢？""我要做规划类的工作，我未来的目标是到大公司做管理。"碰到这样一位潜力不错但不愿意从基层干起的员工，你该怎么办？我这样提问："如果让你做公司的总经理，你觉得需要哪些能力呢？"他列举了乔布斯的产品能力、董明珠的销售能力、任正非的管理能力等,说到一半他其实就已经意识到了,他还有很大的差距。我继续问:"你在我们公司可以学到哪些呢?""如何制定战略,如何将战略执行落地……我还不知道……"通过这样的提问,让他自己找到问题的答案,比说服效果好。

>> 艰难的沟通

有三种情况是比较艰难但我们必须面对的沟通。

1. 下属提升职、加薪

碰到这样的问题,我是这样应对的:

(1) 保持良好的心态。关注自己的薪酬和职位的员工反而好管理,因为他有诉求。那些没有诉求的员工才是真正的麻烦。

(2) 看他的能力是否处于较高水平。如果他的能力确实不错,与市场上同等能力的人相比,确实是我们给的薪酬低了,那么可以调整薪酬,但得先设置一个绩效,达到了就加薪。这主要是针对非业务部门,业务部门本就是底薪+提成的薪酬机制,所以不存在这个问题。

对非业务部门的业绩确实需要一个正确的评价。现在,对直接向我汇报的人,我每个月都打分。1.0分是正常的,很满意的我会给1.1分,惊喜的我会给1.2分,不满意的我会给0.9分,失望的我会给0.8分。这个分数与薪酬挂钩。这个过程让我认真思考他的工作,也让他从我这里得到反馈。

(3) 理由。我非常关注加薪的理由。比如:一位员工对我说:"我除了本职工作外,还做一份工作,应该加薪。"这样的理由大多会被我驳回,因为招聘时是按照员工的能力安排的工作和待遇,员工的相应时间和精力本就应该用来服务公司,若这般斤斤计较,这样的员工我宁愿不要。但如果他说:"领导,你能否给我定个绩效,如果我完成,就发奖金。"这样的要求我就觉得可以接受。

2. 下属提离职

关于优秀的下属提出离职的问题,我分三步处理:

(1) 弄清离职的全部原因。下属所说的离职理由不一定是真实的,弄清楚真实的理由很重要。这里其实也是考验我与员工之间的心理契约做得好不好。如果彼此之间平时就达成了良好的心理契约,这样的事也就不会发生了。

(2) 抓住离职的主要原因。下属离职的原因无非是钱少了、发展不好、受委屈了。如果是钱少了,前面已经讲过解决方案;如果是发展问题,则看他是否有往更高一层发展的潜力,但对于小公司来说,更多的可能是公司自身的发展速度太慢了;如果是受委屈了,那就要弄明白前因后果并妥善处理。

(3) 提出解决方案。知道哪一个是下属离职的主要原因后,大多数人能提出合理的解决方案。曾经有一位跟了我很多年的主管向我提出离职,我是这样跟他说的:"你现在去外面找一份工作差不多1万元/月,我现在给你的是1.2万元/月,其中的2 000元其实是信任溢价。对我而言,自己信任的人,减少很多信任成本,我愿意多支付2 000元;对你而言,你到一家新公司,建立信任至少得一年。"我坦诚地和他算了笔账,最终把他留了下来。

3. 劝退表现不好的下属

(1) 心态上:让不合适的人离开,对公司和他自己都是好事。

(2) 行动上:劝退不要发生在最后一刻,要让对方有心理准备,他之前做得不好的时候要及时指出。

(3) 沟通上:虽然他的业绩公司不能接受,但感情上要关心他——无情的规则,有情地处理。

▶ **思考题**

在下属提出加薪、离职,或者你劝退下属的时候,你有好的经验吗?

第五十六讲｜心理契约：心理契约的落地与实施

> 如何落实心理契约？

>> 管理层封闭学习

全部管理层一天封闭学习的内容如下：(1)讲清楚什么是心理契约。(2)讲清楚实施心理契约的意义。(3)填写心理契约表。在这个过程中，管理者会发现自己原来对下属不够了解。得出这个结论，培训就成功了一半。(4)现场与你的直接下属(管理者)沟通，以起到示范作用。(5)沟通培训，即第五十五讲的内容。

>> 机制化执行

一次学习是不够的，我们要形成机制，每半年做一次心理契约更新：(1)每半年重新填写一次心理契约表，充分了解你的下属。(2)安排时间进行沟通。表中的下属需求是完整的吗？你和公司应如何满足下属的诉求？下属知道你和公司对他的期待吗？这些问题要一一得到解决。(3)人力资源部负责检查。

>> 固化在摩羲云系统中

图 5-2 是一张绩效-情绪矩阵图，我们要求管理层每两个月对下属的情绪和业绩打一次分。情绪维度打分标准：8～10 分为充满热情，5～7 分为积极，1～4 分为正向，-3～0 分为吐槽，-7～-4 分为抱怨，-10～-8 分为委屈。绩效维度打分标准：8～10 分为惊喜，5～7 分为优秀，1～4 分为及格，-3～0 分为较差，-7～-4 分为很差，-10～-8 分为失望。这些分数确定后，所有员工就会进入这个坐标中，对于不同象限的员工应该采取不同的管理行为。每个管理者能看到自己下属的情况，老板能看到所有员工的情况。

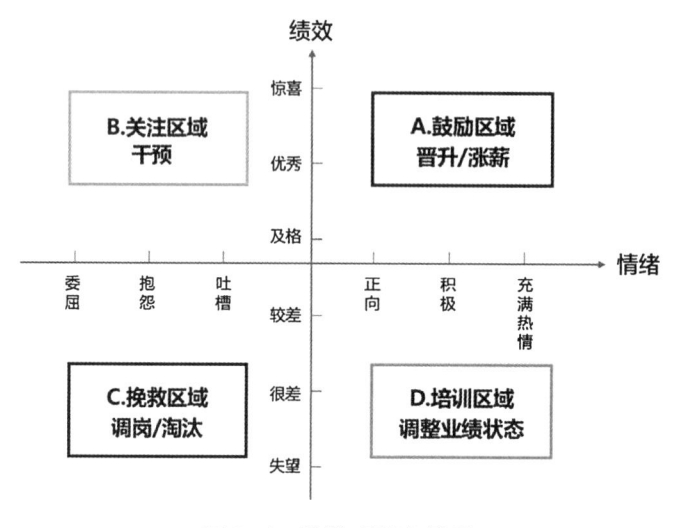

图 5-2 绩效-情绪矩阵图

A象限：业绩好，情绪也好，这是鼓励区域，这些员工对公司而言无比珍贵。统计一下在所有员工中有多大比例的员工在这个区域，如果很少，就说明公司的状态不佳。"状态"很重要，因为情绪不对的时候，怎么讲道理都是没有用的。

B象限：业绩好，但是情绪负面，这是尤其需要关注的，因为这时最容易出现优秀下属突然提出离职的情况。

C象限：业绩不好，情绪也不好，这是最糟糕的一个区域，对公司的负面影响非常大。如果是员工的问题，就必须立即处理；如果是管理层的问题，就要重点问责；如果是公司的问题，老板就必须想办法调整。我指导过的一个加盟商的团队氛围就曾经在这个象限，业务人员和财务人员都飞单，改变非常难。我让该加盟商重新租个办公室，新的业务带到新的办公室去，重新拉起一支队伍，稳定后把客户逐步转移过去，经过一年多才把团队的氛围调整过来。

D象限：情绪好，但是业绩不好，那就加强培训。

▶ 思考题

你是如何评价你的下属的？

案例十四 ｜ 创业护航彭秋粟的领导力

本案例，我们将通过创业护航"百城连锁"总经理彭秋粟的自述来看领导力是如何形成的。

》 企盈时期

2015年3月，机缘巧合，我接触了企盈。当时，企盈的代理记账客户数不到2 000位，员工不到80人。在我的认知里，代理记账公司大部分规模较小，在那个时候能够把一家代理记账公司做到这个规模已经很不容易了，因此我决定加入企盈。

我在企盈的第一个岗位是负责线下获客渠道的开发。这是一个非常有挑战性的岗位，因为当时企盈的获客方式主要是借助百度、360等线上推广渠道。初期的开发工作令人痛苦，渠道的转化一直不理想。我当时就和我的老板何明涛老师讨论，怎样才能让渠道愿意推荐客户给我们。何老师建议我尝试给渠道的客户讲课。

从2015年下半年开始，"企盈公开课"正式在我接触的各个渠道亮相了。一开始，何老师亲自帮我去给渠道的客户授课。当时的渠道质量参差不齐，课堂上有的时候座无虚席，有的时候却听者寥寥。我记得有一次课只来了三位创业者，我当时特别担心何老师会责怪我，没想到他对我说："没关系，我们现在是在打品牌，如果我们认真上好这堂课，渠道一定会觉得我们靠谱。"当时我们还没有像现在这样系统地总结"领导力"的概念，可我感觉，何老师就是一位身先士卒地为前线员工提供支持的老板，践行着"跟我来"的含义。在这样一位老板的带领下，我更加敢于向上管理。这样的想法为我之后的发展打下了基础。

经过一段时间的摸索，我们慢慢总结出了"渠道 + 会议营销"的获客方式，线下业务也逐渐有了起色。在2015年底，我有了自己在企盈的第一个团队——线下业务一部。之后在线下业务一部的基础上，企盈又复制了三个线下业务团队。

对于线下业务一部的管理，我秉承了三个"始终坚持"：（1）始终坚持自己在一线开发,为业务人员提供"子弹",为渠道专员提供方法;(2)始终坚持精兵政策,快速淘汰,资源向好的业务人员集中,提高人效;(3)始终坚持客户第一,了解并解决客户的真正诉求。这样的工作方式正好契合了我们对"领导力"的描述,带来了不错的结果——线下业务一部始终是企盈客户质量最高、利润率最高的团队。在2016年底的"冬季战役"中,线下业务一部(包括我在内的5个人的团队)接下了与其他十多人编制的团队同样的目标,并且顺利完成,这也是我在企盈的高光时刻。即便如此,在企盈的时期,我更多地把自己定位成一位部门管理人员,更多关注的是完成公司交给我的任务。如果用一个关键词来描述这个时期的我,那就是"执行"。

>> 风景线时期

2017年10月,风景线成立,4个线下业务部门成为首批阿米巴试点团队。出于对行业的看好和对何老师的信任,我毫不犹豫地加入了这个计划。在风景线的这段时间,我的领导力发生了质变。

在风景线成立的前半年,由于步子迈得过大,因此阿米巴的实施遇到了很多困难。作为一个阿米巴长,我承担了整个团队的成本压力,需要更多考虑的是当眼前利益和长期收益产生冲突时,该如何选择。当时的我可能是长期受何老师的熏陶,毫不犹豫地选择了长期收益。举两个例子:第一,何老师有一次面试了一位大客户经理,这位经理的商会资源非常丰富,但无责任底薪要求8 000元,是普通销售人员底薪的两倍,我毫不犹豫地接受了,并且之后还招聘了类似的大客户经理;第二,何老师觉得与外地同行合作园区业务虽好,但初期开发成本很高,收益却滞后,我毫不犹豫地跟着他出差做宣讲,与各地的同行洽谈合作。

风景线的阿米巴犹如一家家小公司,作为一家小公司的负责人,我真正开始思考并理解集团的战略。在理解战略的基础上,我再次身体力行地为我的团队做好开路先锋的工作。注重长期收益带来的结果是,在前半年,我没有从我的阿米巴拿到一分钱的分红,但直到现在,我留在风景线的团队依然是整个风景线中长期收益最高的团队。如果用一个关键词来描述这个时期的我,那就是"选择"。

>> 创业护航时期

2019年底,何老师和我讨论了创业护航的计划,并且希望我从风景线退出,全身心地负责创业护航。当时正是我的阿米巴发展最迅速的时候，不管是出于情感因素还是利益因素，我都有些舍不得。但最后我还是选择了相信，把我的团队留给了新的合伙人，独自一人来到创业护航，开始了新的事业。

在创业护航，何老师对我提出了更高的要求。面对这样一个目标远大的平台，以往的知识和经验完全不够用，我必须学习更多知识。

在创业护航，我更频繁地面对管理上的难题，主要集中在以下三个方面：(1)向下管理——强调"跟我来"的领导力口诀。直到现在，我依然坚持深入一线，为团队开发客户资源、服务重点客户、试点新的工作流程。(2)平行管理——与集团内的各个平行部门沟通，深入了解对方的需求。(3)向上管理——在创新业务上和何老师积极讨论，在常规业务上充分利用何老师的资源，安排好何老师的工作。这三个方面正体现了"领导力"的概念。

在创业护航的两年多时间，我真正开始以创业者的身份思考问题，这也是我的领导力提升最为迅速的阶段。对领导力频繁地思考和执行，带给我一个非常优秀的团队，以及集团内各个单位的支持，让创业护航的业务逐步走上了正轨。如果用一个关键词来描述这个时期的我，那就是"思考"。

》 总结

我曾经问何老师，为什么当初会选择我。何老师的答案是："第一，你在对待员工和客户时始终会从他们的角度去思考，同时你对我有着极大的信任，这种善良是做好工作的基础。第二，你的逻辑思维能力让你可以比别人更容易看到事情的本质，同时你有比较强的执行力。一个既善良，又有能力，还相信我的人，我为什么不给他机会呢？"到现在，这个答案依然是我选拔人才的标准。

我对自己的要求：(1)我是否身体力行并表现优秀，让我的下属相信我的能力？(2)我是否用心培养我的下属，让他们感受到我善意的关怀和信任？(3)我是否客观评价我的下属的能力，把他们放在最适合的岗位上？这些要求也送给各位代理记账公司的老板，希望你能时时思考、做对选择、好好执行，有一天你也能从你的下属中找到你未来的合伙人。

第五十七讲 | 与战略匹配的绩效

> 如何设定绩效体系?

>> **什么是绩效**

在人力资源的六大模块中,绩效管理是一个独立的模块。绩效管理被认为是最难的管理难题。

"绩效"包括"绩"和"效"。"绩"是指业绩,"效"是指效益。绩效管理就是通过管理人的行为来达成公司的目标。

围绕公司目标,绩效管理分为四个步骤(如图5-3所示)。

1. 绩效计划

这是指根据公司的战略目标进行绩效规划。

2. 绩效辅导

这是绩效计划执行的过程。管理者了解下属的日常工作、召开绩效会议等都是日常的绩效辅导。比如:我们的业务周会通过数据找问题,并协助员工解决问题。

图5-3 绩效管理的步骤

3. 绩效考核

这是绩效管理的核心,是对行为和结果做出科学评价后给予员工激励或处罚。

4. 结果使用

绩效管理的结果有以下四个用途:(1)督促达成目标;(2)发现问题,及时解决；(3)利益分配，作为薪酬的重要组成部分；(4)促进成长。换句话说，公司的战略确定后，需要用绩效来保障正确地执行战略。

要管理好员工，就要做到三点：一是让员工愿意干，二是让员工有能力干，三是让员工值得干。让员工愿意干，这是指企业文化，有好的氛围，每个员工在公司都有存在的价值感和意义感；让员工有能力，这是指招聘和培训，找到好的人还得有培训；让员工值得干，这是指配套的薪酬福利，即绩效管理。

》 与战略匹配的绩效体系

先确定战略目标和年度目标，这是董事会（股东会）的职责；再执行这个战略目标，这是总经理的职责。很多时候，我们自己既是老板，又是总经理，常常忘记了做规划，想到哪里是哪里，这是不成熟的表现。我们到底要什么？把这件事想清楚，问题就已经解决了1/3。

绩效体系其实是执行战略目标的手段，所有管理手段都要与战略目标相匹配。

如果你的公司现金流紧张，你就要去找原因——很可能是会计续费不好，要么是续费率低，要么是续费周期短（如每次续费3个月），那就要针对续费和回款做好绩效管理。

如果你的公司要扩大规模，那么，是增加营收，还是增加客户数？要增加营收，就要努力做高客单价的业务，如注销、办理资质许可证等，这时的绩效应该以有效收入为考核依据；要增加客户数，就要以市场占有率为目标，把基础业务做大，这时的绩效应该是刺激员工去签更多的客户注册和代理记账。

如果你的公司要提升转介绍率，你的绩效就要刺激会计人员做转介绍，从而舍弃部分人效。

不同的战略目标有不同的绩效导向，自然就有不同的绩效体系。下面，我按照销售部门、会计部门和职能部门来分别讲述代理记账公司典型部门的绩效策略。

》 销售部门的绩效

销售部门应该非常狼性，以销售结果为导向，薪酬体系可以简单粗暴——底薪＋提成，销售人员的主要收入来源应该是提成。

销售的目标要与公司战略目标匹配。比如：要增加利润，就要重点考核收款和利润率；要扩大规模，就要考核获客数；等等。

>> 会计部门的绩效

做账会计应该采用计件工资——底薪+计件提成。计件要保证质量，如果有质量问题，就要有处罚。

沟通会计的目标是客户满意度，我们可以用转介绍来衡量。

总体上讲，会计部门的绩效体现为人效和百元转化率，人效保证每位员工的效率，百元转化率保证每位客户的转化效率。

>> 职能部门的绩效

能量化的部分量化，如招聘专员可以用业务逻辑来考核；不能量化或者量化成本很高的，可以用打分的方式，那也是一种评价和反馈机制。

▶ **思考题**

你的公司的上述三个部门的绩效与公司战略的匹配度如何？

第五十八讲 | 代理记账公司绩效三原则

> 代理记账公司设定绩效的原则有哪些?

每家公司每年的战略目标都不同,只有掌握了制定绩效的基本原则,才能真正掌握绩效管理方法,灵活制定公司的绩效体系。

》 原则一:增量原则

1. 什么是增量原则

增量是相对于存量而言的,是与现在相比,可以增长多少。我们在制定绩效的时候,是看这个部门或者个人的增量,对增量部分给予奖励。

2. 为什么要坚持增量原则

第一,因为大多数代理记账公司缺乏历史数据,很难对未来做出准确预测,所以基于上一年的业绩情况,提出增量目标比较务实。

第二,只有增量考核才能促进增长。

我们的一位加盟商,之前对会计部主管这样考核:会计部主管取得部门核算利润的10%。该加盟商共有500位客户,会计部一年的利润大约为50万元,会计部主管可分得5万元左右。但是,会计部的各项指标一直很普通,每年增加得很少。我让她改个规则:从下一年开始,会计部一年的利润中,50万元的部分没有奖金,超过50万元的部分会计主管拿走一半。第二年,会计部的业绩明显好转,年底完成了70万元的利润,会计主管分走了10万元。公司的利润多了,会计主管也多赚钱了,团队更有热情了。

如果按存量考核绩效,在原来50万元利润的基础上,努力增加20%才达到60万元,该会计部主管的奖金只多1万元。可是现在,绩效按增量考核,而且增量部分可分得50％,该会计部主管立马做了很多工作:带头加班做账、报税,不仅不增加人手,而且把最差的会计人员劝退了;带领下属认真与客户沟通,增加转介绍。这样,一年下来,利润增加了40％,简直不可思议!

第三,增量考核的方式简单、公允。增量考核是以上一年的数据为基础的,人员、收入、成本费用都很清楚,能获得员工的普遍认同。获得增量的方式也容易理解——控制成本、增加收入,如优化现有人员、提升人效、增加转介绍等。

3. 如何实施增量原则

第一,以数据为基础,统计一定要科学、准确。

第二,不能完全以利润为导向。比如:为了追求利润,会计主管可能不愿意储备专业能力强的会计(如具备中级职称的会计),因为招聘这样的员工成本高而带来的收入增加不明显。但长此以往,公司很难承接高端业务,做账质量也一直处于较低水平。所以,增量考核需要打补丁,如中级会计师一半的基本工资不计算在成本中。

第三,每年的目标可以不同。比如:利润率提升后,第二年可以考核转介绍;如果续费率有问题,那就应该专注于流失率控制;等等。这就是与公司战略相匹配的绩效。简而言之,就是老板想清楚要什么,就考核什么。

第四,与主管充分沟通,对目标达成一致。如果要更换考核目标,对于为什么要更换、对公司有怎样的意义等就一定要获得双方的认可。

代理记账公司特别需要遵循增量原则。在增量中打造一支增长型的团队,这是公司最大的收获。

>> 原则二:比拼原则

增量原则是与自己比,比拼原则是与别人比。

1. 为什么要比拼

第一,公平。在同一家公司里,同样的老板、办公环境和客户,为什么结果不同?大家容易在比拼中找到问题的原因和自己的不足。

第二,氛围。公平的环境使人服气,在这个基础上的绩效考核能够促使大家你追我赶,形成良好的竞争氛围,建立狼性的团队。

2. 如何实施比拼

第一,比拼是一种游戏,让大家像玩游戏一样做好工作,这符合年轻人的性格。

所以,不仅要制定好游戏规则,而且要有仪式感。图5-4是我们组织的一次比拼的海报。

第二,比拼的方式可以是团队与团队比,可以是个人与个人比,还可以是公司与团队/个人比。比如:某个新团队有了不错的突破,但还可以更好,我会下注——如果下个月突破某个业绩指标,我发2 000元的红包。老板的鼓励和期待会让整个团队更加努力,也一定会有很大的收获。胜利后,整个团队拿着奖金去吃火锅。这就是我们宣扬的文化:打胜仗是最好的团建。

图5-4　企盈比拼海报

原则三:简单原则

绩效考核是与员工沟通最重要的方式,所以不能太复杂。绩效考核为什么会复杂?因为要得太多。但是,员工弄不明白的绩效考核不可能达到预期的目标。

坚持简单原则,我们的总结如下:

第一,关键指标尽可能少,实际工作中不超过两个。

第二,不是所有指标都需要放入薪酬体系。比如:我们的一位加盟商曾把考勤打分作为绩效工资的一部分。考勤统计费时费力,分数占薪酬的比例却很低,意义不大。我们建议对考勤单独考核,每天下班的时候在群里公布,每月累积迟到3次以上的员工在公司群里发红包。会计质量也是同样的道理,出现质量问题,单独扣款处罚即可。

▶思考题

你的公司的绩效考核符合上述三大原则吗?

第五十九讲 ｜ 阿米巴 1.0～3.0

> 阿米巴真的管用吗？

>> 阿米巴模式为什么适合代理记账公司

第一，代理记账公司关注核心骨干的绩效，阿米巴模式则是把核心骨干变成合伙人的过程。

第二，不要让核心骨干做大池塘里的小鱼，而要让他做小池塘里的大鱼。总公司给核心骨干3％的股份往往起不到很好的激励作用：一是激励不精准，他的工作与公司整体的相关度太小；二是代理记账公司很难完全公开财务收支，公司的股权激励不实。如果让核心骨干在独立的业务单元中成为合伙人，他就会努力奋斗，为业务单元的业绩负责，这是精准的绩效激励。

第三，代理记账行业是业务驱动型的，业务骨干（包括销售骨干和财税专业骨干等）是公司的重要资源，把这些重要资源激活就能让公司更有竞争力。

第四，代理记账的行业特点决定了阿米巴模式可行，特别是线性累积的盈利模式让核心骨干可以和公司一起把客户积累起来，共同享受长期收益。

>> 阿米巴的缺陷与弥补措施

虽然阿米巴有很多好处，但是它也有很多缺陷：

第一，股权激励只能激励人的积极性，不能激励人的能力，所以，只有真正有能力的人才能成为阿米巴的合伙人。

第二，阿米巴不能解决公司的根本问题。公司的根本问题是增长，就需要找到增长的办法，如何获客、如何做好产品等问题如果没有解决，就算把公司100％的股权分出去,也解决不了公司的根本问题。所以,从某种程度上说,股权激励和阿米巴其实反映老板管理上的惰性:如果你能找到增长方法并且把员工管理好,为什么一定要用股权激励的方式呢?老板的责任是对增长战略的制定和验证,这是激励机制的基础。换句话说,没有战略的公司,什么激励方式都没有用。

第三,阿米巴模式使得内部核算复杂,因为需要准确的内部结算,而且前期缺乏数据依据。这样的内部结算不仅费时费力,而且容易出错。这些核算还涉及具体利益,弄不好会让合伙人之间产生误会甚至纠纷。所以,用软件系统来管理公司几乎是必须完成的任务。

实施阿米巴

1. 阿米巴1.0

这一阶段是对独立的业务部门进行绩效考核。比如:会计小组4个人做了300位客户的账,每个月平均续费8万元。现在公司的关键战略是转介绍,于是给这个小组的组长定下目标,如果转介绍达到3万元/月,人均做到7 500元/月,年度额外发奖金2万元,如果做到4万元/月,年度额外发奖金4万元。这就是对关键战略指标的定向考核,而且是针对这个小组的,这就是阿米巴1.0。

2. 阿米巴2.0

这一阶段是按照利润独立核算。比如:一个业务团队,上一年的利润是20万元,这一年的绩效规则是超过25万元的部分团队负责人拿走50%,如果团队完成40万元利润,团队负责人就可以拿走7.5万元奖金。这样的例子在我们的公司经常出现,它可以让创造"奇迹"的业务骨干享受改革的红利,更关键是,这支团队被打造出来,今后会有更大的发展空间,吸引更多优秀的人才加入,因为在拼搏中,他们一定找到了有效的方法。

3. 阿米巴3.0

这一阶段是成立合资公司,使团队负责人成为真正意义上的合伙人。我们公司下属的知识产权团队、人事业务团队、税务师事务所都是这样的合资公司。大家按照公司的规则做事;团队负责人担任这家小公司的总经理,对利润负责;我和他一起作为股东对这家小公司的发展负责。

按照这个顺序,循序渐进,每一个阶段都是对合伙人的考验,它验证了团队负责人有初步的管理团队的能力，确认了能力就可以用股权激励的方式把潜能挖掘出来，这就是阿米巴在管理上的本质：激发人的善意。

》 阿米巴实施的前提

第一，战略清晰，阿米巴是一个绩效机制，是为战略服务的。

第二，已经找到初步的方法论，否则是不可能有好的结果的。

第三，基础的数字化，必须有系统支持，否则结算一定会很混乱。

▶ 思考题

你的公司的哪些部门适合尝试阿米巴模式？

第六十讲 | 不同层级管理者的能力模型

> 管理者需要具备哪些能力？

管理者的能力模型是美国著名管理学者罗伯特·卡茨于1955年在"哈佛商业评论"发表的《高效管理者的三大技能》一文中提出的。他指出：管理者需要概念、沟通、专业三大能力。图5-5形象地列出了这三种能力在不同阶段的重要性。

图5-5 管理者的三大能力

>> 概念能力

概念能力也叫抽象能力，即在繁杂的日常事务中，找到关键点并抽象成概念的能力。越是高层管理者，越需要这个能力。

比如：代理记账公司如何增长？针对这个问题，列出增长公式，就能知道代理记账公司增长的三大关键点——客户数的增长、客单价、会计部的续费与转介绍；进一步分析出执行重点——"市场×转化率"是营销的核心，"产品数×产品单价"是客单价，续费是基础，增购和转介绍是现有客户转化的关键。这就是概念能力。

刘强东认识到物流在电子商务中的关键作用，成就了京东。王兴在电子商务中细分出服务电商，与阿里错位竞争，成就了美团。张一鸣在"人找信息"的相对面发现了"信息找人"的算法逻辑，成就了字节跳动。马化腾在转型时刻认识到了"即时通信+移动互联网"，成就了腾讯。可以肯定地说，所有成功的大公司的总裁一定有超凡的概念能力。

概念能力是管理者对复杂情况进行分析、诊断、抽象和概念化的技能，是一种战略思考及执行的能力，之所以重要，是因为：（1）高级管理者必须看透问题的本质，

225

这就需要将复杂的问题抽象化、概念化，抽丝剥茧，提炼出解决问题的方向，这是战略思考能力；(2) 高级管理者必须提炼出简化的模型，去除次要因素，找到关键点，这是高效执行的基础；(3) 概念能力是一种认知能力，我们不能赚到认知以外的钱。

>> 沟通能力

沟通能力是与人共事，理解别人，激励别人的能力。许多人在技术上是出色的，但在人际关系方面有欠缺。比如：他们不善于倾听，不善于理解别人的需要，不善于处理冲突。由于管理者是借助别人来做事，因此必须具备良好的沟通能力以实现有效的沟通、激励和授权。各层管理者都必须具备良好的沟通能力。

沟通的根本是同理心，是换位思考。只要你时刻想着去解决对方的问题而不是你的问题，大部分沟通就会卓有成效。在我看来，一个心地善良、积极乐观，又善于学习和思考，有能力帮助别人的人，沟通不会太差。

>> 专业能力

专业技能是基础能力。在代理记账公司，要么你有很强的会计专业能力，要么你有很强的销售能力，要么你有很强的管理能力，你才会成为一位管理者。但随着职位的上升，专业能力会逐渐淡化，而概念能力越来越重要。

>> 三大能力的不同层级匹配

第一，越是基层，专业能力越管用，因为专业能力可以解决很多具体问题。

第二，沟通能力永远重要。不能好好沟通，你的下属不愿意跟你，你的同级不会好好配合你，你的上级很难理解你。所以，沟通能力是通用的重要能力，但沟通的风格和方式有很多种，有效沟通的关键是做到让对方认同你。

第三，越是往上层，概念能力就越重要。这个能力是最难修炼的，它的提升至少需要做到高效地学习、有强烈的责任感、谦虚地自我反思、理论与实践结合。

▶ 思考题

这三大能力中，你在哪方面最欠缺？如何提升？

案例十五 | 风景线的阿米巴核算

风景线的阿米巴目前是3.0模式,即每个阿米巴都成立了单独的子公司进行核算,阿米巴长就是子公司的股东,按照公司的净利润分红。但是,阿米巴的收入和成本核算不像传统的公司那么明确。例如:收入需要与后端的操作部门结算,未单独配置的行政、人事、财务部门的成本也需要一套核算机制。因此,在这个案例中,我们将详细介绍风景线的阿米巴是如何进行核算的。

》 销售阿米巴的收入核算

表5-3反映了销售阿米巴的收入核算方式。

表5-3 销售阿米巴的收入核算

项 目	结 算 方 式	结 算 周 期
自签项	财务代理×30%;一次性项目×100%,公司实得税收×100%	收付实现制
结算项	部门之间结算	定期结算
渠道返佣项	各部门等比例承担	支出月在收入总额中扣除

1. 自签项

自签项是指销售阿米巴的人员自己签订的项目。由于财税事业部也实施了阿米巴,因此在财务代理项目上,我们按照风景线财税事业部的成本计算了微薄的操作利润,最后定出了销售部与财税事业部3∶7的结算比例,并且后续续费也按照同比例计算。一次性项目,如企业注册、变更、注销等,因为工商服务部并未实施阿米巴,并且每个项目都有明确的计件成本,所以列入成本项进行核算而不在收入项中提前结算。无须操作的净收入也全部归入销售阿米巴。

对自签项,我们采用收付实现制,也就是收款即结算,退款即扣除。因为销售人员的任务是签单和收款,所以收款到位,任务即完成,哪怕是长期服务,对于销售人员,我们依然采用收付实现制。

2. 结算项

结算项是指由其他部门签订,但客户来源于销售部的订单。比如:最初由销售人员签下的代理记账客户,在后续服务过程中,沟通会计与其签订了一份审计合同。对此,我们的理念是保护客户的第一来源的利益,因此无论后续的合同是谁签订的,都会按照约定的比例结算收入给销售阿米巴。这样,销售人员只要引进了客户,后续的权益就能得到基本保障,销售人员就可以把全部精力放到新客户的开发上。

3. 渠道返佣项

渠道返佣是公司获取客户的总体成本。由于财务代理项目的收入由销售和财税事业部阿米巴按照比例分享,因此渠道返佣也按照相应的比例各自承担。

》 财税事业部的收入核算

财税事业部的收入核算相对复杂,如表5-4所示。

表5-4 财税事业部的收入核算

序号	结算项目	说明
1	财务代理操作收入	权责发生制,财务代理有效收入的70%(包括所有来源的财务代理)
2	自主签单财务代理业务收入	收付实现制,财务代理有效收入的30%
3	自主签单工商项目	收付实现制,有效收入的100%
4	一次性财务项目	收付实现制,业务签单50%,财务签单100%

续 表

序号	结算项目	说明
5	转介绍业务收入	① 一次性工商项目：有效收入的50% ② 财务代理：有效收入的15% ③ 产生的返税收入：50%
6	客户源在业务部门的项目	支付给业务部门，视为业务签单，结算业务利润给业务部门
7	园区返税收入	以实际到账为准
8	商标、人事等项目	收付实现制，以对应部门的结算金额作为有效收入

销售签单的财务项目，财税事业部作为操作部门，与销售部门按照约定的比例分享收入。财税事业部自己开发的签单项目，全部收入归入财税事业部。财税事业部签单的项目，但是客户来源于销售部，按照约定比例与销售部结算。财税事业部转介绍给销售部签单的项目，先按照销售部的结算方式计算销售收入，再由两个部门对半分享。

比如：财税事业部介绍给销售部一单代理记账业务，总金额为3 000元，按照结算比例，销售部签单收入为900元，财税事业部操作收入为2 100元。但由于该项目的第一来源为财税事业部，因此销售部的收入需要再结算一半，即拿出450元给财税事业部。最后，这个项目销售部的总收入为450元，财税事业部的总收入为2 550元（450＋2 100）。

》 成本核算

成本核算的规则如表5-5所示。

第一，各个阿米巴团队内部明确的成本，按实际发生额核算，如团队人员的工资社保、团队各自的推广成本、团队签订的工商项目的操作成本等。

第二，无法明确计算但与团队规模相关的成本，如办公室租金、年会开销等，按照团队人数核算。比如：办公室租金50万元/月，公司总人数为500人，阿米巴团队总计50人，那么这个阿米巴每个月核算5万元工位成本。

表 5-5 成本核算规则

成 本 项	核 算 方 式	核 算 周 期
人力成本	部门内部承担	支出月结算
工商项目成本	对应业务来源部门分摊	项目完成次月结算
职能部门人力成本	各核算单位(各业务队、财税事业部)分摊	支出月结算
工位成本	人员定额结算,部门内部承担	每月结算
办公费成本	人员定额结算,部门内部承担	每月结算
各部门运行费用	部门内部承担	支出月结算
总部其他费用	各核算单位(各业务队、财税事业部)分摊	支出月结算

第三,无法明确计算,也不与团队规模明显相关的成本,各阿米巴平均分摊。比如:风景线的人事、财务、行政人员是为所有阿米巴服务的,并且对每个阿米巴都提供同等服务,那么这三个部门的人员成本由所有阿米巴平均分摊。

按照以上核算方式分别计算出每个团队的收入和成本,我们就可以比较准确地计算出团队的净利润,阿米巴长的分红也就可以比较准确地计算出来了。

最后,我们强调:(1)阿米巴模式的实施需要循序渐进,不建议直接进入 3.0 模式;(2)上述结算方式虽然较为准确,但并不完全精确,需要与阿米巴长充分沟通,在互相理解的基础上才能顺利实施;(3)在制定核算规则时,必须考虑地域、市场等实际因素,提前做出收入预测。我们的目的是让阿米巴长拿到更高的收入,从而激励阿米巴长的积极性,如果内部核算反而影响了阿米巴长的收入,那就与我们的初衷背道而驰了。

第六章

增长突围：低端颠覆

第六十一讲｜创新者的窘境

> 创新为什么这么难？

乔布斯最喜欢的一本书是克里斯坦森的《创新者的窘境》。在混沌学园的课程中，李善友教授的很多观点也源于这本书。如何将这本书的核心观点用于代理记账行业是这一讲的主要内容。

》 大公司创新失败的案例

案例一：诺基亚

"诺基亚"曾经是手机的代名词，1996年至2010年，其手机销量连续14年第一。2007年诺基亚的市值是1 500亿美元，全球市场占有率为40%。然而在2013年，诺基亚以72亿美元卖给了微软。

为什么诺基亚会落到如此田地？在诺基亚如日中天的时候，如果去掉键盘，改用触屏，或者大力推进智能手机，那么：(1) 诺基亚已经建立的价值网络（包括供应商、客户、渠道、资本等）将不能接受；(2) 新产品会对自己最好卖的产品造成冲击，短期的财务报表不能接受，资本市场不能接受；(3) 启用新技术，之前的专家和管理人员得"洗牌"，内部既得利益者不能接受。价值网络和组织心智让成功的企业很难跨越"非连续性"。哪怕自己的研究者已经找到了下一个方向，也被锁进保险箱。而这个技术后来被乔布斯采用，颠覆了诺基亚。

案例二：柯达

柯达创立于1880年，曾经是胶片影像业的巨头，高峰时期有员工10万人，遍及全球超过150个国家和地区。柯达胶卷曾经占全球胶卷市场份额的2/3。1975年，柯达发明了世界上第一台数码相机。但是，跟诺基亚一样，柯达把数码相机的发明锁进了保险箱。2012年，柯达宣布破产保护，130年的商业帝国就此谢幕。

为什么会这样呢？在柯达如日中天的时候，如果启用新发明的数码相机，那么：(1) 柯达已经非常稳固的超过 100 年的价值网络不能接受；(2) 短期财务报表不能接受，资本市场不能容忍主营业务销量的下滑；(3) 胶卷时代由化学专家主导，数码相机时代则将由信息技术专家主导，内部既得利益者不能接受。总结起来，还是价值网络和组织心智问题。

这样两家知名企业的案例说明，在一个长期稳定的行业和企业里，"温水煮青蛙"是常态，即使少数人已经发现了危险，也很难说服大多数人走出去。像诺基亚和柯达这样知名的企业尚且如此，传统的财税服务行业更应警惕。

▶▶ 创新为什么这么难

创新就要突破，要去做前人没有做过的事，那当然是困难的。

第一，创新的风险极大，需要大量的研发、验证、推广等前期投入，一般的小公司负担不了这个成本。

第二，创新需要老板极大的勇气，往往是那些意图改变世界的企业家才具有这样的勇气，而这样的人很少。

第三，大公司的创新会遇到价值网络的路径依赖，要把过去成熟的技术、成熟的合作伙伴、成熟的销售渠道、成熟的产品一一"革命"，实在太难。

▶▶ 会计师事务所的创新者窘境

经过 40 年的发展，我国的会计师事务所一直被认为是会计服务的"正规军"。然而，会计师事务所的处境并不乐观：(1) 会计师事务所的合伙人都是注册会计师，他们以自己的"专业"为骄傲，严谨是他们的底色，所以这样的群体很难创新；(2) 在合伙人制的会计师事务所中，主要是合伙人找客户，市场营销意识不强，大多没有专门的市场营销部门；(3) 会计师事务所的业务以传统的审计业务为主，很少在业务上创新；(4) 会计师事务所的管理比较松散。会计师事务所的行业状态给了代理记账公司机会，让我们可以通过创新去实现增长。

▶ **思考题**

你还能想到哪家大公司创新很难吗？

第六十二讲 | 代理记账行业的低端颠覆之路

> 代理记账行业如何突围?

>> 小公司成功逆袭

在克里斯坦森的《创新者的窘境》中,有这样一个传统行业的案例:小型钢厂是如何打败大型钢厂的。

纽柯钢铁的前身创立于1954年,直到1972年才开始进入钢铁制造业。当时采用的是一项叫作"电弧炉熔解废钢"的技术。相对于大型企业普遍采用的铁矿石炼钢,纽柯钢铁的技术落后,生产规模远小于大型钢铁厂,产品品质也较差。它的唯一优势就是生产成本比大型钢厂低15%。

当时,美国的钢铁市场从低端到高端有4个细分市场,依次是螺纹钢(钢筋)、钢条和钢棒、结构钢、钢板。钢筋市场的规模最小,价格最低,客户要求也最低,被认为是钢铁中的鸡肋市场。钢板市场则是规模与利润都较高的主流市场。

在生产初期,纽柯钢铁通过改进技术,也只能达到最低端的钢筋市场产品品质要求。而且,作为行业新兵,它没有市场。在一穷二白的情况下,纽柯钢铁通过与美国钢铁、伯利恒钢铁建立外包关系,才在市场上勉强立足。在钢筋产品立足后,纽柯钢铁再次改进技术,提升产品品质,进入钢条和钢棒市场。之后,它进一步改进技术,提升品质,进入结构钢市场。1987年,它掌握了薄板坯连铸连轧技术,勉强进入了钢板市场。而在钢板市场,纽柯钢铁又通过长期改进,终于能造出与大型钢厂相同品质的产品,最终战胜传统巨头,站在了美国钢铁行业的巅峰。

大型钢厂为什么愿意外包?因为外包在财务报表上更好看,管理也更轻松。本来500万元的钢筋订单,自己生产的成本是450万元,现在外包给纽柯钢铁,只需支付420万元,大型钢厂不仅利润增加了30万元,而且减少了人员和管理成本。

小型钢厂为什么可以逆袭?因为:(1)小型钢厂具有成本优势,通过成本优势逐步扩大规模,用利润来支持研发,从而能从钢筋做到结构钢,当有足够的实力的时候,连最复杂的钢板也能做;(2)大型钢厂天生傲慢,对小型钢厂"瞧不起,看不上",这给了小型钢厂逆袭的机会;(3)短期的财务回报让大型钢厂愿意外包,让小型钢厂积累了利润、现金流、市场和技术,这是典型的"养虎为患",但僵化的大型企业使得"温水煮青蛙"成为可能。

》 代理记账公司的低端颠覆之路

代理记账行业可以像小型钢厂那样逆袭会计师事务所吗?当然有机会。

300元/月的代理记账服务相当于钢筋,是会计服务中最低端的活儿,会计师事务所是"看不上"的。

代理记账公司在逐步积累大量客户的同时,客户也在长大,其中有的会有财务外包的需求,这时,客单价就提升到了3 000元/月,技术含量高了,相当于开始做钢条了,代理记账公司开始聘请中级会计师来交付这些业务。

一段时间后,代理记账公司可以承接一些财税项目了,如历史账目梳理、股权税务筹划、税务异常处理等。这时,客单价就提升到了3万元左右,相当于做结构钢了,有的代理记账公司开始聘用税务师和注册会计师了。

随着代理记账公司对客户、专业人才、信息化技术和政府部门关系的逐步积累,可以尝试挑战最难的税务咨询了,这时,客单价就提升到30万元。

为了做好高端业务,创业护航专门成立了税务师事务所,连续做了好几项不动产业务,其中一个项目的收入超过了1 000万元,这是大部分会计师事务所难以做到的。现在,我们的税务师事务所成立了不动产事业部,专门处理不动产销售、不良资产、拆迁等税务咨询。税务师事务所还有了专业律师和税务师来承接税务稽查业务。你看,我们可以做钢板了!

以上就是代理记账公司的低端颠覆之路(如图6-1所示)。

我们为什么可以逆袭呢?

第一,在组织心智上,代理记账行业是会计师事务所"瞧不起"的,如300元/月的代理记账业务;很多业务是他们"看不见"的,如企业在税务和工商方面的需求;还

图 6-1　代理记账公司的低端颠覆之路

有的业务是他们"看不懂"的,如不动产税务咨询的高收费项目。代理记账公司更愿意从客户的角度出发,创新和突破。

第二,在人员上,会计师事务所的从业人员主要是注册会计师,他们以自己的专业为骄傲,严谨而保守;代理记账公司在成长过程中逐步打造人才梯队,特别欢迎愿意理解客户需求的市场团队。

第三,会计师事务所基本上为大客户服务,他们的业务非标准化,信息化程度低;而代理记账公司要处理上万位客户的账务,必须充分利用软件,信息化程度高,效率也高。

第四,在管理上,规模较大的代理记账公司比大多数会计师事务所的水平高。会计师事务所的合伙人制度决定了他们是以管人为主的松散模式;而规模较大的代理记账公司已经有比较好的系统化管理,甚至达到了比较好的互联网化管理的水平,更市场化。

所以,除了审计业务不要去竞争外,其余传统会计师事务所的业务,代理记账公司都有可能实现低端颠覆。

▶ **思考题**

你有信心实现低端颠覆,去服务大客户吗?

第六十三讲 | 管理优势：组织心智与规模化

> 如何打破惯性阻力？

能实现低端颠覆，是因为代理记账公司有优势：组织心智和规模化。

>> 什么是组织心智

心智模式是人类思维方式的一种简化，分为个人心智和组织心智。这种简化节省了能量，却阻碍了思维方式的转变。

人每天有超过90%的行为是自动完成的，不需要经过思考，从而节约了能量，但想要改变行为习惯就非常困难了。在电影《肖申克的救赎》中，那个老人虽然从监狱里出来了，但他的心还在监狱中，最后他在监狱外结束了自己的生命，因为他的心智模式无法适应外部世界。每个人都只愿意看到自己的心智模式想让自己看到的东西（如图6-2所示）。

图6-2 心智模式

组织心智是公司的思维模式,它使公司在潜意识中完成各种决策和行动。组织的心智模式会让公司60%的决策行为自动化,在连续性时期,有助于公司内部形成默契、节约资源,但在非连续性时期,会成为组织转型的巨大障碍。诺基亚把触屏和智能手机锁进保险柜,柯达把数码相机锁进保险柜,背后都有强烈的组织心智的"吸附力"。这种力量成为公司跨入新技术时代的巨大障碍。

克里斯坦森在《创新者的窘境》中提出了一个组织心智的 RPV 模型:资源(Resource),所有资源中最重要的是管理人才,突破组织心智的人才非常难得;流程(Process),固化而完美的流程是对组织心智的禁锢,创新的时候突破现有流程非常困难;价值观(Values),员工的优先决策标准,这是组织心智的冰山下不为人见的部分,却是影响组织心智的关键。

》 代理记账公司如何建立进取创新的组织心智

相对于会计师事务所,好的代理记账公司有更好的组织心智:(1)代理记账行业的管理者来自各个专业方向(如营销、管理、互联网等),我们有创新的基因,敢于突破。(2)我们很少受到"专业"的束缚,更能从客户的角度出发,解决客户的问题。虽然我们叫"代理记账"(这是会计法的规定),但是我们可以提供的产品丰富,从低端到高端,满足客户的不同需求。(3)我们能从经验的逻辑出发,用现代科学化的管理方式去经营公司。(4)因为束缚少,所以我们可以大胆假设。从300元/月的代理记账服务开始累积客户,可以向30万元以上的客单价突破,最终成立税务师事务所和会计师事务所,去挑战高端业务,从而实现低端颠覆。

当然,并不是代理记账公司天然具有这些优势。那么,代理记账公司如何才能打造出勇于进取和创新的组织心智呢?

第一,我们要深刻学习和反思,知道那个遮蔽我们的组织心智是什么。

英特尔的存储业务被日本公司打趴下的时候,创始人格鲁夫和摩尔无比焦虑,公司内部有很多方案,如加大技术投入、正面竞争、做特殊存储器等,但是他们打破了这种做"存储器"的遮蔽,决定彻底放弃存储器业务,转做芯片,这个决定成就了后来伟大的英特尔。

对代理记账公司而言,当遇到从客户需求中"长"出来的高端业务时,我们要果断走出"代理记账"的遮蔽,去满足客户的需求,去打造更专业的团队,如成立税务师事务所的不动产事业部。

第二，建立独立的小团队去试验新的产品和业务。让小团队大胆尝试，与传统业务隔离开来，避免组织心智"吸附力"的干扰。

第三，带领核心团队学习最前沿的管理思想、最新的企业案例。学习可以使我们从日常事务中解放出来，呼吸外面的"新鲜空气"，使核心团队处于思维创新的状态，至少不要在团队价值观层面形成抵抗创新的组织心智。

》 规模化优势

规模化是代理记账公司相对于会计师事务所很大的一个优势：（1）代理记账公司的客户数量多，庞大的客户数量让代理记账行业成为企业服务的"入口"，具有资本价值，而会计师事务所没有；（2）代理记账公司的员工人数多，这使得代理记账公司的管理水平更高，人才梯队更健全；（3）规模化使得代理记账公司可以实现部门标准化，使用信息技术来提升效率；（4）规模化使得代理记账公司有很好的现金流；（5）大规模的客户中可以"长"出高端业务，获客成本低；（6）规模化逼迫代理记账公司培养好的市场营销能力，这是大多数会计师事务所的弱项。

▶ 思考题

你有没有感受到公司内部存在的组织心智呢？

第六十四讲｜管理优势：市场营销与信息化

> 如何通过市场营销与会计师事务所建立合作？

代理记账公司相对于会计师事务所还有两大优势：市场营销与信息化。

>> 市场营销优势

国内会计师事务所的主要业务是审计，其在市场营销方面的问题在于：（1）注册会计师及其所在的会计师事务所不得对其能力进行广告宣传以招揽业务；（2）会计师事务所缺乏营销意识和相关人才；（3）会计师事务所普遍缺乏产品意识。

>> 如何与会计师事务所合作

在当前中国，代理记账公司应该与会计师事务所合作。以下是我与一位会计师事务所的负责人讨论会计师事务所的获客问题：

首先，我提出增长公式：营收 = 客户数 × 客单价 × (1 + 复购率)。在与她沟通后，我们确认：（1）审计业务的黏度非常高，几乎全部续费；（2）因为该会计师事务所做的是大客户审计，所以新客户的获取难度大；（3）向老客户卖更多服务是唯一可以快速提升业绩的方法——增加产品是好办法。

然后，我们找到了适合会计师事务所客户的产品：（1）工商服务，特别是变更和注销；（2）知识产权服务，如为高新企业客户申请政府补贴和专利等；（3）税企协调，即客户遇到税务质询和税务稽查后的处理；（4）客户名下不动产的交易环节处理。这4类业务可以交由我的公司执行，我们双方签署合作协议，建立结算机制。

我发现该会计师事务所没有像样的介绍自己的宣传手册，于是，我主动承诺帮其设计。除了审计业务外，我把上述4类业务的介绍也放到宣传手册中。

最后，就是保证执行。我要求该会计师事务所安排一位助理，我的公司安排一位业务负责人具体对接，该会计师事务所内部有了需求，第一时间告知对接人，这样就有了岗位。有了岗位才有机会把事情做好，否则把做好的宣传手册放在一旁守株待兔，难有效果。

这是利用代理记账公司的市场营销优势，先从理论上确认方向，再通过相互了解达成一致，最后建立合作。当然，合作的过程是双向的，代理记账公司的审计业务和一些高端的财务业务可以得到会计师事务所的支持。

>> 信息化

相对于会计师事务所，代理记账公司的信息化优势也很明显：（1）代理记账公司普遍采用智能软件做账、报税，而会计师事务所基本采用手工模式；（2）代理记账公司是在系统中完成对客户、流程、交付的日常管理，客户体验提升了，员工的工作量减少了，但是会计师事务所的信息化管理程度很低；（3）会计师事务所的办公自动化程度较低，而代理记账公司现在普遍在企业微信中实现报销审批、工作汇报等；（4）信息化不仅带来效率，而且带来数字化的思维方式。

>> 代理记账公司与会计师事务所的竞争和合作关系

第一，对标会计师事务所，代理记账公司有很多优势。这些优势首先体现在思维方式上，让代理记账公司有机会实现低端颠覆。代理记账公司要敢于尝试那些原本不敢做的业务，用事实证明自己能做得很好。

第二，由于代理记账公司的专业基础比会计师事务所差，因此，虚心学习，尊重专业，找到发展空间，敢于突破，是代理记账公司老板该有的心态。

第三，代理记账公司与大多数会计师事务所是互补的合作关系，建立合作机制，用代理记账公司在市场营销上的优势与会计师事务所的高端客户结合，会产生"1＋1＞2"的效果。

▶ 思考题

你的公司与会计师事务所这样的专业机构合作过吗？

案例十六 ｜ 创业护航的低端颠覆之路

在财税行业中，绝大部分传统型代理记账公司就像是克里斯坦森的《创新者的窘境》中最初的纽特钢铁，主营业务是最低端的代理记账。而财税行业的巨头们，无论是"四大"会计师事务所，还是互联网大厂，业务范围都比代理记账公司广泛得多，包含了很多高端业务。因此，类似于纽特钢铁，代理记账公司想在这个行业实现低端颠覆，也应该通过外包巨头们的低端业务，积累资金并进行技术升级，逐渐开发审计、财务外包、高端税筹这些高端财税产品。创业护航一直遵循这个原则。

》 合作经验总结

我们与会计师事务所打交道这件事可以追溯至很久以前，但由于之前合作的会计师事务所规模不大且合作比较松散，因此会计师事务所外包给我们的业务一直没有形成规模化效应。

当我初次接触《创新者的窘境》时，我非常震撼：原来我们早就有这样的机会，却没有抓住。于是，我们开始尝试与真正的巨头合作。2021年我们成为阿里云的服务商，2022年我们成为腾讯云和普华永道的指定服务商。在低端颠覆上，我们迈出了第一步。

在这个过程中，除了做好巨头外包给我们的业务，积累流量和资金外，我们还在以下两个方面下了很大的功夫：

1. 学习巨头的产品和服务

我们向互联网巨头学习产品和服务的标准化。这项工作早在摩羲科技成立前我们就已经做了，对于企业注册和代理记账这两个基础产品，我们做了一些标准化的规范。而现在，我们把这种标准化运用到整个产品体系中。在向腾讯云投标的标书中，我们在产品能力这一部分中就运用了我们最新整理的产品图，这在很大程度上帮助我们赢得了投标。这种学习就进入了一个良性循环：我们学习互联网巨头的标准化，这种标准化帮助我们赢得更多与互联网巨头合作的机会，而在更多的合作中，我们又能继续学习，把标准化的工作做得更好。

我们向传统的会计师事务所学习面对高端客户时的商务能力。众所周知，赢得高端客户的信任是比具备处理高端业务的专业能力更困难的事。而越是高端的客户，越关注我们的商务能力。比如：在向普华永道投标时，他们要求我们的报价是按照工时计算的。在以往的代理记账业务中，我们几乎不会碰到这种要求，但事实上，在高端市场中，工时报价是十分常见的一种商务规范。通过这次投标，我们对于高端客户的商务规范有了进一步的了解，相信在以后面对高端客户时，我们在这一方面能够更加游刃有余。

2. 建立自己的高端业务团队

通过与巨头尤其是与会计师事务所合作，我们一方面学习高端业务的商务和专业知识，另一方面更加清楚怎样的客户更加需要高端的财税服务，获客和服务的能力都得到了提升。这为我们建立自己的高端业务团队创造了契机，我们的不动产事业部就是在这时建立起来的。

目前，我们的财税高端业务已经形成比较稳定的流量，在商务和专业上的能力也在不断提升。在最近的一个项目中，我们成功战胜了"四大"会计师事务所之一的安永团队，这是对我们低端颠覆成果的一种肯定。

未来，我们仍然会抓住我们的基本盘——代理记账业务，继续扩大规模，牢牢抓住最大的低端市场。在高端市场，我们依然会不断进行产品和服务的升级。相信我们一定能够建立财税行业的全业务体系，到那天，我们就真正完成了自己的低端逆袭。

第七章

增长策略：重新定义代理记账公司的核心能力

第六十五讲 | "税"是代理记账公司的核心能力

> 为什么代理记账公司必须打造"税"的核心能力？

》 我国税务的基本情况

以下四点是代理记账公司必须掌握的关于我国税务的基本知识。

1. 我国历年税收收入情况

如图7-1所示，除2020年受"新冠"疫情影响略有降低外，我国税收收入每年快速增长，从1994年的5 000亿元增加到2021年的17万亿元，17年增长了超过30倍。我国税收收入占GDP的大约15%，占全国财政收入的大约85%。

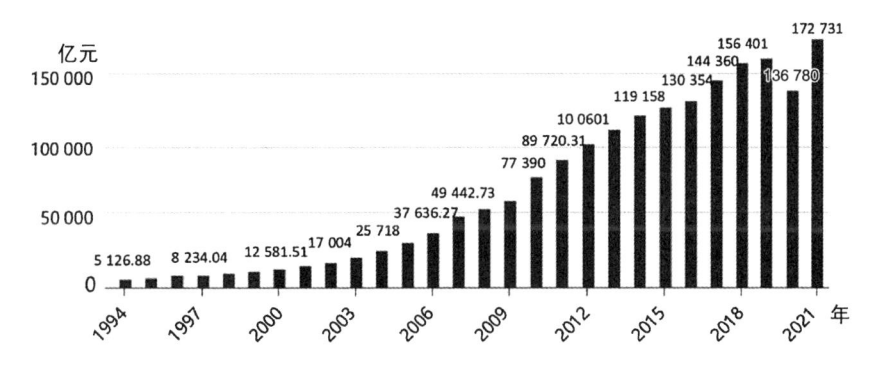

资料来源：国家市场监督管理总局官网。

图7-1 1994—2021年国家税收总额

2. 减税降费

自2019年起，我国较大幅度减税降费，主要是针对小微企业，体现在增值税和企业所得税两个方面。小规模纳税人免增值税的起征点从年营收120万元提升至500万元,也就是说,全部小规模纳税人3%的普通增值税降低为0,100万元利润只需要缴纳25%的企业所得税。

2021年,全国减税降费总额达到1.1万亿元。在减税降费的背景下,我国税收收入依然有较大增长,这说明我国经济依然处于较快增长状态。

3. 分税制

分税制是按税种划分中央和地方收入来源的一种财政管理体制。我国从1994年开始实行分税制。分税制极大地激活了地方政府的积极性。

我国分税制分为三类:中央税、地方税、中央地方共享税,主要税种的财政分成比例如表7-1所示。

表7-1 我国主要税种财政分成比例

税 种	中 央 财 政	地 方 财 政
国内增值税	50%	50%
企业所得税	60%	40%
个人所得税	60%	40%
国内消费税	100%	
进口货物增值税、消费税	100%	
关税	100%	
城市维护建设税	中国铁路总公司、各银行总行、各保险总公司集中缴纳的部分	(其余)
车辆购置税	100%	
印花税	证券交易	(其余)
资源税	海洋、石油	(其余)
契税		100%
土地增值税		100%
房产税		100%

续　表

税　　种	中央财政	地方财政
耕地占用税、城镇土地使用税		100%
环境保护税		100%
车船税、船舶吨税、烟叶税		100%

因为有分税制的存在，所以地方政府才有自主财政权，这是全国各地园区能够对地方财力部分进行财政扶持的基础。

4. 金税三期

自1994年起，我国建立以增值税为主体税种的税制体系，并实施以专用发票为主要扣税凭证的增值税征管制度。

从2016年开始在全国推广实施的"金税三期"是覆盖全税种、所有工作环节的税收征管电子政务系统（如图7-2所示）。其全面上线后，我国的税务监管从"以票控税"逐步过渡到"以数控税"。

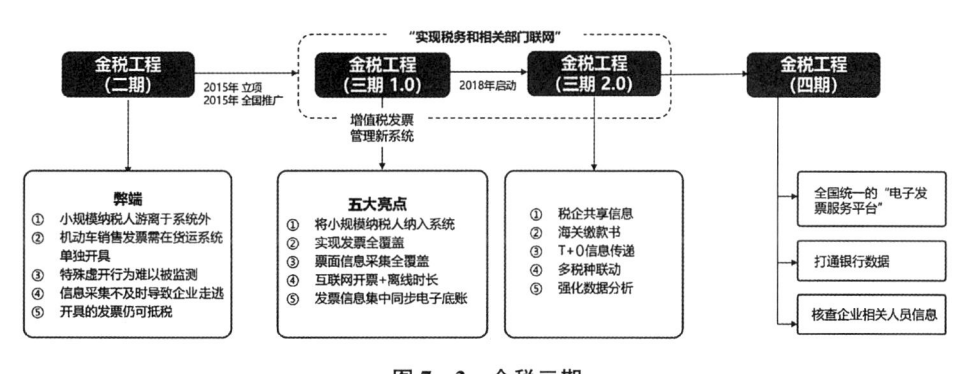

图7-2　金税三期

客户对代理记账公司的核心诉求是"税"

对代理记账公司而言，客户的真实诉求其实是对"税"的诉求（如图7-3所示）。

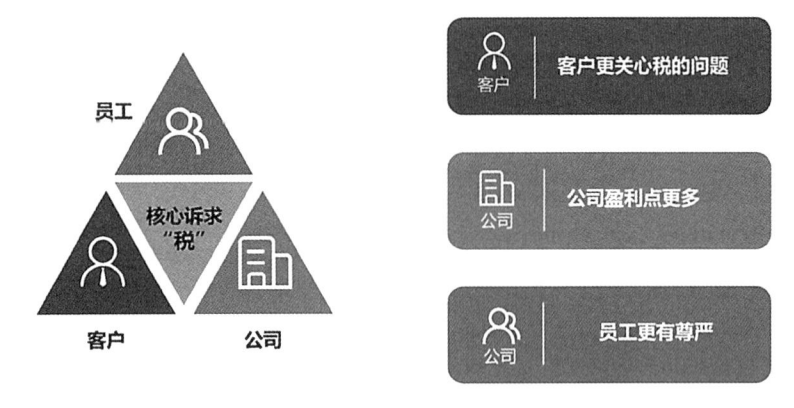

图 7-3　代理记账公司客户的核心诉求——"税"

第一，尽管代理记账公司与客户签署的是代理记账协议，但客户的真实诉求其实是报税。如果小微企业的税收全免，不用报税了，那么客户也就不需要代理记账了。

第二，税务安全是客户的刚需，也是代理记账公司的价值所在——通过代理记账公司代理记账的账务和报税结果是安全的、合规的。

第三，在业务真实的情况下，在安全的前提下，在合规的基础上，客户希望降低税负，即合法缴税但不缴冤枉税。

第四，碰到业务或者财务上的问题，尤其是税务问题，客户希望代理记账公司提供好的解决方案。

第五，工商注册、企业注销、股权转让等都是涉税的，客户希望获得专业的指导。

第六，遇到税务稽查，客户希望代理记账公司协助他们解决问题，并指导他们如何在以后规避问题。

第七，代理记账公司的客户大多是小企业，对"财"的要求不高，大多不需要做财务分析。我们虽然在积极开拓高端业务，但是规模还不大，创业护航的高端业务大多以"税"为核心。

》 做好"税"的服务，员工更有尊严

代理记账公司给人的第一印象往往是，这种公司是做低端业务的，其专业性肯

定不行。所以,代理记账公司的老板缺乏尊严。如果连老板都缺乏尊严,员工就更缺乏尊严了。如何才能有尊严呢？我通常这样介绍我的公司：我是做税务服务的。这时,别人就会说：非常好,那以后遇到税务问题就找你们。税务服务是大多数企业家的刚需,在当前"以数控税"的大背景下,"做税务服务"这个定位会得到大家的尊重。事实上,当我们的会计人员解决了客户的涉税问题后,客户会非常感激我们。

所以,做好"税"的服务,公司更有价值,员工更有成就感,老板和员工都更有尊严。

>> 做好"税"的服务,公司盈利点更多

第一,征"税"是国家的强制行为,与"税"相关的服务是国家级的生意。代理记账公司一方面要做好"宣传员",将政府的各项税务政策及时宣传给企业；另一方面要做好"服务员",务实合规地服务好企业。

第二,涉"税"服务是企业的刚需,也是代理记账公司的核心价值点,代理记账公司必须建立涉"税"服务的核心能力。

第三,做好涉"税"服务,既能满足客户的核心诉求,又能使代理记账公司变得更有价值,还能让员工更有成就感和尊严。

▶ 思考题

你的公司是以"税"为核心能力的吗？

第六十六讲 | 工商涉税服务

> 股权变更中的税务问题如何处理？

工商服务是代理记账公司最基础的业务，然而这项业务中的很多具体项目是涉税的，这一讲，我梳理了工商服务中的涉"税"业务，主要是企业注册、变更、注销中的涉税问题。

>> 企业注册

1. 有限公司注册

客户 A 与之前合作的代理记账公司发生矛盾：客户 A 要注册贸易公司卖水泵，代理记账公司就按照其要求注册了一家贸易公司，代理记账收费 450 元/月，经营不到半年，因为售后服务，客户 A 需要开具服务业发票，但营业执照上没有服务业的经营范围，代理记账公司遂向客户 A 收取 2 000 元变更费用，重新核定税种、申请发票，一套流程走了将近 2 个月，代理记账公司的内部会计人员和工商服务人员相互推诿，客户很不满意，于是把代理记账业务转到我们这里来了。

客户 B 是卖锅炉的，想注册一家贸易公司，我与其沟通："您这份 100 万元的锅炉销售合同中是否包含售后服务？"其回答"是"。我建议：我们可以将销售合同进行简单重构——在注册贸易公司的时候，预先加上服务业的经营范围，让业务符合真实情况。原先 100 万元的销售（含售后服务）改为 80 万元的销售 + 20 万元的售后服务。销售业务的增值税税率为 13%，提供服务的增值税税率为 6%。与原先相比，每卖一台锅炉可直接减少 1.4 万元[20×(13−6)%]增值税，一年卖 8 台锅炉就可以节省约 10 万元税款。还没有注册公司就省去了 10 万元，客户 B 非常高兴，也非常相信我，然后我们提出 600 元/月的代理记账费用，客户 B 没有讨价还价。

同样的业务采用不同的处理方式,就会收获不同的客户满意度。我们关注"税",把"税"的理念刻进我们的脑袋,形成习惯,就会为客户带来不一样的价值。因为有价值,客户就愿意付费,我们也更有尊严了。

2.不同市场主体的税务规则

(1) 法人与非法人的区别

法人需要缴纳企业所得税,而非法人市场主体不需要缴纳企业所得税。具体来说,有限公司是"先税后分",先缴纳企业所得税,分给个人股东的时候再缴纳个人所得税;合伙企业、个人独资企业和个体工商户是"先分后税",利润部分先分给个人,个人再缴纳个人所得税。

(2) 企业与非企业的区别

随着我国税务征管越来越规范,除非是惩罚性的核定征收,企业(有限公司、合伙企业、个人独资企业)一般只能查账征收,而非企业(个体工商户、农村合作社)可以用核定征收的方式,为了扶持小微企业,一般采用最低应税所得率,甚至各地可以采用固定税率进行核定征收。

(3) 子公司与分公司的区别

在税收机制上,子公司与分公司有很大区别:子公司是独立的主体,其增值税和企业所得税完全按照公司的税务规则进行;分公司比较复杂,表7-2概括了分公司的税务规则。

表7-2 分公司税务规则

税 目	独立经营	非独立经营	独立核算	非独立核算
增值税	开发票,缴纳增值税	总公司开票,分公司不缴纳增值税		
企业所得税		总公司统一核算	根据分公司占总公司全国业务的比例进行核算	总公司统一核算

所谓独立经营，就是分公司自己做业务，以"分公司"的名义开发票给客户，要缴纳增值税；所谓非独立经营，就相当于"办事处"，有员工在当地开展业务，但业务管理（合同签署）在总公司，当地员工的劳动关系在分公司。

关于分公司的企业所得税，非独立核算的，全部由总公司负责；独立核算的，原则上根据分公司占总公司全国业务的比例进行核算。

3. 不同区域的税收政策和财政扶持政策不同

因为我国实行分税制，所以各地的财政扶持政策不同。比如：新疆喀什和霍尔果斯享受企业所得税"五免五减"政策；海南自贸港享受"双15"政策，即企业所得税税率和个人所得税税率均为15%。不同地区的地方财力留存比例不同，财政扶持力度也不同。在真实业务的基础上，选择不同的地区经营，可以享受不同的优惠政策。

》企业变更

企业变更中最复杂的是股权变更，而股权变更是涉"税"的。

1. 股权转让

转让股权，溢价部分需要缴纳20%的个人所得税。

（1）股权转让的双方是新股东与旧股东。比如：A公司的三位股东同比例转让51%的股份给某上市公司，那么交易协议的主体应该是该上市公司与三位股东。假设A公司的注册资金为100万元，是实缴资金，现在该上市公司按照1亿元的估值收购A公司51%的股权，那么三位股东本次转让的溢价部分约为5 000万元，需要缴纳个人所得税约1 000万元。

（2）在日常工作中，出现较多的是双方约定1元转让的情况。1元转让没有溢价，就不用缴纳个人所得税了吗？答案是否定的。比如：A公司的三位股东注册时实缴注册资金为100万元，现在其中一位股东将其持有的10%的股份转让给第四人，对价为1元，也征得了所有老股东的同意。这时，资产负债表显示公司的净资产为1 000万元，那么，即使股东之间签署的转让协议是1元对价，转让方也要按照18万元[(1 000 - 100) × 10% × 20%]来缴纳个人所得税。

（3）公司持有固定资产（特别是房产）如何处理？比如：A公司的注册资金是100万元（实际到账），10年前买了100万元的房产，现在房产价值1 000万元，A公司的股东做股权转让时该怎么计算个人所得税？在实际操作中，税务局一般按照

20%的规则来执行,就是当对外投资和固定资产占资产总额的20%时,需要评估。对于上述情况,税务局一般会要求评估房产,如果评估价值为800万元,就要按照700万元(800－100)来计算溢价并缴纳个人所得税。

(4) 在股权转让过程中,有四种情况可以低于净资产转让。由于篇幅限制,关于股权转让的税收问题,可参阅国家税务总局2014年67号公告。

简而言之,在税务局眼中,股权转让价格取决于三个因素:(1) 企业是否盈利,如果盈利多,说明企业很有价值,原则上不能平价转让;(2) 企业是否有特殊资产,主要包括不动产、土地使用权、无形资产和长期投资,这些资产需要评估股权转让时刻的真实价值;(3) 企业资产的重要比例,这个比例一般是20%。

2. 增资扩股

比如:摩羲科技的注册资金是100万元,现在,新投资人以2亿元的投后估值投资2 000万元,也就是新投资人占股10%。那么,注册资金要变为多少?

设 x 为新增注册资本。

$$\frac{x}{100+x}=10\%$$

则 $x=11.11$(万元)

也就是说,注册资金增加11.11万元,变成111.11万元。新投资人一共投资了2 000万元,其中1 988.89万元(2 000－11.11)计入资本公积。这个过程没有税收问题。

>> 企业注销

企业注销时,其账面上往往已经没有现金了,但如果账面还有利润,该怎么办?比如:客户注销,代理记账公司收费7 000元,但在注销税务时发现客户账面利润为120万元,还需要缴纳企业所得税和大约20万元的个人所得税。很多代理记账公司在处理客户的这类注销时出过问题,已经登报公告了才发现要补税,为时晚矣。这就是头脑中没有"税"这根弦造成的严重后果。

▶ 思考题

你的公司在处理股权转让和注销业务时出过问题吗?

第六十七讲 | 税务筹划

> 税务筹划业务有哪些？

>> 税务筹划的目的与原则

税务筹划只有一个目的：帮助客户不缴冤枉税。

税务筹划有以下三个原则：(1) 合法性，这是税务筹划的前提；(2) 真实性，这是税务筹划的基础；(3) 合理性，这是税务筹划的价值。

税务筹划须遵循如图7-4所示的三大原理。

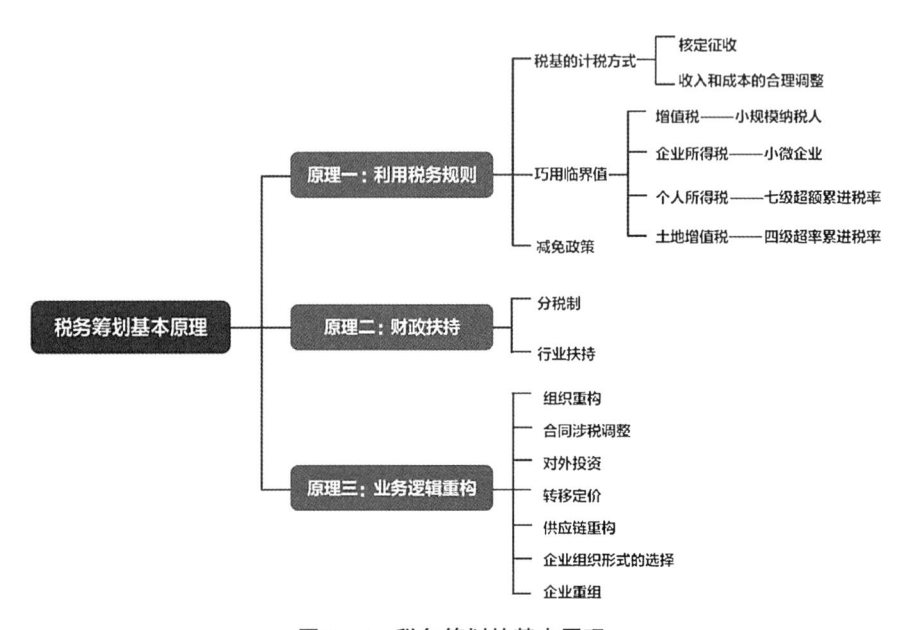

```
税务筹划基本原理
├── 原理一：利用税务规则
│   ├── 税基的计税方式
│   │   ├── 核定征收
│   │   └── 收入和成本的合理调整
│   ├── 巧用临界值
│   │   ├── 增值税——小规模纳税人
│   │   ├── 企业所得税——小微企业
│   │   ├── 个人所得税——七级超额累进税率
│   │   └── 土地增值税——四级超率累进税率
│   └── 减免政策
├── 原理二：财政扶持
│   ├── 分税制
│   └── 行业扶持
└── 原理三：业务逻辑重构
    ├── 组织重构
    ├── 合同涉税调整
    ├── 对外投资
    ├── 转移定价
    ├── 供应链重构
    ├── 企业组织形式的选择
    └── 企业重组
```

图 7-4 税务筹划的基本原理

第七章 增长策略：重新定义代理记账公司的核心能力

>> 原理一：利用税务规则

以税法为基础，财政部和国家税务总局以及地方政府有纷繁复杂的涉税法律和法规。充分利用这些规则，可以达到税务筹划的目的。

1. 税基的计税方式

在实际业务中，用得较多的税基计税方式有以下两种：一种是通过核定征收，解决个体工商户的支出不规范问题，目的是让个体工商户简单处理，稳定就业；另一种是在企业真实业务的基础上，根据税务规则，合理调整某一时期的销项和进项，调整增值税税基，或者合理调整某一时期的收入、成本、费用，调整所得税税基。

2. 临界值

这是指巧用累进税率的临界值。比如：对于增值税，要区分小规模纳税人与一般纳税人，12个月营业额500万元是临界值；对于企业所得税，应注意小微企业利润（应纳税所得额）100万元和300万元两档临界值；对于个人所得税，要注意个人独资企业、合伙企业、个体工商户的五档临界值和个人薪金的七档临界值；对于土地增值税，要注意有5个临界值（除了四档税率外，还有20%以下免土地增值税）。

3. 减免政策

根据国务院、财政部、国家税务总局以及其他部委的文件，对不同行业、不同地区、不同时期、不同特殊情形有很多税收减免政策，常见的列举如下：(1) 留抵退税；(2) 高新技术企业的所得税优惠政策；(3) 疫情期间的税收优惠政策；(4) 西部大开发政策，新疆喀什和霍尔果斯企业所得税减免政策；(5) 软件和集成电路的即征即退及其他税收优惠政策；(6) 广西北海的投资基金税收优惠政策；(7) 海南自贸港的税收优惠政策；(8) 国家贫困县的税收和财政优惠政策；(9) 新能源行业的税收优惠政策；等等。

>> 原理二：财政扶持

我国从1994年开始实行分税制，就是中央和地方的财政收入分开核算（如图7-5所示），这是当前各地积极招商引资的重要原因之一。招商引资到地方的企业产生的税收有很大一部分留在当地，当地政府可以自主决定其用途。根据这个规则，企业注册在不同的地区可以得到不同的财政扶持政策。

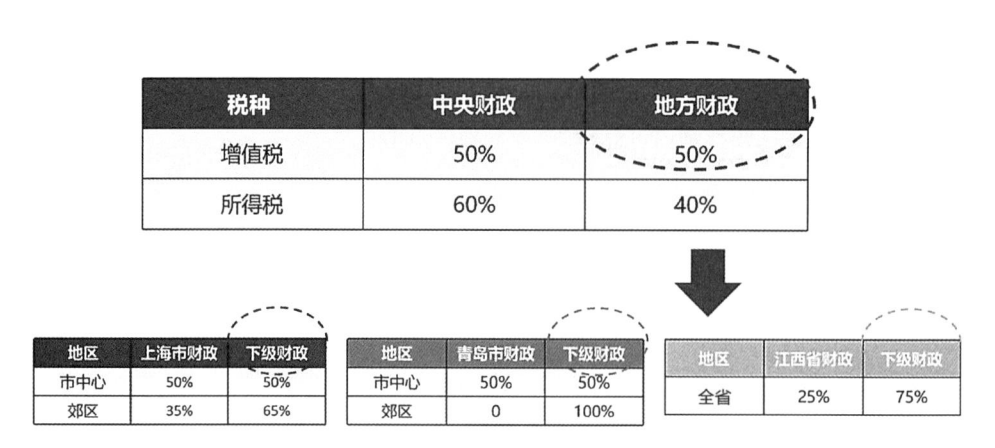

税种	中央财政	地方财政
增值税	50%	50%
所得税	60%	40%

地区	上海市财政	下级财政
市中心	50%	50%
郊区	35%	65%

地区	青岛市财政	下级财政
市中心	50%	50%
郊区	0	100%

地区	江西省财政	下级财政
全省	25%	75%

图 7-5　分税制示意图

》 原理三：业务逻辑重构

业务逻辑重构是在企业真实业务的基础上做出的合理调整。

1. 组织重构

比如：建筑设计企业内部分为结构设计部门、弱电设计部门、暖通设计部门、装饰设计部门和幕墙设计部门，把这些部门拆分成独立核算的个体工商户（工作室），每个工作室有5~8人（如图7-6所示）。这样做的好处：(1) 税负降低；(2) 采用阿米巴模式使账算得更清晰，也更能发挥核心骨干的积极性。

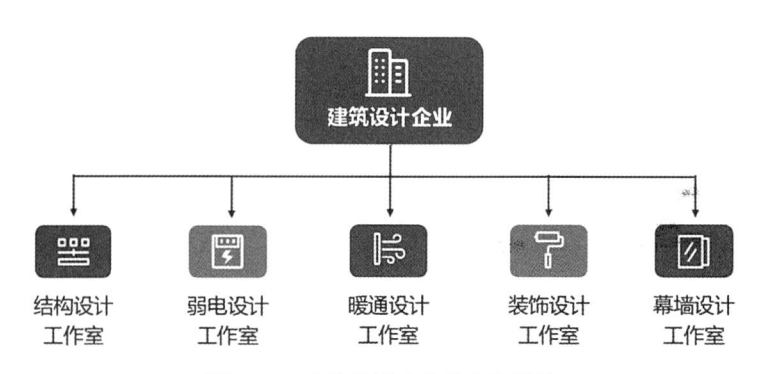

图 7-6　建筑设计企业的组织重构

2. 合同涉税调整

前述锅炉销售公司将100万元的销售合同改为80万元的销售+20万元的售后服务，不仅降低了税负，而且符合真实业务的性质。这就是合同涉税调整。

3. 转移定价

苹果手机在富士康生产后，销售到欧洲。假设欧洲的销售单价大约是8 000元，则苹果公司可以将手机以2 000元的单价卖到欧洲自己的销售公司，也可以7 000元的单价卖到欧洲自己的销售公司，哪个国家的税负低，差额部分就留在哪里。这就是通过转移定价方式降低税负。这个方法在国内也适用，特别是全国性企业，其销售公司可以放在财政扶持多的地区。

4. 供应链重构

供应链分为上下游，前端是渠道，后端是供应商，两端都可以重构，以合法地达到降低税负的目的。

5. 企业重组

根据相关税法，符合条件的企业特殊性重组免税。比如：企业名下有房产，将企业名下的房产过户到企业下属的全资子公司，增值税、所得税、土地增值税都是免税的。

涉"税"服务是代理记账公司可以发展的核心业务，市场巨大。详细内容请参阅由创业护航联盟（上海）税务师事务所有限公司编写、上海财经大学出版社出版的《税务筹划案例100》。

▶ 思考题

你的公司做过哪些税务筹划案例呢？

第六十八讲 | 税企协调

> 如何帮助客户应对税务稽查？

客户遇到税务稽查，往往比较慌乱。因为客户与税务机关的信息不对称，理解不同，导致很多问题无法正常沟通，所以需要第三方机构来协助妥善处理。

》园林工程公司协助甲方走账被稽查案例

2015年4月，某园林工程公司（乙方）为浙江某房地产开发有限公司（甲方）的供应商，主要负责甲方的园林绿化工程设计与施工，该项目交易金额为4 000万元；但是甲方的总经理李某要求园林公司帮忙提取2 000万元现金，扣除5%的税费后支付给李某个人1 900万元。该笔资金（2 000万元）混在工程款中，将合同中原本的4 000万元交易款项变更为6 000万元。为解决乙方2 000万元对应的成本项来源问题，李某通过关系找到江苏一家苗木基地，开具了1 900万元发票给乙方。2021年3月，李某因涉嫌职务侵占及行贿被公安机关侦查。李某供出2015年与乙方的这笔交易，导致乙方被税务机关稽查。

客户（乙方）被公安和税务稽查局通知时非常慌乱。我们帮他们分析了情况后，替他们写好了情况说明，主要内容如下：(1) 表明并未从中牟取私利；(2) 表明不知道这笔资金未来用于何处；(3) 表明本企业完全是迫于甲方的压力，否则4 000万元生意就无法做了；(4) 关于成本项，据李某说，这批苗木是真实的，并且直接发给了甲方。之后，我们代表客户与税务稽查局进行了深度沟通，最终达成了客户能够接受的处理方案，对于以后这类事情如何处理，我们也提出了解决方案。这位客户后来成为我们的长期客户。

第七章 增长策略：重新定义代理记账公司的核心能力

》企业为什么会被税务稽查

我们一定要向客户说清楚"以数控税"的逻辑。现在的税务稽查都是从金税系统数据中发现问题的，一般是精准的。还有一种特别的情况，就是被举报。我们平均每个季度至少处理一起因被举报而导致的税务稽查（如图7-7所示）。

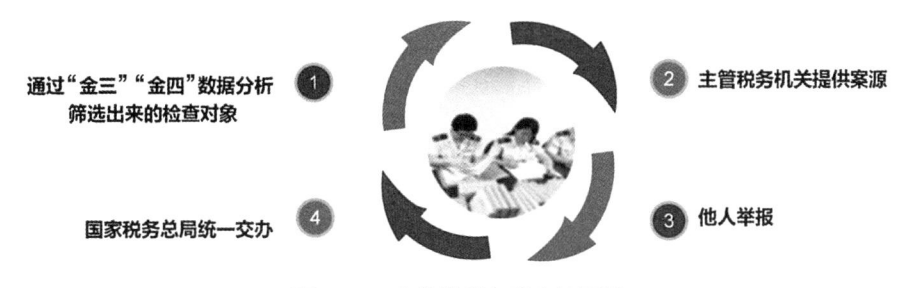

图7-7 企业被税务稽查的原因

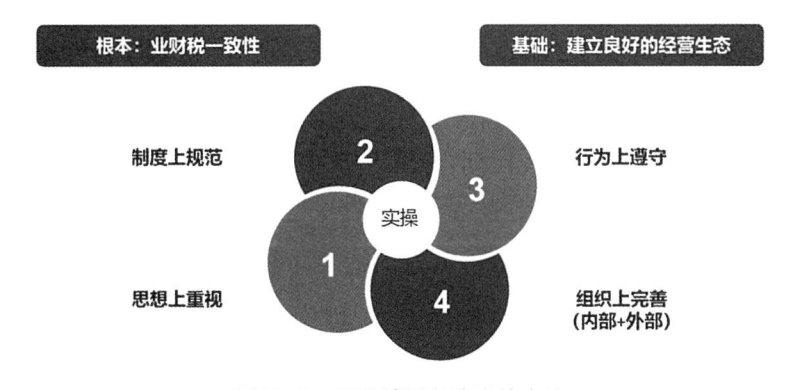

》如何规避被税务稽查

规避被税务稽查的方法如图7-8所示。

图7-8 规避被税务稽查的方法

要规避被税务稽查，最根本的是保持业务、财务、税务的一致性。比如：一笔钱明明是用来买礼品的，但是没有取得发票，这笔支出就只得用别的名目来填充，还得取得一张别的发票，这就是业务、财务、税务不一致；明明要给员工发10 000元工资，但为了规避社保,只发了5 000元,还有5 000元另外支出,这笔支出也得用其他的名目和发票来填充,这也是业务、财务、税务不一致。

要规避被税务稽查,建立良好的经营生态是基础。每个老板都不容易,在企业初创和发展时期,先粗暴地活下来是可以理解的,但已经知道企业存在税务、社保等方面的不合规问题,就要低调地处理好各种关系,不要引起投诉和举报。

在实际操作层面,我们总结了四条经验:(1)在思想上重视,重视了才可能改进;(2)在制度上规范,建立良好的财务和内部控制制度;(3)在行为上遵守,对流程上的每个关键节点都做好规范,才能保证执行;(4)在组织上完善,即内部有岗位负责,外部有顾问协助。

>> 如何应对税务稽查

有一家培训公司,因为工作原因,老板要开除财务总监,在赔偿问题上没有谈妥,结果财务总监举报老板走私账、偷税漏税,还将企业数据作为附件提交给了税务局。我们在处理时,发现财务总监也有责任。于是,我们一边与财务总监沟通,让她知道她的责任;一边作为中间人平复双方的情绪,让双方理性面对;一边与税务局沟通,告知其真实情况。最后的结果:(1)离职赔偿达成一致;(2)举报人撤诉;(3)厘清税务问题,得到妥善解决;(4)后期财务规范化处理,并规范离职面谈。

我们遇到过好几起财务总监举报老板的案子。因为财务总监手上有完整的数据,而举报又是税务局必须处理的,这给我们处理案件带来了很大的麻烦。所以,建立良好的经营生态是老板必须修炼的内功。

总结下来,要处理好税务稽查,需要分为以下几步:(1)案件调查,取得客户的信任,获知实情;(2)与客户签署服务协议,并出具委托书;(3)预备处理方案,与客户达成一致;(4)撰写案件情况说明;(5)与税务局沟通,并达成一致的处理意见;(6)结案;(7)总结分析,并为客户做好后续合规方案。

▶ 思考题

你的公司帮助客户处理过税务稽查吗?

案例十七 | 创业护航是如何坚持以"税"为核心的

代理记账公司应该以"税"为核心,这是创业护航的基本理念。

›› 售前咨询

我们曾介绍了新员工培训中的企业注册结构化咨询。在结构化咨询中,我们要问客户的一个重要问题是客户预计第一年的营业额是多少。为什么要了解客户预计第一年的营业额呢?因为我们可以根据客户的营业额推荐不同的税筹优惠政策,帮助客户在创业初期节省成本。比如:客户第一年的营收高于500万元,但对于签约主体没有要求,也没有开专票的需求,那我们就会建议客户注册两家公司,这两家公司在第一年都可以保持小规模纳税人身份,增值税税负可以大大降低。虽然企业注册只是一项工商业务,但是我们在售前咨询中提出的建议能够帮助客户降低后期税负,就能让客户感受到我们的价值。

在其他业务中,我们也同样贯彻这一理念。比如:客户拥有本地户籍或居住证,我们就会主动为客户提供建议,帮助其申请本地社保补贴政策。再如:面对做进出口业务的客户,我们会详细询问其是做进口、出口还是转口贸易,是否适用自贸区税收优惠政策,避免客户盲目选择高成本的自贸区注册地址,帮助其合理选择可以享受与业务对应的税收优惠的地址。

在所有业务的售前咨询中,我们始终坚信,客户愿意支付与之感受到的价值相匹配的价格,而这一价值在"税"这个因素上最能得到体现,这也是这么多年来,创业护航的产品的标准价格一直能够维持较高水平的原因。

›› 涉税产品

2007年创立的励楚是创业护航的前身,当时公司的规模很小,无法同时运作多项业务,我们就把所有精力放在了园区招商这一项业务上。当时虽然还没有形成以

"税"为核心这一理念,但我们相信,绝大部分中小企业的需求是解决"税"的问题,因此我们选择了园区财政扶持作为我们的核心产品。

我们最初的园区只能注册最普通的贸易公司。随着创业护航的不断发展,我们根据客户的需求开发了适合更多企业的园区。如今,创业护航的园区,在行业上涵盖了各类贸易和服务业,包括需要办理行政许可的多个行业;在地域上从单一的上海园区扩张到浙江、湖南、江西、河南、山东等十多个省份,通过利用各地的财政扶持以及设计经营模式,帮助全国各行各业的客户解决"税"的难题。同时,我们组建了由注册会计师、税务师、律师组成的专业团队,利用园区产品和税收优惠政策,不仅为客户提供专业的方案,而且从法律角度为客户提供保障。

>> 出版物及内部资料

创业护航是行业内第一家拥有正式出版物的代理记账公司,并且我们的出版物在行业内拥有极好的口碑。

作为一家以"税"为核心的代理记账公司,我们的第三本出版物——《税务筹划案例100》正式面世。在这本书中,我们通过100个税务筹划案例,帮助客户和代理记账同行了解各种税筹案例的操作方式,这些都是创业护航历年来的经验积累。

除此之外,我们还编写了一套内部资料——"涉税情况说明案例汇编",帮助客户了解在面临税务稽查时,如何通过一篇有效的情况说明来有效应对。虽然撰写情况说明只是税务稽查处理方案中的基本工作之一,但是将这项工作标准化能够帮助客户规避很多不必要的"坑"。

著名政治家本杰明·富兰克林说过一句话:"人的一生中,只有死亡和税不可避免。"我们坚信,只要人类依然存在,税就是所有人需要面临的问题。为了帮助中小企业生存和发展,创业护航将始终坚持以"税"为核心,做一家专业、靠谱、有担当的代理记账公司。

第八章

增长终局：品牌

第六十九讲 | 什么是品牌

> 究竟什么是品牌？

最厉害的品牌是定义一个行业或者一个品类。比如：提起智能手机，一个叫苹果手机，另一个叫其他手机；提起电子商务，一个叫阿里巴巴，另一个叫其他电商；提起即时通信，一个叫微信，另一个叫其他即时通信工具。创业护航的梦想：提起注册公司和代理记账，一个叫创业护航，另一个叫其他公司。这就是品牌的力量。我从品牌三大原理的角度来讲述品牌的内涵。

>> 品牌原理之一：社会监督原理

品牌是一把我们递给消费者的"刀"，如果我们的产品出现问题，消费者就可以拿这把"刀"来捅我们。一个希望长期经营的品牌会无比珍惜自己的声誉，像呵护羽翼一样呵护自己的品牌。也就是说，品牌是对客户的一种承诺，客户信任我们，我们就要对自己严格要求，不让客户失望。2005年，肯德基爆出苏丹红事件，肯德基诚恳道歉并立即采取一系列措施，对整条供应链进行了更严格管控。十几年过去了，大家依然信任肯德基。代理记账公司也需要这样一个品牌。创业护航正在逐渐树立这样一个负责任的品牌形象。

>> 品牌原理之二：成本原理

商业交易中有三类成本：（1）售前——搜索成本、比较成本、测试成本；（2）售中——协商成本、付款成本；（3）售后——售后成本、物流成本。

客户为什么选择品牌公司的产品？因为品牌可以降低客户的成本。

1. 搜索成本

搜索成本是指为找到某物品的市场最低价而支付的各种费用、时间、精力及风险的总和。客户初次创业，需要注册公司或者代理记账，他可能会去网上搜索，或者找注册过公司的朋友打听，还可能自己学习一些开公司的基础知识，这些都是很大的成本。如果创业护航是代理记账行业的知名品牌，客户就不用搜索了，直接找我们就行。

2. 比较成本

如果一个行业没有知名品牌，客户就得比价。比如：你要买海鲜，就得到海鲜市场，看产品的新鲜程度，看产地，看价格，为了买到合适的产品，你得花时间和精力去比较，这就是比较成本。如果有一家品牌海鲜专卖店，如盒马鲜生，那里保证新鲜而且明码标价，你就不用比较了，不仅节省了成本，而且减少了比较时的焦虑。

如果客户注册公司找创业护航，相信我们专业、诚信、价格公道，就能节省比较成本，这就是品牌的价值。

3. 测试成本

你要买一辆二手车，你可能会担心车辆是否有过严重事故、车辆的里程数是否准确等，你得找专业的机构去付费测试，这就是测试成本。如果有一家二手车品牌交易平台能确保把这些专业问题都如实告知你，你就省去了测试成本。

我们现在有机会与一些大企业合作，或者成为电商平台的服务供应商，为他们提供工商和财税服务，都需要先尝试几单，这就是测试。

4. 协商成本

如果你有一辆车要卖掉，就得协商：协商价格、协商如何付款、协商保险如何处理等，这些都要花费时间和精力。同样，客户找代理记账公司做账、报税，也需要讨论各种情况下的处理方案和分期付款等，这些都会产生协商成本。

如果创业护航是一家品牌公司，客户就会少很多担忧。就像你去品牌专柜买包，基本上不需要协商，因为他们产品的质量、售后服务和价格都是统一、透明、规范的，这就是品牌的价值。

所以，协商成本就是为了保证双方执行条款所必须付出的提前防范的成本，品牌的价值就在于让客户信任我们，不需要防范我们。

5. 付款成本

你找远在新疆的商家买新疆特产，担心钱付了对方不发货，于是你提出货到付款,可对方说:"万一你是个骗子,收到货不付款怎么办?"这里就存在支付成本。支付宝解决了信任问题,降低了付款成本。

6. 售后成本

4S店售车后提供免费保养;出了事故,保险公司第一时间协助处理,免费拖车;等等。这些都是为了让你买得放心,减少你的售后成本。

如果客户付费后,我们让客户感到麻烦,如因操作问题而让客户反复提交材料、把客户的税漏报了而使客户产生滞纳金,这就是客户的售后成本。

7. 物流成本

东西买好了,需要运送到指定地点,这就是物流成本。

因为代理记账公司提供的是无形的服务产品,所以几乎没有付款成本和物流成本。好的代理记账公司会努力降低客户的搜索成本、比较成本、测试成本、协商成本和售后成本,始终坚持,就会成为一家品牌公司。

>> 品牌原理之三:资产原理

品牌资产就是能给我们带来效益的消费者的品牌认知。品牌最终会形成公司的资产,那么,该如何建立品牌资产呢?

第一,把过去的每一笔花费都变成资产。创业护航不仅投放百度广告,而且投放户外广告。户外广告既不能直接获客,也不能带来短期收益,但可以使"创业护航"这个品牌逐渐在客户心目中建立起来,从而成为公司重要的无形资产。我们招聘更专业的人员,投入更多培训和研发经费,都是为了让客户有更高的满意度,以积累口碑和品牌资产。

第二,在逐渐积累品牌资产的过程中,我们不断增加新客户,不断增加以财税为核心的产品,客户会因为我们的知名度来找我们,这就是品牌资产的"零存整取"。我们强调"服务即营销",就是要形成品牌资产,让客户在购买我们的服务的同时传扬我们的美名。

▶ 思考题

你如何看待代理记账行业的品牌?

第七十讲｜好品牌从取名开始

> 代理记账公司如何取个好名字？

>> 代理记账公司大多没有品牌意识

图 8-1 是我的几家公司的名称。我通过自己的痛苦经历告诉大家：取名的时候很随意，这是我们缺乏品牌意识的表现。

图 8-1　我的公司的名称

2007 年，我成立的财务公司取名"励楚"。我的夫人姓励；我是湖北人，湖北曾是楚国的地盘。创业初期，我完全从个人情感出发为公司取名，但客户无法感知其中的情怀。这个名字带有太强的个人属性，是一个非常糟糕的名称。

2011 年，我成立了上海企盈中小企业服务平台。"企盈"是企业盈利的意思，但当时没有考虑到与"企赢"混淆，结果很多客户把"企盈"写成"企赢"。所以，这个名称不适合作为品牌。

风景线是我的另一家财务公司。乍一听这个名字，感觉这家公司是做旅游服务的,显然不是一个好的财务公司的名称。

后来,我们开发代理记账行业的管理软件,成立摩羲科技。"摩羲"与"摩西"同音,寓意代理记账行业的先知,但这个"羲"字太难写了,所以,这也不是一个好名称。

>> 好的名称和表述

案例一:西贝莜面村

这个"莜"字是个生僻字。营销策划公司华与华在给西贝做品牌咨询的时候,借用了"I love New York"这个超级符号,将"西贝莜面村"这个看起来有点土的品牌打造成时尚品牌"I love 莜",大家就很容易读出这个"莜"字了(如图 8-2 所示)。从此,西贝将"爱"作为企业的文化和市场营销手段。

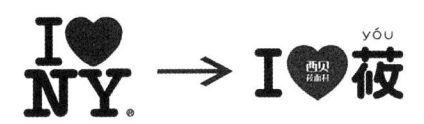

图 8-2 西贝莜面村的品牌标识

案例二:固安工业园

固安市是河北省廊坊市下属的一个县,大部分人没有听说过。那么,这个工业园如何推广呢?工业园很主要的一个属性是区位,所以,华与华提出:固安工业园,我爱北京天安门正南 50 公里(如图 8-3 所示)。"天安门正南 50 公里"非常精准地告知区位,"我爱北京天安门"是所有人都知道的一首歌的歌名。可以说,这是傍上了"天安门"这个超级大 IP。

图 8-3 固安工业园连接天安门

>> 代理记账公司如何取好名称

我们现在的名称叫"创业护航",为创业者保驾护航。如图 8-4 所示,这个设计的前半部分是一个船头的异化,寓意护航,红色代表我们是一个热情、开放的平台。

图 8-4 创业护航的标志

这个名称还注册了商标,公司字号与商标名称一致。相信大家一看这个名称就知道我们是为创业者服务的,并且朗朗上口,易识易记。

关于代理记账公司的取名,简单总结如下:(1)要让人一看就知道做什么业务,而且名称要朗朗上口,便于传播;(2)要认知品牌的重要性;(3)名称反映经营的决心,它会映射到日常行为中;(4)在考虑获客的同时兼顾品牌的传播;(5)要善于把公有资产"私有化";(6)需要做匹配的推广。创业护航做了很多户外电梯和出租车广告,还筹备了创业护航营业执照博物馆。虽然我们的公司历史很短,但是我们可以借助营业执照的历史来映射公司的情怀。这些都是品牌逻辑。

▶ **思考题**

你在给公司取名时,考虑过品牌问题吗?

第七十一讲 | 品牌的冰山模型

> 如何打造品牌？

品牌有两个方面：知名度和美誉度。代理记账行业可能很难砸钱去扩大知名度，所以我们更应该关注如何提升品牌的美誉度。

我们用图 8-5 来说明品牌打造：表面风光的品牌下是务实的经营体系的支撑。

图 8-5 品牌打造的冰山模型

>> 市场营销体系

我们从品牌的角度来梳理一下市场营销体系。

1. 真的以客户为中心

我们希望客户在我们这里成交，于是对客户说："我们现在还是一家小公司，员工也不是很专业，但是未来我们会很好的，请你现在把账务交给我们做。"这不是以客户为中心,这是以公司为中心。"我们现在的这个产品不够专业,建议你去找另一家更专业的代理记账公司。当我们的这项业务很专业了,希望你能选择我们。"这才是真正的以客户为中心。

我们当然要努力获取客户,但我这里想强调的是,如果我们还没有准备好,那么我们要努力练内功,让我们真的比别人更能给客户带去价值,这样才能形成真正的品牌。

2. 客户鱼骨图

在《服务即营销的终极秘密——代理记账公司的管理与营销》中,我专门讲解了客户鱼骨图(如图8-6所示),这里再次从品牌的角度来简单讲解。

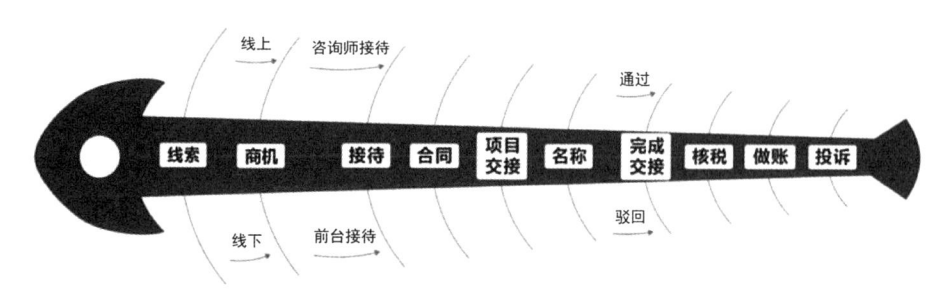

$$(1+10\%)^{10}=2.59$$

图8-6 客户鱼骨图:复利原理

代理记账行业的服务周期很长且业务环节很多,包括触达、接待、签约、交接、名称核准、出执照、银行开户、做账、报税等,很难桩桩件件都服务好。正因为难,所以能做好的人少,如果我们能做好这些环节,那么我们就有了竞争力。关注客户的体验是无比正确的事。难而正确的事,当然值得下功夫。

为了保证交付,我们花了很多精力研究客户与我们的沟通问题。如果鱼骨图上的每个节点都提升10%,那么10个节点就能提高到原来的2.59倍。每一个节点我们都有量化标准:基础服务60分,满意服务80分,感动服务90分。每一个节点我们都追求从满意到感动。只有感动客户才能实现推荐。代理记账行业没有一招制胜的法宝,唯有通过复利原理去提升客户体验。

3. 通过流程确保客户体验

能想到,还要能做到。要做到,就必须设置可检查的流程(如表8-1所示)。

表8-1 确保客户体验的流程

流程序号	流程节点	流程动作规范	品 牌 目 标
1	首次触达	① 出示名片 ② 主动介绍企盈是上市公司的子公司 ③ 全国连锁	露出品牌 亮出实力 全国性公司
2	商机确认	欢迎到公司	争取主场优势
3	客户上门	① 前台接待 ② 参观公司 ③ 销售道具,结构化咨询	颜值即正义 规模与文化 专业
4	签约	假设成交	品牌自信
5	过程服务	① 节点数字化通知与交付 ② 沟通会计让客户满意 ③ 数字化关怀	客户体验良好 有效沟通 以情感人

第一,客户首次触达我们,还不了解我们,这时我们的标准动作有三个:出示名片,展示创业护航品牌;介绍企盈是上市公司的子公司,亮出实力,让客户信任我们;告知创业护航是全国连锁,通过我们的规模进一步获得客户的信任。

第二,商机确认环节,努力邀约客户上门,因为客户上门后,我们就有足够的展示空间和主场优势,成交概率会高很多,也让客户对我们的品牌有现场感知。

第三,客户到公司后,我们美丽端庄的前台接待可以让客户心情愉悦。带领客户参观公司5分钟,客户看到我们超过2 000平方米的办公室、以"税"命名的会议室、营业执照博物馆、客户送的锦旗等,就会提升对我们的满意度。在沟通阶段,我们有销售道具支持,业务人员用专业的结构化咨询让客户感受到我们在工商和税务上的专业性。

第四,签约环节,我们要充满自信并假设成交,帮客户做决定。

第五,在后续服务中,名称、执照这些关键节点都是通过企业微信通知客户,做账、报税的结果也是数字化交付,既减轻了会计人员的工作量,又让客户感受到我们是一家互联网化的代理记账公司。训练有素的沟通会计也会让客户觉得舒服。这就启动了代理记账公司的增长飞轮,形成正反馈。在客户的企业成立的周年日,系统发出温馨祝福,让客户记起创业这些年来的酸甜苦辣,以情感人。

把品牌建设落地,就是要融入流程中,而且要严格管控,通过摩羲云系统协助实现标准化、系统化。

》 服务体系

一是交付过程中的服务体系,表8-1中已经讲述。二是质量保证体系,如成立专门的查账小组等,第十九讲和第二十讲已经阐述。

》 人力资源体系

客户、员工和公司,我们经营公司就是经营这个"三角形"。前面讲了客户,这里讲员工。从品牌角度,像代理记账这样的服务行业,把员工经营好是品牌冰山下的重要基础。要感动客户,就得先感动员工。如果员工不开心,客户就不可能开心。我们用员工鱼骨图(如图8-7所示)来表述和管控。

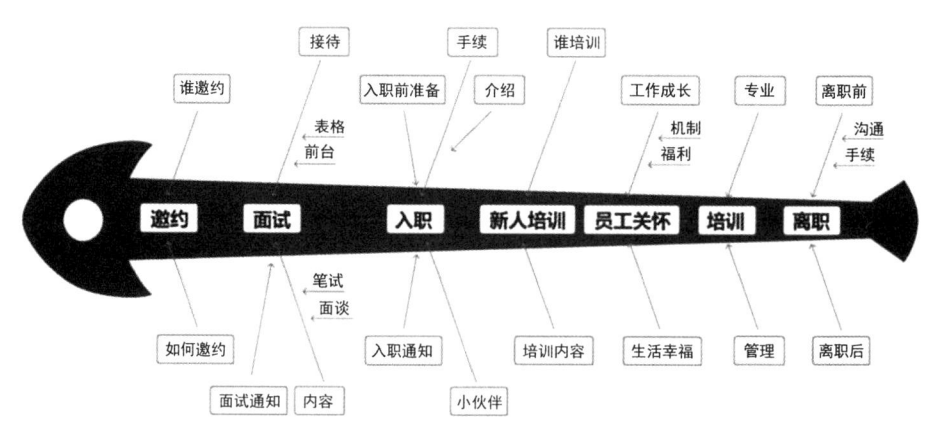

图 8-7 员工鱼骨图

在《服务即营销的终极秘密——代理记账公司的管理与营销》中,我们讲解过这张鱼骨图。这里从品牌的角度简单讲解如下:

第一,在邀约和面试环节,要让面试者参观公司,即使他不来我们公司上班,也能对我们做出正面评价，说不定哪天遇到朋友有需求，他就会推荐我们。要抓住每个宣传公司品牌的机会。

第二，在邀约和面试环节，要尊重面试者。面试的表格不要太繁复，我们尊重员工，员工才能尊重公司的文化，才能尊重客户，才能给品牌加分。

第三，在入职培训时，我会亲自介绍行业和公司文化，通过行业数据分析，让员工喜欢上这个行业，通过我自己的故事，让员工深刻理解我们的愿景和价值观，让员工真正为我们这个品牌而感到骄傲。

第四，员工关怀要落到实处。比如：我们的公司中女性员工较多，女性怀孕期间可以早下班1小时或者晚上班1小时。

第五，对于员工离职，我们要做好充分沟通，尽量让员工满意地离开，这样，员工离开后还可以为我们推荐客户。

这里只是简单列举了常见的几个环节，还有很多日常工作需要去贯彻执行。关注人力资源就是建立良好的雇主品牌。

▶ **思考题**

你的员工满意度如何？员工满意度是否对客户满意度有影响？

第七十二讲｜规模小的代理记账公司更需要品牌

> 小公司如何用好品牌？

>> 初设代理记账公司该怎么做

如果现在从 0 开始做一家代理记账公司，我肯定选择加盟品牌，原因如下：

第一，几个人的小公司，客户不信任。但如果我在河南南阳加盟创业护航，我的名片上写着"创业护航集团河南南阳办事处"，那么我的名头越小，客户就越是信任我，因为我只是创业护航集团的一个办事处，所以办公室小、人数少，客户会觉得很正常。回想我刚开始创业的时候，也是用崇明经济开发区市区办事处的名义开展业务的，虽然我当时的办公室只有 50 平方米，算上我只有 3 个人，但因为是办事处，所以客户信任我。

第二，如果设立一家独立的代理记账公司，我可能要雇 10 个人，并且租一间 500 平方米的办公室。现在加盟创业护航，我只需要租一间 300 平方米的办公室，这样至少可以节省 10 万元租金，而加盟费不到 1 万元，相当划算。

第三，规模小，没有经验，人才也不齐全。加盟创业护航，经营中遇到了问题可以有地方咨询，可以找人商量，这是加盟品牌的内核价值。

>> 创业护航给加盟商的品牌赋能

创业护航集团的市场部专门为加盟商制作了品牌物料。

1. 文化墙

文化墙的设计是希望帮助加盟商更好地获客。企盈的文化墙如图 8-8 所示。

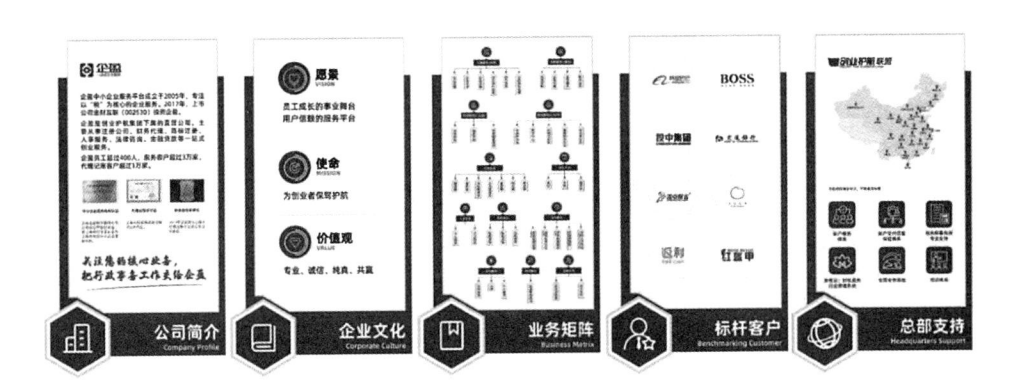

图 8-8 企盈的文化墙

（1）公司简介

这是加盟商对自己公司的介绍。

（2）企业文化

愿景——员工成长的事业平台，用户信赖的服务平台；使命——为创业者保驾护航；价值观——专业、诚信、纯真、共赢。这是创业护航的企业文化，它让客户和员工感受到：这家公司关注员工，也关注客户；为创业者保驾护航，让客户放心；专业是诚信的基础。这可以授权创业护航联盟的加盟商使用。

（3）业务矩阵

这里列举了产品图中的十二大类产品，客户在参观公司的时候，一眼就能知道我们可以为客户提供哪些服务。

（4）标杆客户

这些标杆客户都是知名企业，我们真实地为他们提供了许可证服务、外资服务、税务筹划服务、财务外包服务、知识产权服务等，这会让客户对我们有信心。

（5）总部支持

图 8-8 中有创业护航全国加盟商的分布，这让客户感受到我们的规模。总部的支持包括服务体系、交付质量保障、税务师事务所、摩羲云管理系统、全国园区和培训体系。这些都是为了让客户感受到全国性机构的支持——尽管我这里规模不大，但是我有后援，因而有信心服务好客户。

2. 前台

前台可以展示双标识,既展示加盟商自己的公司的名称,又展示创业护航的标识(如图 8-9 所示)。

图 8-9　企盈前台

3. 其他

我们的一整套 VI 设计中,包括名片、微信头像、易拉宝、手提袋、授权牌和一系列品牌物料,加盟商可以找对应的沟通会计索取。另外,关于文化墙,我们还准备了了解说词,如企业文化为什么这样表述、业务矩阵如何介绍、标杆客户如何介绍、总部支持如何介绍等。我们希望加盟商能够通过熟练的介绍打动客户,消除客户的顾虑,顺利签单。

▶▶ 小代理记账公司的品牌之路

越是小公司,越需要品牌的支持。小公司加盟创业护航至少有以下好处:(1)赢得客户的信任;(2)学习总部的管理和专业,提升自己的经营能力;(3)共享创业护航全国的园区,还有沟通会计的贴身指导,直接增加盈利;(4)使用摩羲云系统,从最基础的功能开始,提升客户体验,使管理体系化;(5)跟随创业护航了解行业最新动态,跟随时代节奏抓住发展机遇。

▶ 思考题

创业护航联盟的这些支持中,哪一项对你最有用呢?

案例十八 | 创业护航的品牌成长历程

>> **励楚时期**

励楚时期的品牌策略非常简单,就是"抱大腿"。作为一家小公司,既要赚钱又要打品牌,基本不可能,因此我们当时非常务实地选择了蹭崇明经济开发区的品牌。图8-10是我当时的名片。

除了名片,当时的网站和宣传资料等基本没有突显"励楚"这个名称,以至于后来所有客户都叫我"何主任"。

通过利用崇明经济开发区的品牌,我们很好地解决了客户信任度的问题,得以把全部精力放在客户转化上,快速完成了初始资金的积累。之后,我们和上海其他的同行联合成立了HX,享受了一阵大平台带来的品牌福利。

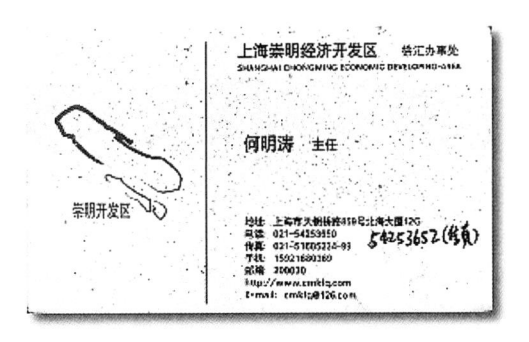

图8-10 我的名片(2007年)

>> **企盈和风景线时期**

从HX退出后,我成立了企盈。从企盈开始,我们有了初步的品牌概念。

企盈的定位是"一站式"服务平台,我们提出了一个口号:关注您的核心业务,把行政事务性工作交给我们。这个口号既定义了客户的需求——做好核心业务,又定义了我们的产品属性——行政事务性工作的"一站式"服务平台。与以往励楚只强调产品优势不同,在营销中,我们越来越重视对"企盈"这个名字的使用。对老客户,我们有"企盈学堂",帮助他们建立初步的财会概念;对意向客户和渠道,我们有"企盈公开课",推出工商、财税、人事、知识产权等一系列课程,广受好评。在企盈时期，我们对外的品牌营销仅止于此，更多的是在服务过程中修炼内功。

2017年末风景线成立不久，就有阿米巴长提出："风景线没有品牌，企盈的品牌客户很认可，我想用企盈对外宣传，但是我签合同又要用风景线，企盈和风景线没有股权关系是不行的，希望公司可以做一下调整，让企盈做风景线的股东。"企盈的规模不大，当时只能占到上海1%的市场份额，没想到竟然有一些客户很认我们的牌子。

>> 摩羲时期

在摩羲时期，我们开始注重通过内容来促进品牌建设。摩羲的客户是代理记账公司，我们当时通过摩羲商学院这个平台出版了《服务即营销的终极秘密——代理记账公司的管理与营销》和《领航者说——走进中国代理记账标杆企业》两本书以及音频课，上线了像"思想派"这样的自由创作栏目，也上线了其他一些老师的课程。在线下，摩羲商学院组织了一次又一次巡讲，像全国各地的同行宣传我们的理念和产品。经过两年的努力，我们成功地通过这些课程占据了代理记账同行的时间，成为行业中的一个IP——从一家在上海默默自己做生意，连代理记账协会都没有加入的公司，蜕变成行业中知名度极高的标杆企业。

>> 创业护航时期

在创业护航时期，我们真正开始了全面的品牌建设：

在B端，继之前的两本书后，《税务筹划案例100》和《有尊严的增长——代理记账公司的增长密码》两本书相继出版。

在C端，我们开始制作优质的内容并通过抖音、微信视频号等媒体向创业者分发。与B端的逻辑相同，我们希望通过内容得到创业者的认可，让创业者觉得我们是一个靠谱的企业服务品牌。

同时，我们将这些品牌逻辑以产品和服务的形式赋能我们的同行。创业护航联盟为所有加盟商制作了一整套品牌物料，让加盟商在客户眼中真正成为一个大平台的一分子，帮助加盟商更好地进行成交转化。

新上线的视频推流产品把我们的优质内容通过直播的形式推给加盟商，让加盟商共享我们的内容带来的流量红利。越来越多的加盟商开始使用"创业护航"这个品牌，从而增强了创业护航的品牌影响力。品牌建设的自增长飞轮初现雏形。

第九章

增长红利：外部十倍好

第七十三讲 | 红利、利润与社会工资

> 究竟什么是红利？

雷军说：在风口上，猪都能飞起来。"风口"就是红利，每个人都希望享受红利。

>> 红利、利润、社会工资

在一个溶洞景点中，有一段滴水很严重，游客会被淋湿。老李发现了这个商机，于是去超市批发了一次性雨衣在溶洞门口售卖。老李的进货价是 2 元/件，卖 10 元/件，生意非常好。没过几天，隔壁老王发现老李这个生意好，也去批发了一次性雨衣来卖，进货价也是 2 元/件，他卖 8 元/件，于是游客都找老王买，老李只得降价到 6 元/件，然后老王降价到 4 元/件，老李再降价到 3 元/件，这时，老王和老李都不能再降价了，因为再降价就没有利润了。老王很郁闷，他私下搞定了溶洞景点负责人：只允许他卖，不允许别人卖。可是没过多久，老李投诉到管理部门，经调查，这属于垄断，于是景点负责人只得放开"一次性雨衣市场"。后来，老王发明了一种荧光贴纸，贴在雨衣上在溶洞里可以发光，映在岩石上很好看，他卖 3 元/张，制作成本为 1 元/张。老李看到后也想卖，但是老王说："对不起，这个荧光贴纸我申请了专利，只能我卖。"于是，老王的生意又好起来了，而老李却做不下去了。

在这个故事中，一次性雨衣的市场竞争导致价格最终停留在 3 元/件的水平。这 1 元的差价是利润吗？不是，它是社会工资，也就是补偿老王和老李的劳动的社会工资。最初，老李发现了商机，7 元（10 - 3）就是红利。后来，老王发明了荧光贴纸，2 元（3 - 1）是真正的利润。

1. 社会工资

社会工资是付出普通劳动赚取的收入，社会中的大多数人其实就只赚到了社会

工资，也就是说，付出普通劳动只能赚到出卖自己时间的对价。

2. 利润

因为创新而获得了别人很难抢走的收益，就是利润，也就是说，利润的唯一来源是创新。创业护航税务师事务所的不动产业务部是创新，不管在市场上，还是在专业上、管理上都有一定的门槛，还有先发优势，所以能够保持较高的利润。

3. 红利

别人没有发现的商机，你首先发现且付诸行动，就能获得红利，但是红利很难持续。

由此可见，即使你发现了红利，找到了那个"风口"，也要想办法创新，充分利用先发优势，加大研发力度或者争取相对的特许经营，建立进入门槛，才能保持领先。

》 代理记账行业曾经的红利

代理记账行业是随着中国市场经济的发展而发展的，这个行业经历了大约 20 年的快速发展，经历以下几次红利期：

1. 执照代办高利润时期

2000 年前后，办理营业执照的手续非常复杂，那时信息不对称，政府服务无法与现在相比，所以在那时，办理一张营业执照可以赚到超过 5 000 元。这是代理记账行业的一个红利期。

2. 验资高利润时期

2014 年 3 月前，所有公司注册都需要注册资金实际到位，需要会计师事务所出具验资报告。那时，包括政府在内，为了吸引公司注册，协助垫付注册资金，主要的盈利模式是赚取资金的时间价值。这一红利时期让一部分人赚到了比较多的钱。

3. 政府招商红利时期

实行分税制改革后，2000 年后各地招商已经非常市场化，那时将企业引入园区注册有很高的利润，是代理记账公司的一个红利期。

4. 网络推广红利时期

从翻黄页到百度搜索，大约在 2004 年前后，人们的查询习惯发生了根本性的转折，第一批相信网络推广的老板享受了这一时期的红利。

5. 电话营销红利时期

2010年后，大量电话销售团队进入代理记账行业，对训练有素的他们来讲，只是换了一套话术打电话。2019年前，这是行业的一个红利期。但是随着国家对信息的保护，电话营销方式的效果越来越差了。

6. 微信营销红利时期

2015年至2019年，通过微信做营销是有红利的。那时，微信对加好友的监管不严格，加好友比较容易。陈雅娜就享受了这波红利，她用微信营销的方式获得了很多客户。但是现在微信已经成为一种必需的沟通方式，不可能再作为一种单独的营销方式存在了。

如何抓住红利

红利就是因为科技、政策、用户发生变化，形成短暂供需失衡，给商业机构带来的机遇。

抓住红利应做好以下几点：（1）对技术敏感，"先相信，再看见"，要相信科技变化的力量；（2）对用户敏感，要善于发现用户的变化；（3）对政策敏感，代理记账行业尤其要关注并发现政策变化带给我们的机遇；（4）红利来源于认知，我们必须认识到机会。

▶ 思考题

你抓住过代理记账行业的红利吗？

第七十四讲 | 市场主体红利

> 市场主体红利还会持续多久？

>> 我国市场主体数量的持续增长

2014年是我国企业注册数量的转折点。2013年底，我国市场主体数量大约为6 000万户，其中，企业为1 528万户，个体工商户超过4 000万户。2013年年度新增企业250万户。到2014年，新增企业数量猛增至365万户，平均每天增加1万户，相比2013年，增幅为32%。这一年，商事制度改革，取消了注册资金验资制度，实行注册资金认缴制。这是代理记账行业的第一个流量红利。

2015年新增企业444万户，同比增幅为18%。2016年新增企业553万户，同比增幅为20%。这两年国家推动"大众创业、万众创新"。之后，虽增幅放缓，但增长的绝对值始终保持较大数额（如图9-1和图9-2所示）。

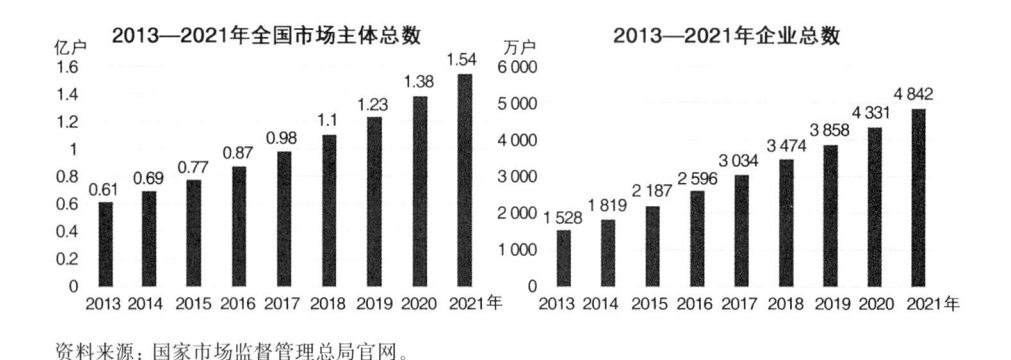

资料来源：国家市场监督管理总局官网。

图9-1 2013—2021年我国市场主体综述和企业总数变化

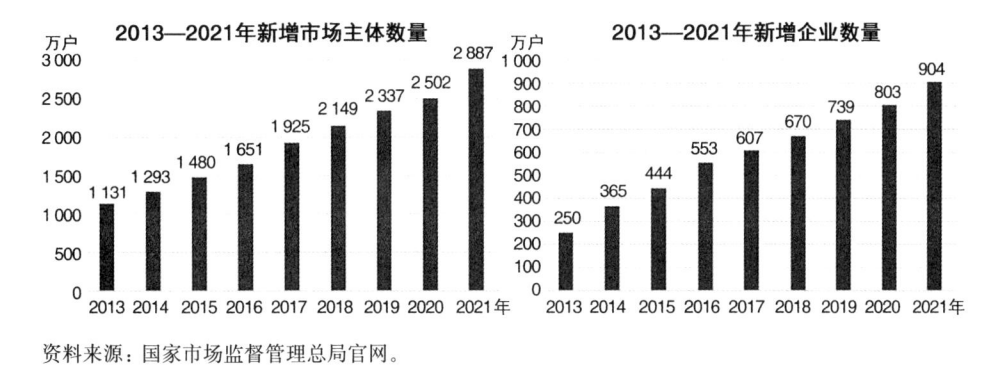

图 9-2 2013—2021 年我国新增市场主体和新增企业数量

资料来源：国家市场监督管理总局官网。

我们对 2013 年至 2021 年的市场主体数量情况总结如下：

2013 年底，我国市场主体约 6 000 万户，企业约 1 500 万户，个体工商户与企业的比例大约为 3∶1。到 2021 年，1.5 亿市场主体中大约有 1 亿个体工商户，个体工商户与企业的比例大约为 2∶1。可见，个体工商户的新增非常活跃，绝对数很大，每年新增超过 1 500 万户。

2014 年是企业数量增幅最大的一年，主要得益于注册资金认缴制改革。

2021 年底，我国市场主体数量达到 1.5 亿户，其中，企业为 5 000 万户，大约平均每 30 人一家企业，而美国大约平均每 12 人一家企业，深圳、上海、北京已经达到美国水平。

2021 年企业注销 349 万户，约占当年企业总数的 7%；2017 年企业注销 124 万户，约占当年企业总数的 4.8%。企业注销的比例有所增加。

未来市场主体情况预测

基于历史数据、发达国家市场主体情况以及宏观环境，我对未来我国市场主体的情况预测如下：

第一，市场主体数量进一步增加。虽然我国调低了 GDP 增幅，但是绝对数依然较大。市场主体还将以每年新增 3 000 万户左右的速度增加，企业新增量大约维持在 1 000 万户。

第二，个体工商户的新增数量增加，尤其是国家逐步将电商的个人收款转为市场主体收款，会促使个体工商户的数量大幅增加。

第三，每年注销市场主体将超过1 000万户，每年注销企业将超过400万户。

第四，到2025年左右，市场主体新增绝对数量仍将维持在3 000万户左右，企业新增绝对数量维持在1 000万户左右。

第五，市场主体的存量和增量与我国GDP的相关性高达0.95以上，与城镇就业的相关性高达0.95以上。所以，每年中央经济工作会议和国务院经济工作会议都把保市场主体放在非常重要的地位，只有市场主体活跃，经济才会活跃，才能真正"保就业"。

如此看来，我国市场主体的数量仍处于增长期，代理记账公司仍处于红利期。

>> 如何抓住市场主体数量增长红利

第一，市场主体数量增加期是代理记账公司的机遇期，应想尽一切办法增加客户数量。代理记账行业从增量市场转变为存量市场还有很多年，我们可以保持乐观的态度来经营。

第二，要规模化就必须追求简单化，所以代理记账的数字化转型是必需的，一方面可以提升效率，另一方面可以提升员工和客户的体验。

第三，以企业注册作为"入口"，注册后的代理记账是稳定的长期业务，提升客户满意度，提升续费率和百元转化率。

第四，大量的市场主体使得变更和注销业务的需求量必然巨大。大量的企业注销和变更业务，尤其是复杂业务，特别需要发挥我们"税"的核心优势，在增加客户价值的同时增加公司的利润。

第五，小微企业的低税负是对园区招商模式的挑战，因为园区不欢迎没有税收的市场主体，但是市场主体注册的需求量又很大，这个矛盾将长期存在，合理解决这个问题是一个市场机会。

总之，我国市场主体的数量还处于快速增长期，抓住市场主体增量红利，代理记账公司在未来可以乐观经营。

▶ 思考题

你的公司客户数量的增幅与全国平均水平比，处于什么水平呢？

第七十五讲 | 税务合规红利

> 国家帮行业教育了客户,我们如何产生收益?

〉〉 所有经济现象的背后都是政治的表达

2018年,明星范某涉税处罚8.84亿元;2021年,明星郑某涉税补缴和处罚2.99亿元,明星主播薇某涉税补缴和处罚13.41亿元;等等。所有经济现象的背后都是政治的表达。对明星的涉税处罚是对全社会的一次宣传教育。因为明星的流量大,社会关注度高,所以对她们的处罚起到了教育全社会的作用。经过这次教育,现在很多主播主动补税,很多企业老板主动找税务师事务所咨询个人和企业的税务合规方案。从这个意义上讲,国家在帮助财税服务行业教育市场。

〉〉 从"金税三期"到"金税四期"

在"金税三期"上线后,一方面紧锣密鼓地立法,另一方面加强数据基础设施建设,全国涉税的"大信用"体系正在全覆盖,这会使涉税违法的成本越来越高(如图9-3所示)。

大信用
全域覆盖,持续牵引

● **企业纳税信用评价系统**
2018年评价企业2 600万户,M级占比约45%,剔除M级后,A、B、C、D级占比分别约为7%、60%、11%、22%

● **涉税专业服务信用信息平台**
完成信息采集、积分增标的优化、支持人工采集评价信息

● **个体工商户信用管理系统**
10个省依运行预评,参评个体工商户为374万户,A、B、M、C、D占比分别为1%、27%、39%、18%、14%

● **办税人员信用管理系统**
山西、广东、浙江准备试点

图9-3 "金税三期"的"大信用"项目进展

在西方，特别是美国和欧洲，涉税违法是非常严重的事，会影响个人的各项信用，甚至带来生活上的不便。我国正在建立全社会的征信体系，包括机构和个人。"金税四期"上线后，数据会更全面，国家会通过全方位的数据来实现"以数控税"的税务稽查。对于一家企业的用水、用电、土地、人员、进出口、现金流等全方位的数据与企业的财务、税务报表结合起来，人工智能核算的准确性将接近100%，也就是说，企业将只能根据真实的业务纳税。

实际上，如果所有企业和个人都依法纳税，整个社会的交易成本就会降低。因为企业的财务报表真实、可信，所以可以直接以财务报表为依据进行谈判和申请贷款。要建立一个真正市场化的体系，这样的征信体系是必需的。当前，税务合规已经具备了条件，这个进程会大大加快。

>> 如何抓住税务合规红利

税务合规是外部环境给我们的机遇。那么，该如何抓住这个红利呢？

首先是认知，我们必须认识到这是一个机会，这样我们才会去研究市场，研究政策，并组织团队执行。

然后我们要敢于承接这样的业务，包括税务稽查代理、税务质询代理、税务合规服务外包等。

最后要强调的是，对企业做好培训和宣传很重要。创业护航的讲师团在全国帮助创业护航联盟的加盟商做会议营销，有感染力的讲师把案例生动地讲给客户听，这是直接的教育和培训，客户近距离地认知到这些问题后，更容易付钱做好税务合规。

▶ 思考题

你的公司帮助你的客户解决过税务合规问题吗？

第七十六讲｜细分市场红利

> 如何抓住细分市场的机会？

>> 为什么细分行业有红利

第一，我国是一个巨大的市场，市场主体数量多，每个行业都有足够的市场主体需要财税服务。

第二，细分的逻辑是定位。思考：我是谁？如果我做不了我所在城市代理记账行业的老大，那么我能否做细分行业的财税服务老大？

第三，现在很少有人去研究细分市场的财税服务，别人没有想到或者没有去做的，我们去做了，就是在享受红利。

第四，细分行业，我们积聚资源，安排专门的团队去做有特色的营销，提供有特色的服务，用专业享受红利。

>> 哪些细分行业值得做

我们可以选择我们有资源的行业进入。

1. 电商

这个行业的市场主体数量多，长期合规性差。现在国家要求各网络平台必须从自然人转变为市场主体，这是当前的一个红利。

2. 网络直播

随着内容平台方兴未艾，国家互联网信息办公室、税务总局和市场监督管理总局专门发文规范这个行业，要求其从自然人转变到市场主体经营，这也是当前的一个红利。

3. 不动产和不良资产

随着国家对房地产的管控，不良资产增多。在对不良资产的处置过程中，税务是一个大问题。比如：法院拍卖的公告中大多是含税的，某项不良资产（主要是房地产）的交易过程需要缴纳多少土地增值税？所属公司的清算涉及多少所得税？等等。对这些问题的处理需要第三方机构的协助，而这个行业之前一直没有好的税务服务供应商。不良资产的处理不仅需要复杂的专业知识，而且需要与税务局做充分沟通，能承接该类业务的机构不多，所以这个行业尚处于红利期。

4. 餐饮

这个行业的问题很典型：(1) 进入门槛低，管理不规范；(2) 一家企业往往有多个股东，经营股东和投资股东容易发生纠纷；(3) 采购和收入不透明，财税合规性差；(4) 大规模的连锁餐饮需要综合财税服务。餐饮行业的企业数量巨大，涉及许可证、股权、财税、法律等综合问题。如果我们能组织一支针对餐饮行业的团队并对外宣传——我们是餐饮行业最专业的财税服务公司，那会很有前途，毕竟这个行业永远都会存在，这也是红利。

5. 制造业

我国有很多城市有大量的制造业，特别是规模积聚的有特色的制造业。比如：江苏黄桥和河南确山县是小提琴之乡，山东临沂是木材和陶瓷加工基地，温州柳市是"中国电器之都"等。在这些地方，如果我们能针对这些产业做好财税服务，那当然是红利。创业护航联盟的加盟商——山东临沂九星财税的口号是"工厂会计第一品牌"，这就是通过细分行业的定位抓住了红利。

6. 高新技术

这个行业的特点：(1) 需要做辅助账，与普通的代理记账有区别；(2) 需要审计；(3) 需要申请政府补贴；(4) 需要申请商标和专利等知识产权。如果我们能在这些方面很专业，就能形成口碑和品牌，赢得这个细分市场的红利。

7. 涉外业务

从细分市场角度看，这个行业的特点：(1) 需要较强的外语专业能力；(2) 涉及的知识面广；(3) 需要熟悉国外客户的文化和机制；(4) 外商投资和对外投资都有特别的手续。这些方面如果我们能专门研究，成立专门的团队，当然是非常大的红利。

8. 政府会计

如果我们有相关资源,在政府会计方面会有很大的市场。

》 如何抓住细分行业的红利

第一,对市场敏感。从客户的需求出发,有了需求,立即响应,判断是否有机会做大,如果可以,就立即成立团队进入市场。

第二,成立专门的团队——阿米巴,这样才能激发团队的热情和潜能,把业务当作事业去做。

第三,专业研究。一定要有研究报告,否则如何证明我们是专业的呢?

第四,敢于宣传。有了成功的案例,在保护客户隐私的情况下,加以宣传。成功的案例是最好的广告。

第五,做好营销。一旦确定了市场机会,就要建立营销团队有针对性地开拓市场。比如:创业护航不动产事业部专门招聘了熟悉不动产行业的伙伴来做营销。

▶ 思考题

你接待过哪个细分行业的客户?你想过把某个行业做出特色吗?

案例十九 | 代理记账市场红利,我们抓住过,也错过过

2007 年至今,中国的经济发生了翻天覆地的变化,很多变化深刻影响了代理记账行业,也产生了许多红利。

>> 百度推广红利

2007 年刚进入这个行业时,我们苦恼于如何获客。一个偶然的机会,我们接触到了百度推广的业务员。他告诉我们,当时在百度上做"企业注册"这个关键词的人很少,2 000 元/月就可以排到前三了。即便如此,对于只有 3 个人的励楚来说,一个月 2 000 元依然不是可以无视的成本。所以,我们自己算了一笔账:当时企业注册的客单价比较高,如果一个月能通过百度成交 5 单,我们 3 个人的工资就有了着落。按照百度业务员预计的点击量,一个月成交 5 单完全没有问题。于是,我们决定干。

我们发现,当时百度上寥寥无几的企业注册广告都只是简单地对这个业务做了介绍,于是我们决定把崇明园区的财政扶持作为主打广告,并且对推广网站上的园区扶持内容进行了大幅度的增加,以此来吸引客户点击咨询。同时,我作为公司的负责人,亲自操作关键词和排名的优化,亲自接听客户咨询,在此基础上总结出了百度投放初步的运营方法和基础的结构化咨询方法。当时的成交量远远超出了我们的预计,励楚也凭借百度推广的先发优势,在行业里站稳了脚跟。

时至今日,百度推广的成本发生了翻天覆地的变化。在上海这样的一线城市,百度推广的成本已经不是新进入的代理记账公司可以承受的了。但我们由于常年的精耕细作,并且享受了百度 VIP 客户的高折扣优惠,在推广的初期收益上依然可以保持基本的盈亏平衡。结合代理记账和园区扶持的长期收益,虽然现在我们一年的推广费用高达 1 000 万元,但是我们依然能够通过百度获取可观的利润,而百度也依然是我们流量最大的获客渠道之一。

第九章 增长红利：外部十倍好

>> 注册资本认缴制和"双创"工作

2014年3月，注册资本认缴制正式实施，在企业登记代理行业掀起轩然大波。在此之前，注册资本需要实际到位，很多代理公司借此提供资金，赚取高额服务费。认缴制实施后，这项业务变成了仅有一些特殊行业有需求，很多代理公司突然失去了业务来源，纷纷退出了这个行业。然而，这个政策同时带来了企业注册数量的飞速增长，大量企业的注册和代理记账需求如雨后春笋般出现。

2014年9月，在达沃斯夏季论坛上，李克强第一次提出"大众创业、万众创新"的概念。之后，国家频频出台针对"双创"的各种扶持政策。一时间，上海出现了各种众创空间、创客基地等机构，创业变成了一个随处可见的话题。

认缴制和"双创"带来了代理记账行业的一波狂欢。当时的企盈非常敏锐地发现了其中的商机。一方面，我们对产品进行了优化，将代理记账作为公司最重要的战略型产品，推出了签订代理记账就免费注册公司的套餐，用代理记账的长期收益取代注册公司的一次性收益，作为公司的主要收益来源；另一方面，我们组建了线下业务团队，开始频繁接触众创空间、创业孵化器、商业协会等渠道，结合渠道的活动需求，建立了"企盈公开课"这一公益活动品牌，将财税知识带给渠道的会员，同时从渠道获取客户。通过这些措施，我们在百度推广之外找到了新的增长点，也是从那时起，企盈进入了发展快车道，每年新增2 000至3 000位代理记账客户，发展成为上海代理记账行业的头部企业。

>> 错过的红利：电话销售

2014年，行业中开始崛起一些互联网公司，这些公司最主要的销售手段是电话销售。当时企盈的客户来源主要是百度推广和线下渠道，客户质量比较好，客单价也较高。而电话销售的客户质量往往难以预期，客单价也很低，更麻烦的是，我们没有电话销售的经验，不知道应该如何组建一支好的电话销售团队。因此，在几次短暂的失败尝试后，我们就再也没有系统性地建立过电话销售团队了。

事实上，客户要找到一家靠谱的代理记账公司并不容易，电话销售其实是一种非常好的获客手段。在那几年，很多优秀的同行通过电话销售对自己的业务规模进行了快速扩张，并且在后期通过对老客户的运营，取得了非常好的成绩。

我们反思，如果当初能够认真考虑电话销售这个方式，从一些有经验的互联网公司挖团队过来认真发展，可能我们现在的代理记账客户数能够翻番。世上没有后悔药，时至今日，至少在上海这样的一线城市，电话销售的效果下降是非常明显的。我们应该没有机会再现电话销售在这个行业往日的辉煌了，这一波红利，我们是彻底错过了。

>> 案例总结

行业如人生，充满了起起落落。我们曾抓住过一些红利，也曾错过一些红利。代理记账行业如今方兴未艾，我们要坚信机会永远存在。希望大家能够和我们一起，牢牢抓住下一波红利，将代理记账行业推向新的高潮。

第十章

增长壁垒：
代理记账公司的"护城河"

第七十七讲 | 无形资产

> 如何让客户相信我们？

>> 企业的"护城河"

巴菲特提出的"护城河"概念，是指企业抵御竞争对手的攻击的可持续竞争优势，如同保护城堡的护城河。通俗地讲，"护城河"就是要尽量设置竞争门槛，建立长期的竞争优势。巴菲特把"护城河"总结为四类：（1）无形资产，包括许可和品牌；（2）成本优势，包括规模和管理；（3）网络效应，包括用户和生态；（4）迁移成本，包括习惯和资产。

我们之所以研究代理记账公司如何建立自己的"护城河"，是因为只有具备建立"护城河"的意识，才会在经营过程中落实到行动上。即使现在能做的不多，但依然有机会在某些方面建立一些竞争优势。"护城河"的建立需要一个过程，关键是走出第一步。

>> 什么是无形资产

无形资产分为两大类：许可和品牌。

1. 许可

虽然代理记账行业是市场化特征显著的行业，但是依然可以做一些工作：（1）代理记账许可证虽然不是市场准入的强制要求，但如果代理记账公司备案了代理记账许可证，在客户眼中就树立了正规机构的形象。（2）成立税务师事务所使代理记账公司有更强的竞争力，这就是无形资产。（3）参与政府采购。比如：上海中标政府采购的代理记账公司可以由财政支付客户的代理记账费，这是个许可证的门槛，不仅是无形资产，而且直接影响产品。（4）进入一些大企业的供应商名录。比如：创业护航及其下属子公司进入一些大型国有企业、大型外资企业、大型电商平台和政府单位的供应商目录，成为他们的工商和财税服务商。（5）与政府园区合作，甚至是独家合作，为政府招商，这也是许可，这类业务甚至可以成为代理记账公司的主要业务。

2. 品牌

我们往往重视获取客户的价值而忽视了品牌的价值。其实，品牌意识可以帮助我们获客。越是小的代理记账公司，越是需要品牌加持。

除了当下的好处外，品牌冰山下的部分是我们真正要去努力建设的，那是内功，只有练好内功，我们才能在客户心目中建立起品牌。哪怕我们是一家很小的代理记账公司，只要客户认我们，我们就会在一个区域内形成口碑，在一个区域内产生品牌效应。

》 代理记账公司如何打造无形资产这个"护城河"

第一，要有这方面的认知和意识，有了这样的思想准备，我们才会关注公司的名称、品牌和许可。

第二，要把无形资产放在重要位置，千方百计把"无形"的资产"有形"地表达出来。

第三，要敢于行动，做好许可内容，做好与品牌相关的工作。

▶ 思考题

你的公司最重要的无形资产是什么？

第七十八讲｜成本优势

> 如何建立成本优势？

>> 什么是成本优势

如果我们很难在无形资产上建立"护城河"，那么，建立成本优势就是我们必须做的了。成本优势包括两个方面：规模和管理。

1. 规模

成本＝固定成本÷销售规模＋变动成本

由公式可知，有三种方式可以降低成本：一是降低固定成本，如减少生产线投入；二是降低变动成本，如降低原材料采购价格；三是增加销售规模，这相当于摊薄固定成本。实际上，固定成本很难降低，因为这是生产启动时的基础投入；原材料价格也很难降低，因为要保证产品质量；所以，往往通过扩大销售规模来摊薄固定成本。

富士康每年生产超过3亿部手机，其中大约一半来自苹果公司，每部手机能赚约25元。小厂商无法与富士康竞争，甚至连苹果公司都离不开富士康的原因：(1) 规模优势使材料进货成本低。(2) 规模优势可以降低资金成本低。(3) 规模优势摊薄了研发成本。(4) 规模优势带来了供应链优势。(5) 规模化可以摊薄管理成本。(6) 这样的代工厂在品牌厂商那里有更大的竞争力。

因为规模优势，富士康各个方面的成本都很低。在苹果公司那里，它的生产成本低，交货快，让苹果公司无法离开它；在供应商那里，它的规模大，供应商虽然在价格上不占优势，但总利润高，供应商离不开它；在竞争对手那里，它的成本优势使得竞争对手难跟它抢生意。这就是规模带来的成本优势，是固若金汤的"护城河"。

2. 管理

管理的提升是永无止境的。我们的很多老板头疼一个问题：优秀员工没有积极性带新人，因为"带会徒弟，饿坏师傅"。海底捞是如何解决这个问题的呢？

海底捞的店长分红机制：（1）店长自己经营，分红比例为店面利润的2.8%；（2）店长带徒弟开店，自己店面的分红只有0.4%，但可以获得徒弟店面3.1%的分红，如果徒弟带出徒弟，则还可以获得徒孙店面1.5%的分红。这样一来，店长就非常愿意带徒弟，因为带徒弟可以获得3.5%（3.1%+0.4%）的分红，比自己开店划算，如果有徒孙则会获得更多。

如何保证培养出来的店长合格呢？海底捞选拔店长有一套完整的流程：（1）经师傅提名后进入内部培训；（2）参加海底捞的统一考试，不合格者即被淘汰；（3）考试通过后在海底捞担任10个岗位，熟悉店面各个岗位的管理；（4）进入"海底捞大学"学习；（5）大堂经理岗位锻炼；（6）再进入"海底捞大学"学习；（7）经过选拔后成为备选店长；（8）成为店长。这样一套流程，既要发挥店长作为师傅的积极性，公司层面又要有严格的管理机制，才能保证规模化复制的成功。

在这样的管理机制下，别人很难挖走海底捞的店长，管理就形成了"护城河"。

》 代理记账公司如何建立成本优势

1. 规模

这里我用创业护航的例子来说明。

第一，我们规模越大，越能拥有更大的办公室。因为客户数与房租不是线性关系，所以客户规模摊薄了我们的固定成本。这个固定成本优势让我们获客更容易，本质上又降低了我们的获客成本，这一"越来越"正反馈就是"护城河"。

第二，规模大使我们在全国建立园区有优势。我们可以向政府承诺招商税收，这使得我们能够享受更好的政策和更便利的手续，实际上是降低了我们的采购成本。规模越大，成本优势越明显。我们扩大规模并形成成本优势后，可以让加盟商享受更大的成本优势和便利，这一"越来越"的正反馈也是"护城河"。

第三，规模能让我们引进专业人才。比如：我们引进注册会计师和税务师来解答全国加盟商的问题，因为规模化而使人力成本降低，而一家独立的小规模代理记账公司很难保有专业的注册会计师和税务师。所以，规模化带来的人才成本优势形成了"护城河"。

第四，规模让我们的品牌影响力更大。一个在全国有1 000家加盟商的品牌，对所有加盟商而言都是规模优势。今天在中国要想建立这样大的品牌连锁是非常困难的，这就是"护城河"。

第五，规模还摊薄了管理成本。比如：我编写的书实际上是培训教材，因为有这么多的老板和管理者需要，所以我的工作有价值，如果只有几十个人读，我的成本就很高；我们做直播也一样，因为可以服务这么多人，所以直播的价值就高，相对成本就低，这也是"护城河"。

2. 管理

对代理记账公司而言，管理需要提升，管理好就能形成"护城河"。

第一，认知和修养。很多老板总是抱怨客户太挑剔，同行低价竞争和挖人，员工不忠诚、不努力，就是不找自己的原因。这样的老板肯定做不大。有好的认知和修养，愿意反思和成长，这就是"护城河"。

第二，战略。如何定位自己的公司，如何增长，需要投入怎样的资源等都是战略问题。没有认真思考过这些问题的老板肯定做不大。有清晰的战略目标，并能有效执行，这当然是"护城河"。

第三，市场营销。对于如何获取流量，如何带好销售团队，不少老板没有思路，更没有行动，这样的老板当然做不大。真正理解并接受代理记账公司的增长公式和蝴蝶结模型，想尽一切办法获取流量并能高效转化，这就是"护城河"。

第四，行动力。不少老板虽然明白了很多代理记账行业的道理，但是不愿意执行，有的是因为要面子而不出来沟通和学习，有的是因为懒惰而想当甩手掌柜，这样的老板肯定做不大。所以，敢于行动就是"护城河"。

第五，人力资源。能有与自己互补的合伙人，能科学地激励员工，能让自己有领导力，这样的老板并不多，能做好自然能形成"护城河"。

此外，还有品牌意识、风险意识、沟通能力、概念能力等综合管理能力，如果能做到优秀，则毫无疑问是固若金汤的"护城河"了。

▶ 思考题

你的公司在规模和管理上有哪些优势呢？

第七十九讲 | 网络效应

> 代理记账行业具有网络效应吗？

>> 什么是网络效应

网络效应是指一种产品或者服务随着用户数量的增加，其本身的价值增加。简单来说，就是用的人越多，产品越好用。通信是最具有网络效应的。当全世界只有10个人使用电话时，网络的价值不大；当有1亿人使用电话时，这个通信网络就价值巨大了。微信是更为典型的例子，当微信的用户（也就是网络节点）达到一定数量后，微信就变得不可缺少了，你不用都不行。这就是腾讯挖下的又深又宽的"护城河"。

网络效应有一个效果，就是"赢家通吃"。正是因为这个效果，所以大家都试图让自己的商业模式具有网络效应。拿滴滴打车来说，进入的司机越多，乘客越容易打到车，乘客越多，就有更多司机愿意加入这个平台，这就是网络效应的力量。为了建立这个网络效应，滴滴打车最初花了很多钱来做双边补贴——一边补贴乘客，一边补贴司机，让大家进入这个网络。后来滴滴打车"赢家通吃"——各种打车软件要么被淘汰，要么并入滴滴打车。建立这样的垄断网络后，滴滴打车开始收取司机的分成，个人打车如果在高峰时段需要支付额外的费用。滴滴打车用各种算法把司机和乘客管理起来，形成了一个由算法控制的网络。

有一家人力资源公司，为全世界在中国的外资大企业做人力外包服务。它在全国布局了一个网络：每个城市设立一家企业，这家企业在全国有10个分支机构，通过这个网络就能方便地解决客户的全国性问题。加入的城市越多，就越能在网络内部解决客户的全国性问题，而且网络内提供的客户也越多。后来，这家公司获得了很多投资。它的网络效应模式在行业中具有"赢家通吃"的属性。

第十章　增长壁垒：代理记账公司的"护城河"

▶▶ 单边网络效应：用户

微信的网络效应体现为抢夺用户。用户就是网络节点，这样的网络节点越多，网络效应越明显，这个网络就越有价值。这种用户网络效应是单边网络效应。

▶▶ 多边网络效应：生态

滴滴打车的网络效应是双向的，用户和司机互相刺激，这是生态网络效应。前述的人力资源公司也是这一生态，参与的地方节点越多，客户越多。

▶▶ 代理记账公司如何把网络效应变成利润和"护城河"

创业护航联盟在全国的"百城连锁"项目具有一定的网络效应。

第一，加盟商越多，我们的品牌就越有价值。比如：我们有1 000家加盟商，每一家加盟商都有另外999家加盟商为之背书，加盟商越多，这一无形资产的价值越高，对每一家加盟商的价值也就越高，这就是"护城河"。

第二，加盟商越多，园区订单越多，我们就越能提供更多的园区；园区越多，我们就越有优势。这是双边的网络效应，是"越来越"的正反馈，是"护城河"。

第三，加盟商越多，我们越能提供更多的产品和服务，加盟商就越能享受到更多好处。

第四，加盟商越多，各城市加盟商之间互相提供的业务就越多，这是我们平台给加盟商带来的价值，也是网络效应。

代理记账行业具有一定的网络效应。单打独斗的时代已经过去，如今越来越需要大家在一个网络里互相成就，这就是创业护航联盟的价值。随着创业护航联盟的扩大，我们越来越重视规则的建立和品牌的建设，如何让大家享受网络的价值是这个网络最重要的价值，也是创业护航联盟存在的意义。创业护航联盟正在努力成为代理记账行业最大的品牌生态，形成网络效应，打造属于我们大家的"护城河"。

▶ 思考题

你认为单打独斗好，还是加入网络生态好？

第八十讲｜迁移成本

> 客户转走有多大成本？

三类"护城河"（无形资产、成本优势、网络效应）是阻止竞争对手进来，而迁移成本是防止客户离开。

>> 什么是迁移成本

迁移成本是指客户从一家公司转向另一家公司需要面临多大障碍或增加多少成本，即客户为更换公司所需付出的各种代价的总和，包括：时间和精力上的转换成本，如学习成本、时间成本、精力成本等；经济上的转换成本，如利益损失成本、金钱损失成本等；情感上的转换成本，如个人关系损失成本、品牌关系损失成本等。

迁移成本可以分为以下两类：（1）习惯构成的迁移成本。比如：从使用苹果手机转变为使用华为手机，需要付出时间和精力去学习和适应。要改变习惯并不容易，人往往被锁在自己的"习惯"里。（2）资产构成的迁移成本。比如：你的通讯录存在一个手机号码下，要更换手机号码就要通知所有联系人变更，这个迁移成本很大，如果其中有重要的人不方便变更，你就不能轻易更换手机号码。这个通讯录就是你的资产。在我们的公司里，我们习惯了一款做账软件，要换一款软件就要改变所有人的习惯，还要将数据资产迁移过去，非常麻烦。这就是软件的迁移成本，包括习惯和资产。

那么，客户为什么要从原来的服务公司迁移到别家呢？

产品价值＝（新体验－旧体验）－迁移成本

从公式中可以看出，仅仅新产品比旧产品好是不够的，还必须抵消迁移成本，客户才愿意付出这个与价值匹配的价格去替换服务公司。也就是说,要从别人那里抢走客户,不是你做得比别人好一点就可以,而是要好很多才行。换个角度来说,如果我们的产品比别人的好很多,扣除客户需要支付的产品费用,就是我们要从别人那里抢走客户的迁移成本;或者说,别人的产品比我们的好不了多少,客户还要付出迁移成本,那么我们的客户就很难被撬走。

❯❯ 习惯构成的迁移成本

对代理记账公司而言,习惯可以帮助我们建立迁移成本的"护城河"。

第一,我们的沟通会计与客户成了朋友,交流无障碍,配合也默契,客户感觉很舒服,那么,就算别的公司报价便宜,也很难挖走我们的客户,这就是习惯构成的迁移成本,这是"护城河"。

第二,我们具有一定的品牌效应,承诺客户如果出现问题会赔偿,而且我们有严格的质量保障体系,客户习惯于我们这种品牌承诺,换到别的公司则没有这些保障,这就是品牌构成的迁移成本,客户甚至愿意为此付出更大的代价,这其实是品牌溢价,也是"护城河"。

第三,对员工而言,我们有规模、有流量,在我们这里赚钱更轻松,还有更好的晋升机会和学习机会,这是对员工的迁移成本,也是"护城河"。

❯❯ 资产构成的迁移成本

对代理记账公司而言,资产可以帮助我们建立迁移成本的"护城河"。

第一,客户的账目数据在我们的系统中,这是非常重要的资产,客户要迁移有难度,这是资产构成的迁移成本。

第二,我们与客户的合作协议通常是一年,中途改变会损失费用,这也是资产构成的迁移成本。所以,较长的协议期限是"护城河"的一部分。

第三,客户不仅在我们这里代理记账,而且在我们这里办理社保公积金、商标注册等服务,这是"一站式"服务给客户带来的便利,也是我们的平台化产品矩阵带来的资产构成的迁移成本,是"护城河"。

第四,让客户使用我们的电子发票平台,客户的开票历史数据全部在我们的系统中,这种重要的数据资产是重要的迁移成本,当然是"护城河"。

>> 代理记账公司如何建立迁移成本"护城河"

第一,服务即营销,让客户满意,让客户习惯我们,这是习惯构成的迁移成本"护城河"。

第二,数字化,让客户的数字资产沉淀在我们的系统中,这些数字资产是我们未来的核心竞争力。

第三,建立品牌效应、多产品,让客户产生更大的黏度,从而增加迁移成本。

总之,我们要保护好自己的客户,就要努力增加客户的迁移成本;我们要争取别人的客户,就要使客户的迁移成本降低。

▶ **思考题**

你的客户的迁移成本高吗?如何建立迁移成本"护城河"?

案例二十 | 创业护航联盟的"护城河"

>> 我们的"护城河"

在规划创业护航联盟的园区服务时,我们很头疼,因为:论规模,市场上有全国性的规模比较大的园区平台;论价格,很多单体的小供应商价格非常低,比我们能承受的底线还要低很多。思来想去,在联盟建立之初,我们最大的"护城河"其实是无形资产,也就是品牌效应。

"创业护航"的品牌效应要追溯到摩羲科技时期。当时我们在全国做巡讲,由于我们的巡讲内容受到同行的认可,因此很快吸引了一大批业内粉丝。这个品牌效应在联盟建立初期起到了巨大的作用。摩羲科技的很多粉丝成为联盟第一批加盟商,依靠这批加盟商,联盟初步建立了全国布局,形成了一定的规模。这样的规模为联盟带来了另两类"护城河"——成本优势和网络效应。

在联盟建立之初,我们做了相当大的投入,快速在全国建立了本地服务网络。起初单个加盟商的服务成本很高,如果成本一直维持这个水平,我们可能很快就经营不下去了。所幸依靠摩羲科技建立的品牌效应,我们很快将加盟商的数量提了上来,平摊了我们的服务成本,让我们的经营成本降到可接受的范围。

摆脱了高成本的压力后,我们终于有空间来优化我们的园区服务:(1)我们建立了园区评价体系的基础模型,指导我们开发更加优质的园区;(2)我们建立了园区服务的SOP,并且不断更新迭代,从一开始的只提供产品和培训,到现在的包含团队打造、绩效制定、营销、方案支持、风险控制等全方位的服务;(3)我们的财税会议营销讲师帮助很多加盟商的老板首次举办了成功的营销会议,首次在现场收款,首次让员工看到了全新的营销方式并建立了信心;(4)我们的专业人员帮助加盟商进行商务谈判,成功签下疑难客户。现在,我们还计划帮助加盟商做渠道谈判,进一步拓展客户来源。

规模的扩大也为我们带来了网络效应。通过我们的加盟商大会和加盟商群，很多原本素不相识的代理记账公司老板之间建立了亲密的伙伴关系。加盟商们会在群里讨论各种经营和专业问题，几乎每天都会在群里成功对接异地商机。联盟的生态网络也具备了一定的雏形，这样的生态促使我们做进一步的服务升级。如今我们正在筹建联盟咨询部，以更加标准化的服务来满足加盟商的经营管理需求。

>> 越来越好的故事

现在，越来越多的加盟商习惯于通过我们的会议营销来获客，习惯于使用摩羲云系统来管理公司，习惯于使用我们的园区产品，习惯于我们的员工帮助他们的员工提高业绩，习惯于在加盟商群里交流各种信息，习惯于在宣传中使用"创业护航"品牌来增加客户的信任度。这一切都无形中增加了客户的迁移成本。而这一切都进一步增加了联盟的品牌效应，也敦促我们为加盟商提供更好的产品和服务，在挖深我们自己的"护城河"的同时，为加盟商挖深各自的"护城河"。

回顾过去，以往的所有工作都没有白费：没有企盈在上海的做大，摩羲的理论和工具就不具备说服力；没有摩羲在前期积累的品牌效应，创业护航的前期积累难度将大大增加。正是由于我们的不断迭代，创业护航联盟的"护城河"才会越挖越深。这是一个"越来越好"的故事。

第十一章

增长风险：代理记账公司的风险控制

第八十一讲 | 企业在不同阶段的风险模型

> 现阶段应该重点关注哪些风险？

〉〉 走出企业经营风险的认识误区

误区一：不管经营，只谈风险。有的客户找律师咨询企业的风险，得到的风险防控方案会出现这样的问题：说的都是对的，但很难执行。比如：律师要求合同规范，但按照律师提供的合同样本，对方不同意。生意做不了，风险控制还有什么意义呢？

误区二：走极端。认识到某项业务有风险就不去碰它，或者为了赚钱而不顾风险，这两种情况在代理记账行业都存在。有些业务确实有风险，但是我们可以识别风险，然后规避风险，做我们能做的生意。

任何生意都是风险与收益的平衡，所以，关于企业的经营风险，应明确以下几点：(1)识别风险最重要。当我们了解风险时，风险就已经减少了一半。因为只要认识到了风险，我们就会想办法规避它，或者做好承受风险的准备。(2)不同阶段的企业有不同的风险管控要求。(3)既要做生意，又要规避风险。风险是可以管理的，能够识别风险并管理好风险的人才是真正的企业家。

〉〉 不同阶段的企业风险模型

当你的企业的年营收在500万元以内时，相当于你开的是一辆拖拉机，周围的路况你很熟悉，你的车速很慢，驾驶的时候甚至不用看仪表盘，可以凭感觉前进。此时你的企业的主要任务是活下来，即使碰到风险，损失也不会太大。但不是说不需要风险意识，创业初期的任何一个风险都可能导致你的失败。

当你的企业的年营收达到1 000万元时，相当于你开的是一辆汽车，行驶速度比较快,路况也很复杂,你必须看清仪表盘才能安全驾驶。此时你得关注企业的各类风险,如果风险变成灾难,损失就会很大。

当你的企业的年营收上亿元时,相当于你开的是飞机,你只能仰仗仪表盘了,绝不能凭感觉开。此时你的员工很多,你不知道你的每一位员工的具体工作,需要通过财务报表和管理报表来分析你的业务。你必须全方位关注风险,一个小的风险就可能导致机毁人亡。

当你的企业的年营收达到百亿元时,它就是一艘航空母舰了,需要海、陆、空的全方位安全保障,不能接受哪怕一点点机制上的风险。

所以,针对不同阶段的企业,需要有不同的风险防控级别。

》 代理记账公司需要规避的主要风险

1. 战略决策风险

没有做正确的事,再怎么努力都没有用。

2. 税务筹划风险

税务筹划是利润比较高的业务,也是企业的刚需,但有很多风险。这些风险有的是行业导致的,如医药和建筑工程行业风险;有的是经营者无知造成的,如灵活用工风险;还有的是因为经营者急功近利,不惜违法造成的,需警惕。

3. 内部管理风险

任何一家企业都有内部管理风险。比如:因为漏报税可能导致客户损失,所以我们必须有质量保证体系;因为可能存在与员工的劳动纠纷,所以我们必须有员工关系管理规则;等等。

》 代理记账公司为什么要特别关注企业风险

代理记账公司在经营过程中本身就有很多风险需要规避,这是底线;不仅如此,代理记账公司还需要为客户,即广大中小企业规避风险。有了专业的风险认知,代理记账公司可以为客户带来价值,从而实现营收。

▶ 思考题

你的公司的风险有哪些?

第八十二讲 | 税务筹划风险

> 税务筹划的风险如何规避？

>> 代理记账公司在税务筹划业务中的风险

1. 故意犯罪

有的代理记账公司故意虚开发票、贿赂公职人员而被查处，那是咎由自取。

2. 无知的风险

比如：无原则地为灵活用工平台招揽客户，甚至自己建立灵活用工平台，实际上承接的是工资分拆业务，这其实涉嫌虚开增值税发票。平台设立的初衷可能是好的，但在实际操作过程中承接了部分不合规业务，而这类业务会导致整个平台出问题。

3. 为赚钱而失去原则

比如：帮客户提供身份证注册市场主体并开票，这是参与客户的业务，但实际上又没有真实业务发生，是虚开发票。

4. 专业认知风险

比如：有人认为只要"三流"一致就是合规，即客户合同、现金流和税收一致，但"三流"一致并不能说明业务的真实性。最常见的是企业没有取得进项发票，而在做账、报税时伪造发票抵成本，即使"三流"一致，也是不合规的。

代理记账公司必须给自己定下规则，在合法合规的前提下开展业务。

>> 税务筹划风险控制的七大原则

图 11-1 显示的是税务筹划风险控制的七大原则。

图 11-1 税务筹划风险控制的七大原则

1. 合法性原则

合法性原则是根本原则，不容违反。

2. 真实性原则

真实性原则是基础原则，其重要程度仅次于合法性原则。业务不真实，再怎么包装都是违法。作为中介机构，我们并不参与客户的实际经营，在帮客户做账、报税、税务筹划时，必须告知客户，如果业务不真实，将来被税务稽查，风险极大。在实际工作中，我们其实很难确保客户业务的真实性，但我们可以做到以下几点：(1) 我们自己认知业务真实性的重要性，并清楚地告知客户；(2) 对于增值税专用发票，要注意提醒客户虚开的后果；(3) 尽量设置门槛，检查客户的合同与现金流，保障最低限度的真实性；(4) 了解客户业务，尤其是大客户的业务，理解客户的商业逻辑，专业地帮客户将税务筹划方案做得既真实又合规。

3. 资金流非闭环原则

为了套现，不少老板会设立一家个体工商户，企业资金划入个体工商户，个体工商户缴税后，资金又进入老板个人账户，形成一个现金流闭环。这是以逃避所得税为目的的虚开发票，俗称"资金回流"。从"金税三期"到"金税四期"，现金流将纳入税务稽查，我们要提醒客户，坚持资金流非闭环原则。

4. 业务合理性原则

如果一家营业额为 2 000 万元的企业连续 3 年都是亏损的，那么税务系统就会跳出警示。绝大部分民营企业是需要短期盈利的，否则现金流难以支撑企业的存续。所以，为了规避税收而把企业账目做亏或者利润率极低，都是税务稽查的重点关注对象。也就是说，一家企业的经营要符合商业逻辑，即合理。

5. 合作伙伴优选原则

选择靠谱的合作伙伴也是重要的原则。在我们协助处理的税务稽查案件中，很多是不靠谱的供应商虚开发票导致客户被牵连。在全国园区合作中，我们也发现了对待税务筹划简单粗暴的现象。找到靠谱的合作伙伴，即使出现问题，大家也能善意地解决问题，而不会乱来。

6. 代办原则

我们是中介机构，客户需要注册企业，我们就根据客户的需求和相关法规，收集材料、注册，然后代理记账、报税，并收取合理的服务费。但帮客户提供身份证，就违背了代办原则，就需要承担责任。如果我们遵循了代办原则，即使客户真的出了问题，因为我们的业务是在经营范围内代办，收费也是合理的，那么我们的责任也很小。全国每天有几万户市场主体注册，其中一定会有少部分出现问题，政府和代办机构都很难避免，所以我们必须遵循代办原则，控制法律风险。

7. 审慎原则

在税务筹划业务中，我们应谨慎处理。比如针对医药企业，我们不参与证据链的业务，也不提供整体方案，仅代办相关注册和代理记账业务。我们只赚能赚的钱，不赚风险极大的钱，这就是审慎原则。也就是说，当我们知道风险很大又无法识别时，只做我们能把控风险的部分业务，这样我们的公司才能长久经营。

>> 个体工商户的风险控制

个体工商户是我们帮客户注册得比较多的市场主体类型，尤其是贸易类，特别容易产生虚开发票的风险，如何规避呢？我们整理了三种真实业务基础上的方案（如图11-2所示）。

1. 个体工商户作为采购方

这主要用于采购很难取得发票的情况，如采购农产品。用个体工商户向农户或者农村合作社采购，卖给企业，然后卖给客户，这是合理的产业链。

方案一：个体工商户作为采购方

供应商 — 个体工商户 — 企业 — 客户

方案二：个体工商户作为销售方

供应商 — 企业 — 个体工商户 — 客户

方案三：个体工商户直接经营，既作为销售方又作为采购方

供应商 — 个体工商户 — 客户

图 11-2　个体工商户的风险控制

2. 个体工商户作为销售方

这主要用于分销模式。比如：公司在全国有 200 家代理商，每家代理商成立一家个体工商户，统一从企业进货，然后销售给客户，这也是合理的商业模式。

3. 个体工商户自己经营

个体工商户自己采购并销售，作为经营主体当然是可以的，这也是合理的商业模式。

▶ 思考题

你的公司是如何规避税务筹划风险的？

第八十三讲 ｜ 帮助中小企业规避财税风险

> 如何帮助客户管控财税风险？

>> **企业主要的财税风险管控**

针对大多数企业，尤其是中小企业，为了规避最常见的财税风险，我们总结了"四大企规"（如图11-3所示）。

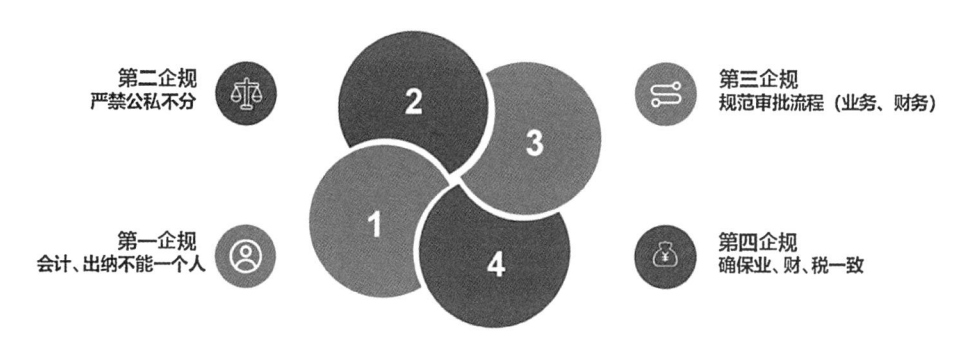

图11-3 财税风险"四大企规"

第一企规：会计、出纳不能一个人。

这是制度保障，如果会计和出纳是同一个人，自己收支的钱与自己的账做平，就缺乏起码的校对机制。必须一个人管钱，另一个人管账，两边一致。

第二企规：严禁公私不分。

尽管老板是公司的股东，但公司的钱和老板自己的钱不是一回事：(1)把公司的钱拿到个人的口袋里，需要缴纳企业所得税和个人所得税；(2)在公司比较小的时候，可以把个人卡放到出纳那里，当作一个公司账户，不做私人用途；(3)出现多个股东的情况尤其要避免公私不分，这一点我会在下一讲详细讲述。

第三企规：规范审批流程。

对于成本费用支出，由支出者提交，主管审核，财务审核，出纳支出。这里的审核机制需要非常清晰：(1)不同的金额由不同级别的管理者审批。比如：公司员工为20人以内、营收为500万元以内的，10万元以上的支出需总经理审批。(2)常规支出与非常规支出分别管理。比如：房租是按照协议每月或者每季度支付的，我不需要审批；而年会这样的一次性大额支出，我要看一下是否合理。(3)用什么工具很重要。比如：企业微信免费又方便，可以实现无纸化办公。(4)报销标准要明确。比如：关于差旅中的酒店标准，我们用携程的商旅，在系统中设置好，所有人只能在里面选择，这样就可以管控好。用数字化的管理方式会大大降低管理成本，还能提升员工满意度。(5)在审批流程中，财务审核需要检查合同、发票，这是合规性检查；不合规的，财务可以驳回。(6)在支付流程中，必须一人提交，另一人支出，确保有审批机制。

第四企规：确保业、财、税一致。

业务、财务、税务的一致是合规的前提。如果客户委托我们做财税外包，我们最重要的事情就是梳理客户的商业模式，确保业务、财务、税务的一致性。

>> 其他税务合规

第一，虚开发票风险，尤其是虚开增值税发票风险。有些客户没有进项，只有销项；或者因为各种原因没有真实业务而开具发票。这些都需要规范。

第二，善意取得非法进项。有的客户自己的业务是合法且真实的，但供应商开具的发票是虚假的，导致税务局通知其进项转出。在这种情况下，很难确定客户是善意取得。所以，让客户不要抱有侥幸心理。

第三，与员工社保和个人所得税相关的税务风险是民营企业普遍存在的问题，也需要合理合规地处理。

第四，股权转让相关的税务合规。

第五，为客户做财务外包，需要对客户涉及的各税种做详细分析。

第六，合理性检查。根据"金税三期"的规则，行业需要有合理的利润率。

>> 其他财务合规

关于钱,出纳管理和审批流程要规范。

关于账,要完整、清晰,特别要注意下面几种情况:(1)需要对外融资的,客户账面与业务应一致、清晰,让投资人一目了然,融资后各股东的实到资金、资本公积应记录清楚;(2)高新技术企业需要做好辅助账,以便顺利通过审计;(3)民办非企业需按照会计规则处理,能接受审计;(4)某些特殊行业(如餐饮)的内账和外账不一致,需要把实际业务逻辑理清楚,给股东清晰的经营报表;(5)分支机构与母公司需要明确区分。

▶ 思考题

你为客户做过财税合规的业务吗?

第八十四讲 ｜ 帮助中小企业规避法律风险

> 如何帮助客户管控法律风险？

>> 职务侵占风险

我们经常碰到这样的案例：经营股东将公司的一笔钱支出到个人，却说明不了用途，其他股东把他告上法庭，该经营股东的行为就属于职务侵占。根据《中华人民共和国刑法》第271条，关于职务侵占罪，6万元即可判刑，100万元以上则属于数额巨大，可以判处5年以上有期徒刑。所以，在经营过程中，一定要公私分明，如果一定要把钱划到个人账户，就需要走股东会程序。流程上合法无比重要。

《中华人民共和国刑法》第272条讲述的是挪用资金罪，与职务侵占不同的是，这里的资金是在没有得到允许的情况下私自挪用。我们经常在媒体上看到某公司出纳挪用资金炒股，往往是挪用后无法归还而案发。因此，建立出纳管理规范很重要。

>> 主体和股权相关风险

1. 股权比例

67%的绝对控制权和51%的控制权，这些股权节点在公司小的时候大家并不在意，但随着公司做大，很多风险就会凸显。比如：你要引进新的股东，但是小股东们不同意，他们的股权加在一起超过34%。当你的股权低于66%时，你就失去了绝对控制权；当你的股权低于50%时，你就失去了经营决策权。这些是最常见的股权风险，就算是大公司，也经常在这些问题上上演"狗血剧"。

2. 股权的责任

股权的责任是有风险的。比如：公司的注册资金为1000万元，公司严重亏损，资不抵债,股东是有义务缴清注册资金的,因为股东是按照注册资金承担有限责任的。

3. 无限责任的风险

个人独资企业和合伙企业中的普通合伙人对企业的债务承担无限责任,这是很大的风险。所以,若非特殊情况,不要注册无限责任主体。如果一定要注册无限责任主体,就不要做对外担保等高风险业务。

4. 充分利用有限责任

利用有限公司规避责任风险。比如:对于租用办公楼,我们可以用一家只有10万元注册资金的公司去租赁,这样一旦出现火灾等不可预知的风险,法律意义上只需要在10万元以内进行赔偿。反过来,如果你是业主,你就不应该同意这种做法,你应该要求租赁方用他实际经营的主体来签署租赁协议。

如果一定要注册合伙企业,则可以用有限公司作为普通合伙人,这是基金管理公司惯用的方法。

>> 劳动人事风险

企业必须尽量规避劳动人事风险。这里也有"四大企规":

企规一:签署劳动合同。很多小企业的员工上班很久了,劳动合同却迟迟没有签,一旦出现问题,则直接判企业违规。

企规二:必须有考勤记录。如果没有考勤记录,员工说自己加班了,你没有证据驳斥的话,劳动部门会支持员工。

企规三:必须有劳动手册。劳动手册对员工的上下班时间、请假、入职与离职、奖惩等做了规定,是对员工日常行为的基本规范,使公司对员工的要求有法可依,因此,员工手册必须员工签收。

企规四:劳动合同中的工资、社保基数、个人所得税基数三者必须一致。

中小企业严格遵守这"四大企规",可以规避80%以上的劳动人事风险。另外,必须为员工购买社保,外勤员工需要购买意外险,因为如果员工因工生病或者住院,而公司又没有为员工缴纳社保,那么公司就要承担很大一笔费用。

>> 融资风险

为了拿到投资人的钱,很多创业者不管什么条件都答应,这样做的风险是巨大的。比如常见的对赌条款：如果5年不能退出，就需要按照年利息8%由创业者回购。这相当于在公司经营好的时候，投资人享受股权利益；而在公司经营不好的时候，投资人成了债权人，这本质上是让创业者承担了无限责任。摩羲科技就曾两次拒绝了这样的投资，因为在我看来，我作为创业者竭尽全力把公司经营好，但不应该将家里的房子也赌上。

▶▶ 合同风险

因为所有商业活动都是通过契约来约定，所以大多数商业风险埋在合同中。合同中常见的风险包括：（1）违约风险，不要承诺不可接受的违约责任；（2）各方的责、权、利约定不清楚；（3）合同欺诈。

总之，要规避法律风险，最根本的是使业务、财务、税务一致，最基础的是建立良好的经营生态。一致性是要求业务真实、逻辑一致；经营生态是要求企业与股东、员工、客户、上下游合作伙伴、竞争对手、政府部门建立良好的关系，不要引起投诉与举报。具体而言，就是要做到：（1）思想上重视，因为不重视就不会执行；（2）制度上规范，因为没有制度就没有执行的依据；（3）行为上遵守，要检查，确保做到；（4）组织上完善，从内部和外部提供组织保障（如图11-4所示）。

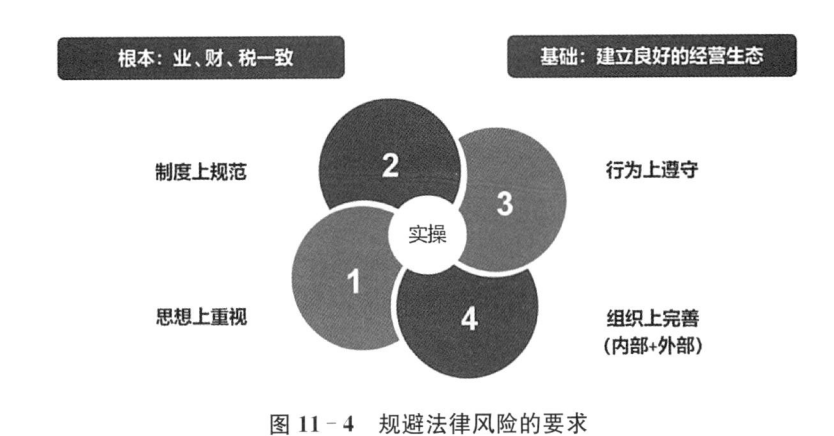

图11-4 规避法律风险的要求

▶ 思考题

你的企业存在这5类风险吗？如何规避？

案例二十一 企盈如何应对火灾事故

>> 一场大火

2018年7月,企盈位于上海市静安区的财税事业部办公室发生火灾。万幸的是,火灾发生的时间是早上7点,绝大部分员工还没有上班,没有造成人员伤亡,但是整个办公室内的所有物品几乎付之一炬,还殃及上下两层其他公司的办公室。最严重的是,数千家客户的账套、账本、Ukey、税盘和未整理完毕的凭证在这场大火中化为灰烬。在7月这个第二季度的"大征期"发生这种事故,把我们打了个措手不及。

灾后我们立即组成了火灾应急小组,务必在"大征期"结束前为所有客户完成申报工作。一方面,我们尽可能为客户补办Ukey和税盘;另一方面,来不及补办的客户,我们全部通过手动申报完成。将受损情况整理完毕后,我们迅速和上海各区的行政服务中心以及税务局沟通。企盈多年的诚信经营在这个时候得到了最好的反馈。绝大部分行政服务中心为我们额外提供了每日申领Ukey的配额,各区的税务局更是大力支持,在非工作时段为我们提供了专门的申报通道。由于企盈的绝大部分客户是注册在郊区的园区内,因此我们将财税事业部分成几个小组,每一个小组负责一个区域,在周末集中进行手工申报。同时,为了保证工作的顺利进行,我们为每个小组配备了一位销售阿米巴长,负责与税务局的沟通。

在这个"大征期",企盈全体成员行动起来,股东负责处理灾后工作以及与政府部门的协调,业务部负责与客户的沟通和安抚,工商服务部负责Ukey的申领,财税事业部负责申报工作,行政人事部门负责所有外勤团队的食、宿、车等安排。在大家的努力下,我们终于按时完成了所有客户的申报工作。

>> 灾后反思

从结果来看,这次火灾的灾后处理是企盈历史上最经典的"战役"之一。在这次

有尊严的增长——代理记账公司的增长密码

"战役"中,公司上下的凝聚力达到了顶峰,很多同事在自己的岗位上不分昼夜地工作,只为了帮助公司以及客户减少损失,这可能是企盈历史上最成功的一次团建。

当申报工作完成后,我们回过头来看这次事件,发现这是一次完全可以避免的事故。

火灾的起因是一个手机充电器没有断开电源,办公室线路老化短路而产生火花,引燃了周围的纸张,火势蔓延整个楼层。即使是这样,我们原本也有机会避免严重的后果,但是老化失效的消防龙头断绝了最后一丝可能性。最后这场火灾是依靠消防车从1千米外的消防龙头接力引水才完成了扑救。

我们分析这次火灾的起因,主要有两点:一是为了节约成本,我们租借了非常便宜的办公室,这间办公室的消防措施不合格;二是我们的内部管理基本没有考虑消防安全问题。这场火灾最后的直接损失高达数百万元,如果不是企盈这些年的业务增长颇为迅速,这个损失可能会直接导致我们破产。从企业内部风险控制的角度来说,火灾是一个低概率事件,可是一旦发生,后果就极其严重。对于这样的风险,我们却没有做基本的防范,可以说我们的风险控制做得非常糟糕。

从那以后,消防就变成了企盈内部的风险控制"红线"。我们建立了一整套消防管理措施,主要包括:(1)公司内部严禁使用电烧水器、电取暖器、电热锅等高功耗电器;(2)每天下班后,所有电器的开关必须关闭,插头必须拔出,如遇无人值班的节假日,在放假前关闭总闸;(3)容易发热或者产生火花的地方不允许堆放易燃物品,如电脑机箱上;(4)公司内部所有片区的消防管理责任到人,个人工位由每位员工自己负责,公共区域划分片区后由各个部门负责;(5)公司所有中高层管理人员组成消防督查小组,每周不定时检查消防管理措施的落实情况,未执行消防管理措施的,公司对责任人及其汇报对象通报批评和罚款。

2018年12月,企盈在上海的全体员工搬迁到我们现在的办公地址。在寻找新办公室的过程中,我们把消防安全设施作为最重要的因素之一来考察,同时在装修过程中花了不少费用邀请专业的消防安全机构对办公室内的消防安全措施做了整体把控。现在的我们敢非常自豪地说,从消防安全的角度考量,企盈的办公室肯定是中国代理记账行业中最安全的办公室之一。

我希望每一家公司的负责人都能重视办公室的消防安全,这是所有企业最基本的风险控制之一。

第十二章

增长模型：增长科学方法论

第八十五讲 | 模型化思维为什么管用

> 为什么思考那么累？

>> 为什么要有模型化思维

巴菲特的伙伴芒格说："要想成为一个有智慧的人，你必须拥有多个模型。"密歇根大学复杂性研究中心"掌门人"佩奇在《模型思维》中说：一个人是否聪明不是由智商决定的，而取决于思维模型的多样性。

他们为什么这么说？我们为什么要有模型化思维？因为模型是人类认知进化的结果，是人类发明出来简化思维的方式。思考是一件非常累的事，要把一件事或者一个现象的本质思考清楚，然后做成正确的判断，这对人的要求非常高，也需要耗用很多能量。模型思维是将复杂的事物简化后，形成容易记住的模型。比如：哥白尼提出"日心说"，尽管不完全准确，但让人们认识宇宙的过程简单了许多，这是对宇宙的简化模型。牛顿的经典物理学模型、爱因斯坦的相对论模型等都是通过简化让我们更好地理解这个世界。

在商界，为了抓住问题的本质，人们也发明了各种模型。比如：有限公司就是一个模型，它成为全球通用的组织形式；市场营销的4P理论是全球营销普遍采用的模型；本书中的蝴蝶结模型简化了代理记账公司的增长内容；等等。

>> 思维模型的作用

1. 模型能够解释复杂的世界

如上所述，"日心说"解释了太阳和地球运行的规律，牛顿三大定律解释了低速的物理世界，4P理论解释了大多数企业的市场营销行为。

2. 模型能够推测未来

科学家根据牛顿力学，用数学的方式推测出天王星之外还有一颗行星——海王星，后来得到了验证。同样，我们用增长公式可以预测我们的营收。

3. 模型能设计规则和指导行为

比如：市场营销4P模型把市场营销分为产品、价格、渠道、促销四个部分，这实际上设计了企业市场营销的工作机制和组织方式。在当前的工作中，制定企业的市场营销策略，我们会讨论产品如何定义、如何定价、如何开拓渠道、如何促销。如果我们使用这个模型，就是用这个模型来指导我们的行为。同样，我们要实现代理记账公司的增长，根据增长公式，我们就必须关注客户数、客单价、续费与转介绍，进一步分解为市场部获取流量、销售部负责转化、产品部门负责提供更多更好的产品、代理记账部负责增购和转介绍。这就是增长公式对我们行为的指导。

》 使用模型的注意事项

模型是简化的结果，所以模型一定有约束条件，也就是说，所有模型都有适用情形，不能乱用。比如：牛顿三大定律是科学模型，但是当速度达到光速的时候就不成立了，这时，爱因斯坦的相对论模型更好地解释了世界。

一个好的模型往往能兼容之前的模型。比如：4P市场营销理论是在工业化的时代背景下以产品为核心的理论，随着市场经济的发展，物质极大丰富，这时候的营销更应以客户为中心，所以诞生了4C理论。在市场营销工作中，我们现在往往根据需要采用一种或者同时采用两种理论来指导我们的工作。

▶ 思考题

你用过哪些模型来指导工作？

第八十六讲 | 代理记账公司的第一曲线

> 你的公司处于哪个发展阶段？

>> 什么是第一曲线

任何组织的发展都遵循一条 S 形曲线，我们把它定义为"第一曲线"（如图 12-1 所示）。混沌学园的李善友教授把它引荐给中国企业家。

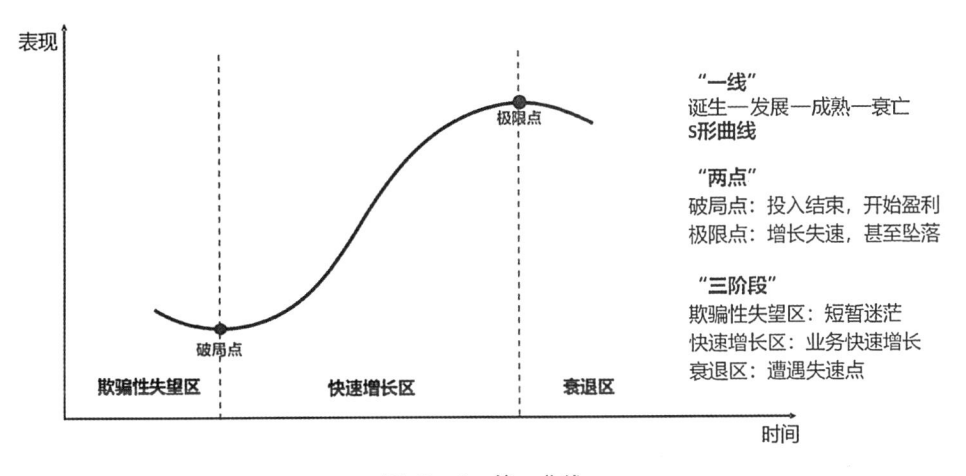

图 12-1 第一曲线

我们可以用"一线""两点""三阶段"来说明第一曲线：

"一线"是指这条 S 形的曲线。任何企业都会经历诞生、发展、成熟、衰亡这四个阶段。每一个创业者在启动一家企业的时候都是从 0 到 1，验证产品的市场接受度。很多创业者在这个阶段没有得到客户的认可，就退出了市场。市场初步接受后，就是从1到n的过程,这个过程就是企业的增长期。当增长到达顶点后,一定会遭遇下行压力,有的企业因为没有熬过这一关而黯然退场。

"两点"是指破局点和极限点。

"三阶段"是指破局点之前的欺骗性失望区、破局点和极限点之间的快速增长区、极限点之后的衰退区。

>> 破局点与欺骗性失望区

过破局点很难,几乎一半以上的创业者没能过破局点。对企业而言,怎样才算过了破局点呢?有一个标准,叫"快来钱"。"快"是指业务快速增长,"来"是指客户主动来找你,"钱"是指客户愿意为你的产品付费。在这个点之前苦苦挣扎的时候,就处在欺骗性失望区。

创立一家企业,本质上是创业者做了一个假设:假设我的产品符合客户的需求,我组织这样的团队和资源能很好地把产品规模化地卖给客户;但是,我付出了很多努力,就是打不开局面。创业者被当初自己的那个假设欺骗了。在这个欺骗性失望区里,客户能接受的价格比你的成本价低;或者你的推广成本巨大,一旦停止推广就基本没有客户;即使有增长,也非常缓慢。

在这个欺骗性失望区里,创业者非常痛苦。到底是方向不对,该果断放弃或者更换其他产品,还是应该坚持,不断改进和尝试,从而突破破局点呢?该如何选择取决于你对你的事业的认知,包括对客户的理解、对竞争对手的理解、对自己的产品的理解、对资源的把控、对团队的理解等。

很多代理记账公司深陷欺骗性失望区的泥潭。出现这种情况,基本上是因为公司的老板出现了第四讲中描述的四类老板的情形。如何解决,可参考第四讲。

>> 快速增长区与极限点

过了破局点后就是美好的快速增长区:客户快速增加,公司营收和利润快速增长,团队也快速成长。因为有了客户,所以你的资源越来越好,你的流程越来越完善,你的团队越来越一致。在这种情况下,你一定找到了那个"越来越"的正反馈。然后,公司不可避免地走到极限点,这时,公司很难增长了,很多大公司就是从这里开始走向衰落甚至破产。

>> 代理记账公司如何用好第一曲线

我们要清楚自己处于哪个区域,明确自己的位置。只有知道自己的位置,才能有针对性地解决问题。

如果我们正处于欺骗性失望区,那就要想办法过破局点。第四讲列出了四类过不了破局点的老板的类型,我们必须修炼自己,使自己走出这四种类型。

如果我们正处于快速发展期,那就要一边快速发展,一边提升自己的公司的核心能力,迭代"越来越"的正反馈模型。

如果我们的客户发展到 1 万位以上,感觉出现了"瓶颈",那就要坚决改善第一曲线,做到更大规模;或者发现机会,长出第二曲线,实现跨越。

▶ **思考题**

你的公司正处于第一曲线的哪个位置呢?

第八十七讲 | 代理记账公司的单点破局

> 小公司如何突破关键点从而长大？

》 单一要素最大化

初创企业的资源有限，要钱没钱，要人没人，如何才能实现破局呢？我们要做的是将单一要素最大化，也就是说，找到那个最关键的要素，全力以赴，把它击穿。

案例一：百度与今日头条

百度最初是为新浪提供搜索技术服务的，在当年的门户网站时代，新浪是三大门户之一，拥有很多频道，搜索是新浪网站里很小的一个功能。这个搜索功能独立出来后，整个百度网站其实就是一个搜索框。这里不贪多，而求少，少到只有一个框，然后把所有技术和资源压上去，将这一个单一要素最大化，后来的百度成为中国互联网三巨头之一，远超新浪。

2012年，智能手机兴起，张一鸣认为这是一个好机会。他改变了百度"人找信息"的模式，反过来做"信息找人"。他将所有技术和资源压上去，开启了"今日头条"时代。这也是将单一要素最大化。

案例二：华为

华为在二十多年的时间里只做一类产品——电信局端设备。任正非提出"饱和攻击"：我们资源有限，把这件事做透，坚持将销售额的很高比例投入研发。这也是单一要素最大化。当它在局端设备上处于绝对优势的时候，在移动互联网时代才涉足与通信相关的手机业务。华为至今不做房地产。克制背后的逻辑依然是单一要素最大化，只有集中精力，才能把事情做到极致。

第十二章 增长模型：增长科学方法论

>> **创业护航的单点破局之路**

2007年我刚进入代理记账行业，当时公司里包括我只有3个人，我手里只有3万元现金，如何活下来？我用"供需连"模型来说明。

1. 供应端

我发现政府招商业务很好：我把企业引入政府园区，政府支付我服务费，一次引进，长期受益。在供应端，我只选择一个园区——上海崇明经济开发区，他们需要企业，我就将客户引入这个园区，倾尽全力帮他们招商，这样，园区就很重视我。这是供应端的单一要素最大化。

2. 需求端

当时处于营业税时代，营业税是地方税，园区有财政扶持政策，客户都希望得到税收优惠，于是我把我唯一拥有的园区资源用到极致，向客户提供最大的优惠，这样，客户就非常愿意找我。当时贸易类的企业增值税中75%是中央税，只有25%是地方税。为了集中注意力，我只引进服务业企业，也就是缴纳营业税的企业，这样，我就可以一门心思服务好我的客户。之后，我引进了好几家服务业的大企业，收益非常好。这是需求端的单一要素最大化。

3. 连接端

如何触达客户，高效转化呢？我发现当时的代理记账行业中很少有人用百度进行推广。我率先使用百度，源源不断地从百度获取客户，输送到园区。为了保证高效，当时我的网站只有一个页面，就是崇明经济开发区的介绍。我在网站上举了一个典型案例，客户打开网站就能清楚地知道注册在崇明经济开发区的好处。为了提升转化率，我还总结了结构化咨询，并直接使用政府园区办事处的名片，令客户更信任我。这是在连接端的单一要素最大化。

在供应端、需求端、连接端都采用单一要素最大化，将我仅有的资源（3万元、3个人）全部用于一件事情上，很快就有了很好的效果。不到一年，我的公司就达到了营收300万元、利润200万元、员工7人。

2011年我成立了企盈。最初几年，公司一直处于低水平重复阶段，直到2015年公司的客户还不到2 000位。在那个痛苦的时期，我去读了EMBA，看到了外面的世界，相对系统化地学习了商业方法论，开始在系统、内部管理、核心团队、营销等各方

有尊严的增长——代理记账公司的增长密码

面进行改进,公司开始快速发展。这是第一曲线的增长期。

2019年,我把内部软件抽离出来,直接成立了一家公司来运营,这有点像当年的百度把搜索从新浪抽离出来,作为一家公司的全部去经营。这就是现在摩羲云和创业护航联盟的雏形。这其实是将管理系统这个单一要素最大化。

创业护航还处于发展期(如图12-2所示)。后来的企盈实际上是在做"一站式"服务平台。每家企业的背景不同,团队不同,产品也有区别,所以需要根据自身情况去使用商业模型。

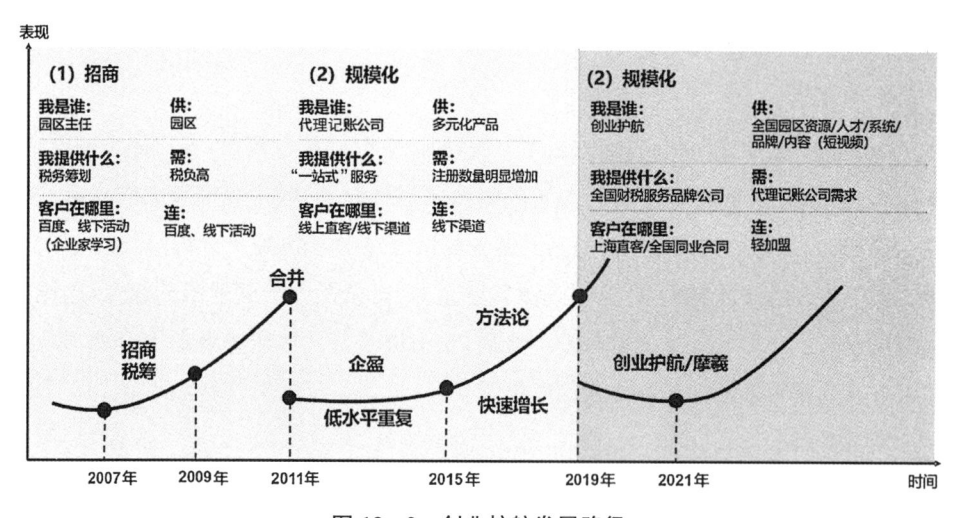

图 12-2 创业护航发展路径

▶ 思考题

你的公司有过单一要素最大化或者单点破局的经历吗?

338

第八十八讲 | 代理记账公司的错位竞争

> 如何找到差异化的竞争优势？

>> 什么是错位竞争

错位竞争策略是企业避开竞争对手的市场优势，以己之长击彼之短从而确立相对优势竞争地位的一种竞争策略（如图12-3所示）。

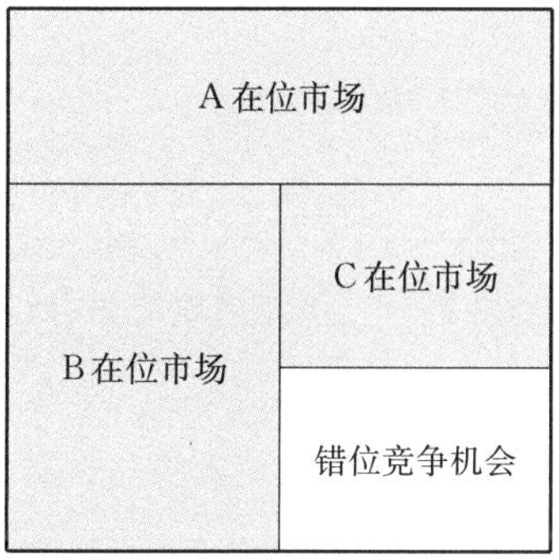

	创业选择大数据分析		
A在位市场	创业选择	进入率	成功率
B在位市场 / C在位市场 / 错位竞争机会	进入主流价值网跟随策略	67%	6%
	进入新兴价值网错位战略	33%	37%
	错位竞争的成功率远高于跟随型策略		

图12-3 错位竞争

第一个犹太人开了一家修车店，生意非常好；第二个犹太人会开一家餐馆；第三个犹太人则会开一家超市。聪明的犹太人习惯于错位竞争，不去挤独木桥，而是你走你的独木桥，我撑我的小木船。他们不仅避免了恶性竞争，而且互相补充、互相促进。

创业者直接与主流大企业正面对抗，几乎没有成功的可能。微信兴起后，马云花重金打造"来往"去与微信正面竞争,最终"死"在了来的路上。腾讯曾经做过搜索,想与百度竞争,也做过微博,想与新浪竞争,但都失败了。这些大企业尚且如此,何况小企业。

我们把美团放在错位竞争的模型中分析,你就会对其核心团队充满敬意。

美团要做电商,可是阿里已经很大了,要战胜它几乎不可能。王兴先把电商横切一刀,分为线上和线下(如图12-4所示)。腾讯的供给和履约都在线上,以社交为主;阿里的供给和履约都在线下,以物品交易为主。

AB分类法 (2010年下半年提出)
A:供给和履约在线上(腾讯)
B:供给和履约在线下(阿里)

图12-4 美团线上线下供给分开

线下的部分切一刀(如图12-5所示)。阿里其实只做了实物电商,还有很大一类叫生活服务电商,这些服务非标准化,很难做,所以阿里并没有投入太多精力去做。

AB分类法	
A:供给和履约在线上	
B1 实物电商(阿里)	B2 生活服务电商

图12-5 线下切分

AB分类法	
A	
B1 实物电商 (阿里)	异地生活服务电商(携程)
^	本地生活服务电商(美团)

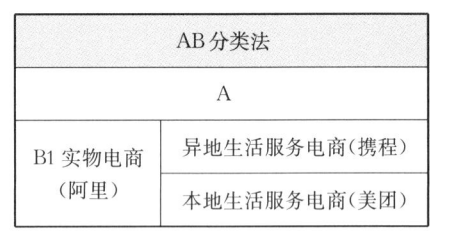

图12-6 生活服务再次切分

在生活服务里再切一刀(如图12-6所示):携程的三大核心业务是机票、酒店、旅游,是异地的,还有一块本地的业务没有人做。美团拥有很多本地流量,专注做本地生活服务电商。

美团找到了这个定位,就一发而不可收,最终在外卖这个赛道上成为王者。后来,阿里花了95亿美元收购"饿了么",就是为了在它之前并不看好的领域补课,在这个赛道上留有一席之地。与其更好,不如不同,这就是错位竞争的真谛。

为什么美团找到了本地生活服务电商这个细分行业呢?一是在社交和货物电商领域打不过腾讯和阿里,只能另辟蹊径;二是这是苦活、累活,阿里没有上,习惯了异地思维的携程也没有想到;三是市场足够大。

第十二章 增长模型：增长科学方法论

>> **错位竞争的五步分析法**

如何做好错位竞争呢？以美团为例，有五个步骤（如图12-7所示）：（1）确认赛道。美团确定了电商这个大赛道。（2）了解主流巨头。这个大赛道上有腾讯、阿里、携程。（3）寻找机会。巨头看不上、看不见的本地生活服务是机会。（4）组合产品。美团有本地流量，本地住宿和餐饮外卖有巨大的需求。（5）尝试测验。美团派了一个小分队去调研本地住宿并获得了成功。

图12-7 错位竞争五步分析法

>> **创业护航的错位竞争策略**

1. 市场主体切分

在企业服务市场中，将市场主体进行切分。在我国超过1亿户市场主体中，只有4%的企业的员工超过100人，会计师事务所其实只服务了很少一部分市场主体，代理记账公司的机会非常大（如图12-8所示）。

2. 服务产品切分

云、OA软件等基础设施被阿里和腾讯占据，我们没有机会。而高端企业服务有金蝶、用友、麦肯锡、知名会计师事务所这样的传统巨头。

3. 财税服务行业切分

为中小企业服务的是代理记账公司，但是代理记账公司主要做企业注册和代理记账，税务服务则是一个机会，所以创业护航选中了这个细分市场（如图12-9所示）。

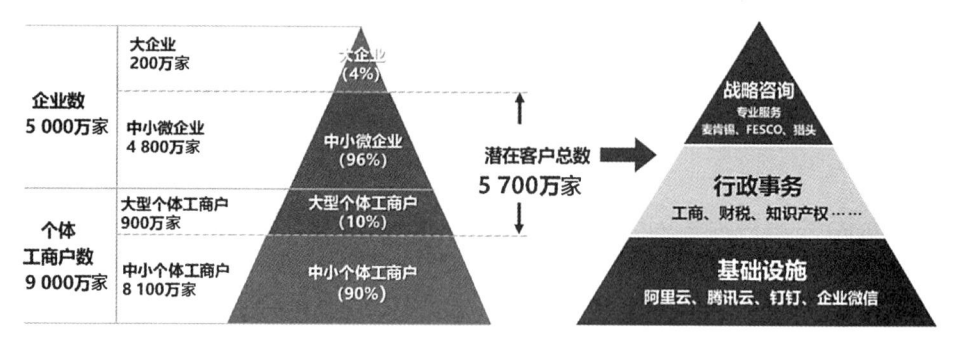

有尊严的增长——代理记账公司的增长密码

图 12-8 潜在客户数量巨大

图 12-9 财税服务业如何标准化

我们之所以这样做,是因为:(1)我们直接与传统巨头竞争,没有机会;(2)传统财税服务以"财"为主,"税"的能力不强;(3)传统强势企业看不上或者看不见这个细分市场;(4)做难做的苦活、累活,我们才有机会;(5)市场足够大;(6)在当前"以数控税"的背景下,外部环境好;(7)先做标准化服务市场,因为这个市场容易形成规模效应;(8)在规模的基础上,做好非标准税务相关业务。

以上就是创业护航的决策逻辑,这是我们根据自身的优势,结合外部环境所制定的错位竞争策略。

▶ **思考题**

你的公司如何错位竞争呢?

案例二十二 ｜ 创业护航联盟"一"战略

>> "一"战略

"一"战略（如图12-10所示）要回答三个问题：什么是"一"？如何击穿？怎么进化？

图12-10 "一"战略模型

这里的"一"，是指你做一件事情的本质。比如：注册企业这件事情的本质绝对不是简单的注册一家企业，其本质可能是你的创业迈出了第一步，可能是你的股权需要更加合理的分配方式，也可能是你的税负过高。事情的本质是这件事究竟能解决什么问题，而要把这件事做成事业，就必须有足够大的群体存在这个问题，那么你做这件事才有价值。

当你从本质上搞清楚需要解决什么问题时，你就需要找到一个点，在这个点上投入你全部的精力和资源进行饱和攻击，快速击穿这个问题，实现单点破局。

最后则是如何使你的这个单点进化，突破阈值，实现正循环、自增长，持续解决本质问题。

》 创业护航的"一"战略

这个模型,结合前述单点破局和增长飞轮,是制定战略的一套非常好的工具。就拿创业护航联盟举例,看看我们的"一"战略是什么。

第一个问题:什么是创业护航联盟的"一"?

创业护航联盟的服务对象是全国的代理记账公司,那么,什么才是大部分代理记账公司面临的问题呢?有的人觉得是服务质量参差不齐,有的人觉得是管理太粗糙,有的人觉得是恶性竞争。其实,所有问题归根结底是大部分代理记账公司的营收太低,增长太慢,当一家公司始终在生存边缘挣扎时,怎么会好呢?所以,我们的"一"定义为帮助代理记账公司增加营收。

第二个问题:如何击穿?

我们曾考虑通过咨询来帮助代理记账公司做好经营,但实际上咨询的结果受限于每个人的接受能力和执行能力,最终效果难以预测;我们也考虑过通过标准化的系统工具来帮助代理记账公司提升内部效率,但每家公司的历史和基因时刻影响着系统的落地结果。这些点显然不足以让我们击穿营收增长这个难题。最后,我们找到了税务筹划这个点。涉税服务是每家企业的刚需,而代理记账公司的客户正是企业。这个产品的需求度不是其他任何一个增值业务可以媲美的,并且它的利润可观,是帮助代理记账公司增加营收的好产品。因此,税务筹划是如今的创业护航联盟的核心产品。

第三个问题:如何进化?

税务筹划是一个不错的产品,值得去做单点突破。但是,单纯只做这么一个产品,如果一家代理记账公司的存量客户消耗完了,他们又缺乏新增的客户,营收增长就会陷于停滞。如何通过税务筹划来让营收持续增长,形成正循环呢?

创业护航联盟的税务筹划服务有三个重要特色,即税筹营销、专业支持和园区支持。通过帮助加盟商组织会议营销,我们帮助加盟商转化代理记账老客户,以此来增加加盟商的信任度和信心。渐渐地,开始有加盟商邀请我们为新合作的渠道做会议营销,这样就进一步提升了加盟商的获客能力。在获取新客户后,我们的本地专业人员会帮助加盟商与客户谈判,为客户提供专业的税务筹划方案,赢得客户的信任。当客户签订合同后,我们提供优质的园区,帮助客户长久获利。这一切都帮助加盟商迅速在他的客户中建立口碑,从而赢得更多转介绍和增购。

我们的很多加盟商已经从最初的营销中实现了第二轮甚至第三轮获利。随着营销活动的持续进行,加盟商的营销意识也得到了提升,很多加盟商已经可以自主获客。加盟商业务量的持续增长也为联盟带来了规模优势,使联盟能够对接更优质的园区,吸引更优秀的专业人才,实现产品迭代。更好的产品能够帮助加盟商更好地进行营销活动,营销—专业—产品的增长飞轮就此转动起来,实现正循环。

为什么创业护航联盟在税务筹划这项业务上投入如此大的精力?因为我们的战略模型决定了这是对的方式。联盟运营一年多的结果也证实了这个模型的正确性。越来越多的加盟商通过税务筹划业务实现了营收的增长,即使有疫情的影响,联盟的大部分加盟商也对这个行业充满信心,这就是"一"战略模型为我们带来的价值。

第八十九讲 | 代理记账公司的人才盘点

> 哪些员工更有潜力？

对于团队,我们可能有这样的困惑:如何评价我们的员工?现在的人才能适应未来的发展吗?要解答这些困惑,有一个好的人力资源工具:人才盘点。

》 人才盘点的目的

第一,人才分类,识别人才。所谓盘点,就是全方位科学评价全体员工,然后识别高潜力的人和需要淘汰的人,这是人才盘点最重要的目的。

第二,帮助管理者识别人才。凭感觉看人往往带有主观性,所以我们需要用科学的工具来理性地分析人。

第三,统一公司的人力资源评价标准。在一家公司里,各个管理者的评价标准不同会造成麻烦,通过人才盘点可以统一标准。

第四,人尽其才,将合适的人放到合适的位置上。人才盘点后,我们往往会发现平时没有注意到的员工的特质,公司的战略岗位上可能需要特别的人才。

》 人才盘点九宫格模型

图12-11是常用的人才盘点九宫格模型,将人从能力(潜力)和绩效两个维度进行分析。绩效是指当前的业绩,标准必须统一。能力(潜力)是指未来的可能,即是否有带领团队解决问题的能力。

第①格:绩效好,潜力也强。这是公司的明星员工,是最值得珍惜的人才。但这类员工往往目标感强,对自己的要求高,如果缺乏挑战,就可能离开。所以,要留住千里马,我们自己得有大草原。只有努力增长,把公司做大,才能让优秀的人才有

第十二章 增长模型：增长科学方法论

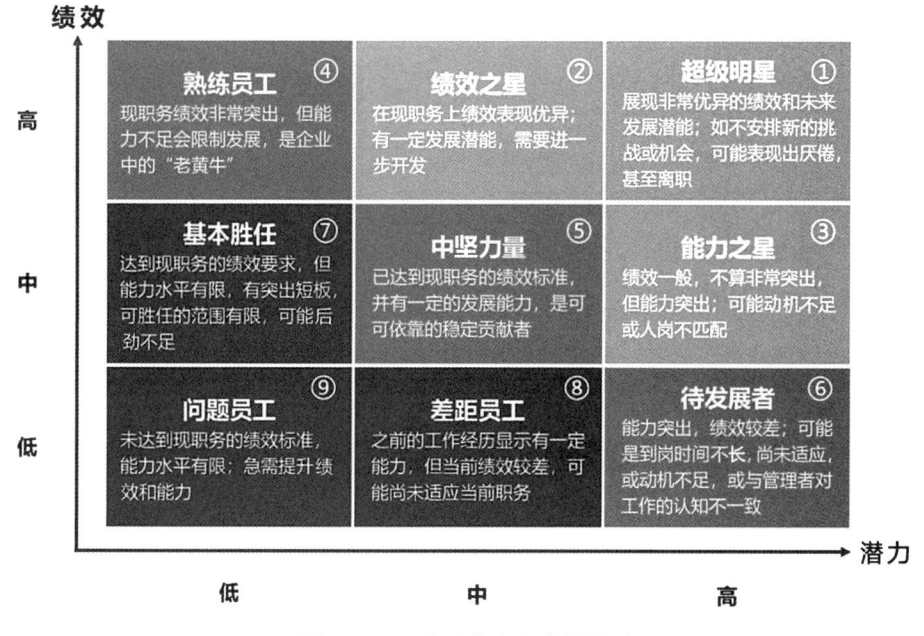

图 12-11 人才盘点九宫格模型

发挥的空间。

第②格：绩效好，潜力一般。对于这类员工，我们要进一步确认其潜能是真的只有这么多，还是我们的激励不够。

第③格：绩效一般，潜力强。这类人才不能浪费，公司往往需要通过调整绩效机制来使人岗匹配。

以上三类人才是我们应该重点关注的，把他们用好，公司的核心团队就有战斗力。

第④格：绩效好，但潜力弱。这类"老黄牛"忠诚于公司，工作熟练，也很认真，但很难带团队。

第⑤格：绩效一般，潜力也一般。这是大多数员工的情况，我们需要良好的人力资源体系来让他们发挥价值，他们是公司的中坚力量。

第⑥格：绩效差，但潜力很强。这是最需要管理者去做工作的一类员工，把这类人用好才是管理者的价值。

以上三类人才是大多数员工,这是考验我们日常管理基本功的地方。

第⑦格:绩效一般,潜力差。对这类员工只能安排普通的工作岗位。

第⑧格:绩效差,潜力一般。对这类员工可以观察一段时间,不行即淘汰。

第⑨格:绩效差,潜力也差。这类是应该毫不犹豫淘汰的员工。

以上三类人才总体上应谨慎使用,属于淘汰圈。

>> 代理记账公司的人才盘点

图12-11右上角的三类人才大约占公司员工的25%。针对这部分员工,公司的主要工作:(1)留住这些人才。创业护航采用了阿米巴模式,让他们有很好的发展空间,公司的收益也更高。(2)老板的战略思考,公司的战略方向。如果公司的战略选择有问题,这些人才的努力就没有用。(3)老板和他们建立心理契约,有共同的目标和企业文化。股权激励可以使老板和他们成为利益共同体。

图12-11中间的三类人才大约占公司员工的55%。针对这部分员工,公司的主要工作:(1)考验日常管理的基本功。方法要对,用公司给的方法能轻松赚到钱,他们就能好好干,为公司创造价值。这就是我们花大量时间和精力提炼行业的科学方法论的原因。(2)人力资源的绩效机制要科学,因为员工只做公司考核的工作。(3)他们中有很多是公司的基层主管,综合绩效和能力中等,如何带领下属呢?这就是我们说的基层领导力的训练,落实心理契约,把日常管理清单化。

图12-11左下角的三类人才大约占公司员工的20%。针对这部分员工,公司的主要工作:(1)招聘更优秀的人替代他们。(2)果断淘汰不合适的人。(3)规范流程和检查机制。企盈设立了查账组,严格检查工作质量;给这些员工安排相对简单的工作(如为零报税企业服务),用流程和质量控制保证他们的工作质量和效率。

▶ 思考题

你盘点过你的公司的人才吗?

第九十讲 ｜ 大客户销售角色模型

> 如何做好大客户销售？

❯❯ 大客户销售角色模型

一家四口人（爸爸、妈妈、孩子、奶奶）去商场给孩子买衣服。两位销售人员分工明确、流程熟练：首先给孩子的爸爸找个舒服的地方坐下，倒上水，还准备了财经杂志；然后安排孩子的奶奶坐下，夸她孙子长得帅；同时，给孩子准备了奥特曼，让他玩得开心；最后，问妈妈要给孩子买什么样的衣服。

为什么要这样安排？表 12-1 显示的就是大客户销售的四个角色。

表 12-1 童装销售深度分析

角 色	对应人员	应 对 措 施
决策者	妈妈	重点沟通对象，满足她对产品的诉求
使用者	孩子	让他开心地接受妈妈选的衣服
辅助决策者	奶奶	让她开心，不要让她提出反对意见
支付者	爸爸	付钱的时候叫他即可

1. 决策者

这是关键人物。妈妈最关心产品，所以必须把产品的优势说清楚，如质量好、健康、易清洗、价格不贵等。对决策者要关注其核心需求：如果这是一位特别关心孩子健康的妈妈，那么销售人员就要把产品的面料成分介绍清楚；如果这是一位特别关心美感的妈妈，那么销售人员就要突出产品的时尚感。

2. 使用者

这里的使用者是孩子，孩子几乎没有决策权，所以只要让他开心就好。

3. 辅助决策者

这里的奶奶这个角色可不能得罪，因为在这样的家庭氛围中，即使妈妈满意，奶奶提出明确的反对意见，妈妈也可能放弃。这种情况在我们的大客户销售中经常遇到：老板觉得可以，但主管的副总提出了明确的反对意见，这时老板往往会谨慎考虑。

4. 支付者

这里的爸爸就是买单的，如果妈妈决定了，孩子喜欢，奶奶也没有反对意见，则销售人员带他去支付即可。但是，在我们的大客户销售过程中，支付者即财务总监那里可能也会出现问题。

>> 大客户销售实例

比较复杂的大客户销售涉及很多岗位，要层层沟通。

我们曾经做过一个大型上市公司在上海的税务筹划业务，涉及金额200万元左右，是客户的上海分公司的业务总监找到我们，但要拿下这位客户，还需要搞定分公司的总经理和财务总监。由于涉及上市公司合规问题，还要搞定总公司的财务总监、人力资源总监和业务副总。这么多人，如何做工作呢？要想顺利推进，就必须搞清楚角色，针对不同的角色做相应的工作。

接触到这位客户后，我先做了如表12-2所示的角色定位。

表12-2 大客户对接案例表

角 色	基 层	中 层	高 层
决策者	财务经理	财务总监	总公司总经理
使用者	分公司业务总监	分公司总经理	业务副总

第十二章 增长模型：增长科学方法论

续　表

角　色	基　层	中　层	高　层
辅助决策者		人力资源经理	人力资源总监
支付者			分公司总经理

该客户的上海分公司的业务总监找我们是要解决他们的销售和第三方佣金问题。由此，我们判断他是使用者，而且是基层管理人员。使用者对产品的主要需求是方便，所以我们要让他感受到我们所提供的方案的便利性和稳定性。

我们与该业务总监沟通后，由他引荐给分公司总经理——关键角色。只有分公司总经理同意，方案才能往下推动。所以，我们邀请该分公司总经理到我们的公司参观，开会讨论初步方案。

在初次沟通后，该分公司总经理觉得可行，遂让分公司的财务经理与我们沟通。因为是税务筹划，所以财务部有一票否决权。在沟通过程中，我们发现该财务经理有熟悉的会计师事务所，她其实希望让那家会计师事务所来做这个案子。我们非常真诚地与该财务经理讨论方案，还通过侧面了解到该会计师事务所的大致方案。然后，我们向该财务经理有针对性地说明了我们的优势，尤其是安排她和分公司总经理去政府园区与政府官员和税务局领导见面，这让他们有了很大的信心。

在上海分公司层面，使用者和决策者都认可后，与该上市公司财务总监的沟通就方便很多。我们从上海分公司了解到了总公司的详细要求和反馈，并对方案做了细化和调整。

我们还与客户总部的人力资源总监进行了沟通，就涉及的分公司人员劳动关系调整提出了完善的解决方案。

在这些工作都做完后，我们召开了一次视频工作会议，表12‑2中的所有人都参加了。最后，我们顺利完成签约，成功获得了这位客户。

▶ **思考题**

你在与大客户的沟通中，有过这样的角色经历吗？

第九十一讲 | 代理记账公司的 SWOT 分析

> 如何宏观分析我们的公司？

>> 什么是 SWOT 分析

SWOT 分析是常用的战略分析工具，是基于内外部竞争环境和竞争条件的态势分析，是将与研究对象密切相关的各种主要内部优势和劣势、外部机会和威胁通过调查列举出来，并依照矩阵形式排列，然后用系统分析的思维，把各种因素相互匹配起来加以分析，从中得出一系列结论，这些结论通常带有决策性。运用这种方法，可以对研究对象所处的情景进行全面、系统、准确的研究，从而根据研究结果制定相应的发展战略、计划和对策等。

S(Strengths)是优势，是指我们有哪些优势；W(Weaknesses)是劣势，是指我们的劣势在哪些方面；O(Opportunities)是机会，是指我们的机会在哪里；T(Threats)是威胁，是指我们面临怎样的威胁。S 和 W 是内部问题，是我们的强项和弱项；O 和 T 是外部问题，表示外面有哪些机会和威胁。

>> 如何使用 SWOT 模型

使用 SWOT 模型需要我们先列出内部的优势和劣势、外部的机会和威胁，然后交叉分析：如何利用优势抓住机会？如何利用机会克服劣势？如何利用优势避免威胁？如何最小化劣势从而避免威胁？这样，我们就不仅了解了我们自己和外部的情况，而且得出了解决方案。这才是战略分析的关键和价值。

》代理记账公司的 SWOT 分析

表 12-3 是 2017 年我做的企盈的 SWOT 分析：(1) 内部优势——团队、品牌、规模、系统；(2) 内部劣势——突破能力、高端人才、全国资源；(3) 外部机会——市场主体数量、税务合规背景、行业经营水平不高；(4) 外部威胁——互联网巨头、有资本的公司。

表 12-3 企盈的 SWOT 分析

外部 \ 对策 \ 内部		优势 S	劣势 W
		① 学习型团队，锐意进取 ② 上市公司子公司，品牌 ③ 规模（办公室、员工、产品） ④ 数字化领先	① 没有实现更大规模的能力 ② 缺少与更高目标匹配的人才 ③ 本地，全国资源少
机会 O	① 新市场主体数量红利 ② 企业服务"入口" ③ 税务合规背景 ④ 行业集中度低 ⑤ 行业经营水平不高	**SO 如何利用优势抓住机会** ① 发挥团队优势，品牌连锁，全国布局，扩大规模 ② 建立全国品牌生态，建立品牌、规模、生态"护城河" ③ 积极研发，打造"税"的核心能力 ④ 数字化提升客户体验和内部效率与标准化	**WO 如何利用机会克服劣势** ① 错位竞争，以"税"为核心 ② 加大营销力度，获取客户 ③ 引进高端人才
威胁 T	① 互联网巨头有意涉足，抢占"入口" ② 拿到投资的公司扩张 ③ 政策变化快 ④ 线上化程度低	**ST 如何利用优势避免威胁** ① 积极与巨头合作 ② 与资本对接，积极融资 ③ 数字化领先同行，建立用户、生态、资产"护城河" ④ 利用政策赢得客户	**WT 如何最小化劣势以避免威胁** ① 努力打造最有价值的员工，效率高于行业 2 倍，练内功，建立管理"护城河" ② 珍惜现金流，不盲目扩张

基于这些分析，我们的对策如下：

SO：利用我们的优势抓住机会，建立全国品牌连锁，整合全国园区，整合产业链；充分发挥我们对行业的理解和学习能力，务实赋能加盟商，真诚陪跑，形成大家认同的品牌生态，建立品牌、规模、生态"护城河"。

WO：利用机会克服劣势，错位竞争，投入研发，建立"税"的核心能力，引进高端人才，抓住细分市场机会。

ST：利用优势避免威胁，积极与巨头合作，努力在更大的生态下寻求我们的生存和发展空间，积极融资，并坚决投入技术开发，通过数字化建立用户、生态、资产"护城河"。

WT：最小化劣势以避免威胁，努力练内功，形成管理"护城河"，这是最大的竞争力；不盲目扩张，不犯低级错误。

正是在这样的战略指导下，我们这些年的发展历程比较清晰：2019年成立摩羲科技，坚决投入和执行数字化，现在摩羲云已经比较成熟，成为业内最完善的管理平台之一；上线"服务即营销的终极秘密——代理记账公司的管理与营销"课程并出版同名图书，总结行业方法论，将管理固化到系统中。2020年成立税务师事务所，打造"税"的核心能力，已取得明显突破。2021年实施创业护航联盟"百城连锁"计划，已经逐渐成为当前中国最大的行业品牌生态。2022年上线"有尊严的增长——代理记账公司的增长密码"课程并出版同名图书，将梳理代理记账公司的增长逻辑，务实地在加盟商中执行，帮助他们真正实现营收增长和价值增长。这些年，我们积极与资本对接，摩羲科技完成了三轮融资，与大平台逐步建立了深度合作；我们还引进了多名"985"高校毕业的人才和注册会计师，创业护航是目前中国"985浓度"最高的代理记账公司。

根据战略，我们一方面积极地在战略方向上投入资源，另一方面建立"护城河"。这就是SWOT分析的巨大价值。

▶ 思考题

你尝试用SWOT模型分析一下自己的公司，会产生怎样的对策呢？

第九十二讲 | 代理记账公司的 PDCA 循环

> 如何有效执行 PDCA 循环？

>> 什么是 PDCA 循环

PDCA 循环是美国质量管理专家沃特·阿曼德·休哈特首先提出的,由戴明采纳、宣传,并获得普及,所以又称戴明环。全面质量管理的思想基础和方法依据就是 PDCA 循环。

PDCA 循环的含义是将质量管理分为四个阶段:P(Plan)是计划,包括方针和目标的确定,以及活动计划的制订;D(Do)是执行,就是执行上面的计划;C(Check)是检查,就是检查执行的各个环节,并找出问题;A(Act)是处理,就是对问题进行处理。总结经验和教训,好的经验要迭代,没有解决的问题要制订新的计划,这就进入了下一个 P,进而形成一个循环(如图 12-12 所示)。

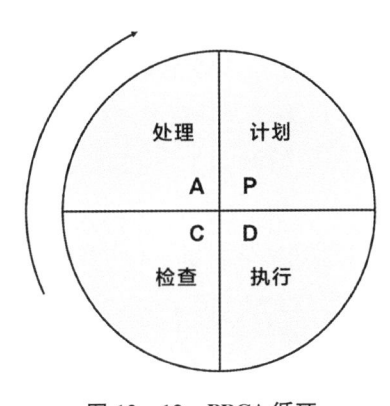

图 12-12 PDCA 循环

将围棋和象棋中的学习方法用在管理中并在全世界推广,是联想创始人柳传志的首创,他写过一本书——《复盘》。企盈现在每周都会开复盘会。复盘与 PDCA 循环有很多相似处。虽说 PDCA 主要用于质量管理,但广义的质量管理既包括产品质量管理,也包括经营质量管理。

>> 代理记账公司的 PDCA 循环实践案例

案例一:质量管理

P:我们在第十九讲阐述了查账计划,制定了 9 项标准,这就是制订计划。

D：我们在第二十讲阐述了如何实施。比如：确定岗位和负责人，这是实施的组织保障；确定流程，将计划分解成可执行的单元。

C：亮出红牌、黄牌和绿牌。

A：做得好的，表扬，并将好的经验纳入新的计划；做得不好的，分析原因，每个月财税事业部的全员会议要对问题进行总结和培训，避免再次发生。

会计人员在得到红牌、黄牌、绿牌的结果后会进入下一个做账报税周期。我们的查账小组会根据上一次查账结果制订新的查账计划，然后进入下一个PDCA循环。

其实，这个过程就是复盘，会计人员会对出现的问题进行讨论和分析：当初为什么会这样做账？是哪里想错了，还是执行的时候没有按照规则造成了错误？是专业上没有理解透彻，还是对客户的业务不够了解？等等。经过这样的自我剖析、小组讨论、查账小组指导，就可以避免下次再犯同样的错误。更重要的是，将这些问题告知全体会计人员，让所有会计人员都减少出错，如此不断迭代，我们的做账质量就会越来越好。而这些问题累积下来，就成了我们的培训重点，是公司重要的知识资产，也是所有代理记账公司的宝贵财富，这就是复盘的价值。

案例二：销售管理

P：每个月确定当月的销售目标，制订销售计划。

D：销售"漏斗"倒推。线索量——根据日常数据，倒推需要多少线索才能实现目标，在每周的复盘会上看线索量是否完成。商机量——合格的商机是线索转化而来的，计算商机转化率，确定商机数，在每周的复盘会上分析商机的转化。合同量——商机转化到合同的比率是多少，这是销售结果，这个转化率是管理重点。哪些是A类商机，哪些是B类商机，哪些是C类商机？需要主管甚至公司给予怎样的帮助才能达成目标？等等。

C：每周甚至每天的会议反映员工业绩的优劣，得出检查结果。

A：对好的销售方法要提炼出来，让更多的人去执行，结果好的还要发红包鼓励；对做得不好的销售人员和团队要总结问题，积极改进。

复盘会后，根据分析结果制订新的计划，进入下一个PDCA循环。

需要说明的是，每个PDCA循环中都可以套几个小的PDCA循环。

▶ **思考题**

你的公司如何复盘？有哪些经验？

案例二十三 | 企盈的波特五力模型分析

波特五力模型是迈克尔·波特于20世纪80年代初提出的。他认为,行业中存在着决定竞争规模和程度的五种力量,它们综合影响产业的吸引力以及现有企业的竞争战略决策。这五种力量分别为行业内现有竞争者的竞争能力、潜在竞争者进入的能力、替代品的替代能力、供应商的讨价还价能力和购买者的议价能力(如图12-13所示)。

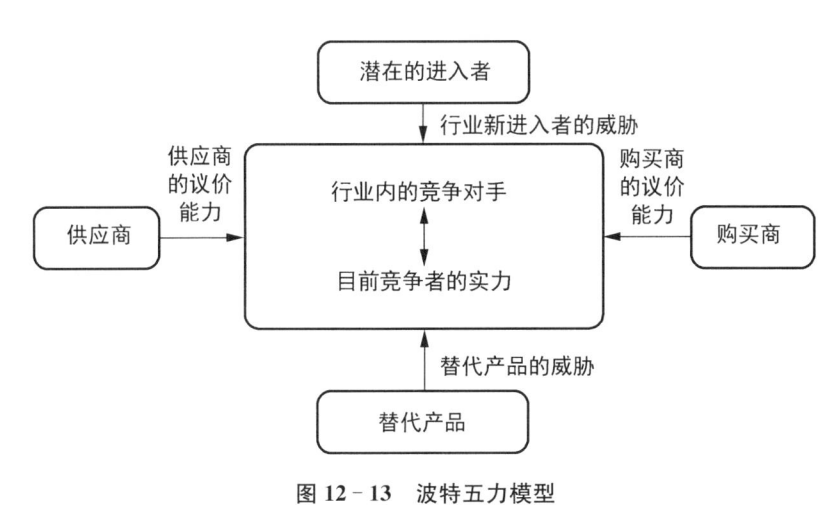

图 12-13 波特五力模型

>> 企盈的波特五力模型

1. 供应商的议价能力

企盈的供应商主要为政府园区和其他面向企业业务的供应商。政府园区由于最关注地方税收业绩,因此通常不会议价,甚至有时还会主动提出补贴。其他面向企业业务的供应商由于所处的行业竞争激烈,因此在谈判中通常是所谓"甲方"的我们主动权更强。所以总体来说,企盈的供应商的议价能力比较弱。

2. 购买商的议价能力

企盈的购买商即客户则是完全相反的状态。由于包括代理记账行业在内的各类面向企业的服务行业普遍存在行业过于分散的特点，客户可以方便地获取行业信息，客户的选择非常多，因此，购买商的议价能力比较强。

3. 行业新进入者的威胁

由于代理记账行业几乎没有入行门槛，因此行业新进入者的威胁非常大。

4. 替代产品的威胁

由于直接替代代理记账的产品目前并没有出现，因此替代产品的威胁不大，但要注意财税软件对传统人工代理记账的影响。

5. 行业内的竞争程度

目前，代理记账行业内的竞争者的综合实力并不强，但是由于核心产品本身比较简单，因此竞争者可以很容易地获取基本的竞争实力。而最近几年连绵不断的疫情对市场的增量产生了较大的影响，在行业内竞争者数量增长没有明显降低的情况下，市场的增速却放慢了不少。所以，总体来说，行业内的竞争程度是比较高的。

我们把五种竞争力的分析结果汇总如表12-4所示。

表12-4 企盈竞争力分析结果汇总

供应商的议价能力	购买商的议价能力	行业新进入者的威胁	替代产品的威胁	行业内的竞争程度
弱	强	高	低	高

根据波特五力模型的分析结果，我们应该采取的策略是尽量将自身的经营与强竞争力量隔绝。如果一种竞争力量无法消除，我们就要看是否有措施降低这个竞争力量对自己的影响。总结下来，主要的竞争策略：(1) 大力开发优质园区和增值服务供应商，将供应商壁垒做到极致；(2) 以优势的产品资源与原本的竞争对手合作，将竞争关系转化为合作关系；(3) 通过规模化来降低运营成本，在价格不变的前提下提高利润。

波特五力模型作为一个战略分析模型，其最主要的作用是帮助思考，而非真正落地执行。如果对行业的信息不够了解，不建议轻易用这个模型进行分析。

第十三章

增长底色：老板的自我修养

第九十三讲 | 正确地做人：所有问题都是老板的问题

> 老板一定要卑微吗？

在第四讲，我们认为四类老板肯定做不大，并且指出了对应的问题。这些问题的重要性顺序：首先是价值观，然后是战略和组织，最后是战术层面的科学方法论问题。这一讲，我们来讲正确地做人。

>> 老板的抱怨与问题

每次讲到领导力，最后都会得出一个结论：所有问题都是老板的问题。因为老板抱怨的所有问题的答案都在老板自己那里。

老板抱怨员工，但员工是老板招聘的，薪酬体系是老板定的，也是老板安排的培训，那么员工的问题当然是老板的问题。更重要的是，为什么有的员工在我们这里做不好，在别人那里却做得好呢？所以还是我们的公司不够好，或者说机制有问题，没有留下优秀的员工。

老板抱怨客户，那更没有道理，因为客户是用脚投票的，哪里性价比高就去哪里。客户其实并不容易被忽悠，所以客户的问题肯定是老板的问题。

老板抱怨同行，但同行不会因为老板的抱怨而停止竞争。只要是合法的，他低价也好，他挖人也好，我们都没有太多办法去限制他，所以只能找自己的原因。

老板抱怨社会不公平，可哪里有绝对的公平呢？每个人的资源不同，我们只能在自己的资源范围内做自己能做的事，所以，老板只能让自己变得更强大。

》 如何成为合格的代理记账公司老板

1. 学习力

在当前社会,学习力是老板最重要的能力,其他能力都可以通过学习获得。

学习的难点在于:(1)学习大多是"反人性"的,需要极大的忍耐力和目标带来的决心。(2)学习往往不能马上解决问题。很多老板热衷于参加各种局,认识一个人就可以做一笔生意。但实际上,这样的效率极低,而且做不大。当自己不够强大的时候,社交的意义不大。(3)需要学习的内容太多,很难分清主次,往往会找各种借口停止学习。(4)学习需要突破阈值,在此之前,学习很痛苦,而且这段痛苦的时间很长。

那么,代理记账公司的老板该如何有效学习呢?

第一,从务实的地方开始学。比如:把做好转介绍的方法论学好,然后执行,取得一定成功后,我们就有了自信,就可以去学习更多内容。

第二,向已经有成果的人学习。向已经取得成就的同行学习,可以让我们少走很多弯路。我们写这本书也是希望达到这个目的。

第三,学习预算不低于每年 5 万元。公司规模小的时候,拿公司利润的 10% 用于自己和团队的学习。我自己和团队每年花在学习上的费用超过 50 万元。比如:学习商业认知,我报了刘润老师的线下班;学习创新,我和团队一起报了"混沌"的班;学习日常管理,我和团队一起学习"得到"上的课程;学习领导力,我报了北京大学刘澜老师的课程;我还让我的核心管理层去读 EMBA;等等。

第四,学习思维方式。这是我在核心团队上下最大功夫的地方。相比事情本身,我更关心这件事情的底层逻辑。学会正确、有效的思考方式是最大的收获。

2. 心态与成长

我们为什么要做这家公司?为了获得好的经济收益,这是基础。财富增加了,我们就有更多选择权。但这是结果,只是冰山露出水面的部分,真正支撑这个营收的是水面下的价值增长。所以,我们只能赚到与我们的认知相对应的钱。

老板最大的权力是假设:假设这样经营一家公司是可以的,假设这样对待客户是最好的,假设招聘的员工是优秀的,假设设置的薪酬体系是可以激发员工的积极性……我们做了无数假设,如果结果验证了我们的假设,我们一定会非常开心,那种成就感也许是当老板最大的快乐;如果我们的假设不成立,我们也必须承受,要知道为什么出错,不再犯同样的错误,我们就成长了。

青岛啤酒的前董事长金志国给我们分享了老板的三重智慧:(1)博弈智慧。做生意,每天都要与外部世界沟通、谈判,在共赢的基础上达成自己的目标。(2)定力智慧。专注于自己选定的方向,全情投入。越专注,越能创新,越能获得客户的认可,也越能获得更多资源。(3)选择智慧。选择比努力更重要,这其实是一个战略问题。

3. 为了热爱的事业"卑微"地活着

真正热爱自己的事业,就会对客户好、对员工好、对合作伙伴好,好到"卑微"的程度,就像刘备三顾茅庐。

4. 自信与谦虚同在

有的人过于自信,到了狂妄的程度;有的人过于谦虚,到了自卑的程度。这些都不是好的老板。该自信的地方要充分自信,这才有力量;该谦虚的地方要非常谦虚,这才有学习和成长的空间。

当老板把自己的成长当成最重要的事情时,赚钱就是附带的结果。

▶ **思考题**

为了公司发展,你有过"卑微"的时候吗?

第九十四讲 | 做正确的事：战略

> 如何制定战略？

在做人正确的前提下，就要确定我们的选择是正确的，也就是做正确的事。一旦选择错误，所有努力就都是白费，这是一个战略问题。战略不明确就没有目标，在目标不清晰的情况下，团队不可能有战斗力。那么，该如何制定战略呢？

>> 战略制定步骤之一：确定能力、资源与愿景

在《服务即营销的终极秘密——代理记账公司的管理与营销》中，我画过一张三环图（如图13-1所示），愿景、能力、资源三者的结合处就是我们的选择，也就是我们的战略。

对于代理记账公司而言，拥有怎样的资源和能力，想干成什么样，列出来，想清楚，就是公司的战略了。在做这个战略分析的时候，我们可以用SWOT分析，也可以用波特五力模型，还可以用"一"战略。

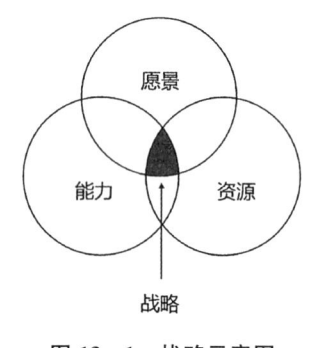

图13-1 战略示意图

>> 战略制定步骤之二：确定所处的发展阶段

对照第一曲线判断公司处于哪个发展阶段，这是我们制定战略的前提。如果定位错误，战略就不可能正确。

如果公司尚处于欺骗性失望区，这时的战略方向就应该是单点破局，集中资源让公司活下来，使公司进入稳定增长区。如果公司已经处于快速增长期，就要确定经营战略。不同的发展阶段有不同的战略定位。

>> 战略制定步骤之三：确定经营战略

集中化战略：单点破局就是一种集中化战略，集中优势资源和能力，最好只做一个产品，如我当年所做的政府招商服务。

差异化战略：选一个细分方向并占据优势，如主攻外资代理记账或主攻工厂会计等。

规模化战略：规模化战略也就是通过规模建立成本优势。

多元化战略：企盈将自己定义为"中小企业服务平台"，这个定位就是要做中小企业需要的多项业务，以客户为中心，产品多元化。

生态战略：创业护航想建立全国品牌生态，用连锁加盟的模式形成全国网络，并拓展全国园区资源，逐步形成产业链优势。

稳健战略：采取这种战略往往是因为公司不发展或者发展得慢了。因为这是一种"不增长"战略，所以在我们这本讲"增长"的书中没有涉及。

收缩战略：采取这种战略的公司往往想缩小规模甚至退出市场。在代理记账行业，之前累积的客户是有价值的，所以转让公司是可行的方案。

>> 战略制定步骤之四：市场营销战略

要发展和突破，在确定经营战略后就要确定如何做营销，包括：（1）确定产品；（2）如何获客；（3）确定价格策略和渠道策略；等等。

>> 战略制定步骤之五："护城河"与风险控制

建立"护城河"以配合我们的战略。"护城河"分为四大类：无形资产、成本优势、网络效应和迁移成本。

任何战略都要做好风险防控，包括经营风险、法律风险，特别是税务筹划业务风险。

一个好的战略必须符合"越来越"的增长飞轮，只有实现"越来越"的正反馈，才能真正让公司快速发展。

▶ 思考题

你的公司现阶段的战略方向是什么？

第九十五讲 | 正确地用人：服务思维

> 如何用好人？

战略正确了，领导者就起决定性的作用。那么，如何才能正确地用人呢？

>> 重视合伙人

每个人都有优点和缺点，一个人干有很多局限。在《服务即营销的终极秘密——代理记账公司的管理与营销》中，我专门讲述了合伙人的三个角色：A类人对市场敏感、富有创意，但静不下心来执行；B类人缺乏创造性，但是好的执行者；C类人有良好的系统化思维。这里，A往往是创始人，能把公司从0做到1；B的加入会把公司从1做到10；而C的加入能把公司从10做到n。

代理记账行业中的老板没有合伙人的原因有很多种，有的是不愿意分享，有的是受过伤害，有的是不相信别人。我也曾在与人合作的过程中受伤，但我坚决与人合作，找到与我互补的人。现在企盈的总经理就是很好的B类合伙人，他帮我把公司内部管理得井井有条，这样我才能放心走向市场端。我还有一位C类合伙人，他的系统性思维对我的决策很有价值，是企盈快速发展的重要推进力。

>> 服务思维

我向我的团队强调：我们要领导者，不要管理者。领导者能赋能下属，服务下属。当下属碰到问题尤其是难题时，领导者要能帮他解决。能帮助下属的领导者才有较大的价值。

我总是想办法服务我的下属：（1）对于大客户或者重要客户，我和下属一起去一线，调用资源，解决问题，签约客户，这样的成功是对下属最大的支持；（2）当下属遇到困难时,我帮他分析原因,找到解决方案,让他向我学习;(3)当下属需要协调外部资源或者内部资源时,我出面协助,让他能顺利完成工作目标;(4)公司最难解决的问题是流量,如果老板能亲自搞定流量,就解决了公司60%的问题,管理也就有了抓手;(5)会计人员的转介绍差,我就带领核心骨干去考察,改变思路,实现变革,这既是领导力,也是服务下属。

总之,老板要有服务意识,赋能下属,下属才愿意跟着我们干。下属搞不定的事情我们能帮他搞定,这是我们成为领导的重要理由。

》心理契约

每一层级的领导者都必须对自己的下属非常了解:(1)如果不够了解下属,信任和沟通成本就会非常高;(2)不仅要了解下属的工作,而且要了解下属的生活,如下属状态变化的原因,如果不了解,就很难让下属达成我们的目标;(3)每个领导者都要执行心理契约。

》组织能力杨三角模型

按照著名的杨三角模型(如图13-2所示),组织问题是解决员工的三个问题:

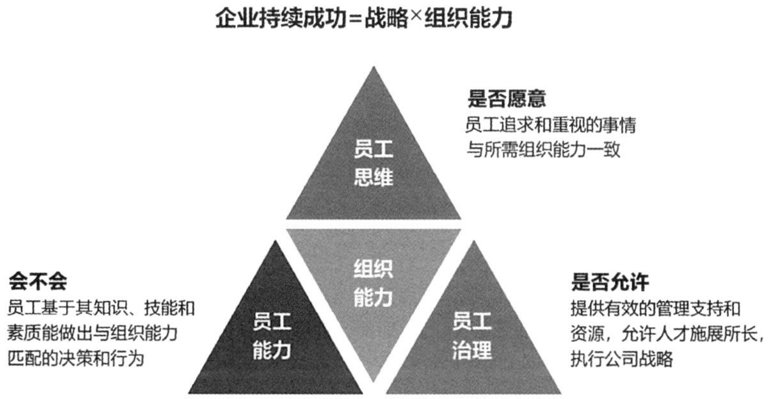

企业持续成功=战略×组织能力

图13-2 杨三角模型

1. 员工是否愿意做

这是首要问题。如果员工根本不愿意做,那么我们的培训、流程就都没有意义。

解决这个问题的方案：(1) 老板有领导力，下属愿意追随；(2) 建立心理契约，下属的工作目标与我们的期望一致；(3) 绩效激励机制，如阿米巴就是一种对核心团队的长期激励；(4) 建设企业文化，使企业有明确的愿景、使命和价值观，让员工觉得自己是在做一份有意义的事业。

2. 员工是否能做

如果员工愿意做，接下来的问题就是如何让员工做得好。我们的方案：(1) 人才盘点，对员工进行分类；(2) 有针对性的培训，主要是培训产品和流程，可以通过编制产品手册和流程手册等以保证执行；(3) 确定岗位，在每一个流程节点上都有对应的岗位保证执行；(4) 重视招聘，招聘到能力匹配的人。

3. 是否允许员工做

这是员工治理问题，也就是制度设计。我们的方案：(1) 设计好组织构架；(2) 责、权、利明晰，赏罚分明；(3) 信息系统完善，沟通便利；(4) 流程清晰、简洁。

>> 重视招聘

招聘很重要，如果招不到合适的人，再培训也是徒劳；而招到优秀的人，相当于公司获得了一次"涨停"。所以，老板要亲自招聘。招聘专员是销售的销售，对招聘专员要像考核销售人员一样进行绩效考核。

>> 绩效导向

公司人才盘点后，对不同类型的人应有不同的绩效策略。对于基层员工，要有非常清晰的绩效导向，因为员工只会做我们考核的工作。对于管理层，阿米巴是考核绩效的一种形式。

▶ 思考题

你服务过你的下属吗？感觉如何？

第九十六讲 | 正确地做事：战术

> 如何正确地执行？

>> 岗位

工作需要有岗位，每个岗位都有岗位职责。如果没有岗位，就没有人对这项工作负责，也就不可能有好的效果。比如会计工作，如果不加以区分，招聘的时候就会碰到问题，因为对这个岗位的要求太多。后来我们清晰定义了沟通会计和做账会计，这样，我们的招聘就变得简单了，业绩也容易考核。所以，任何工作首先要定义岗位。

尽量不要兼职。如果采用兼职的形式，做不好，员工就会有理由：因为还有另外的工作要做。代理记账公司的工作值得全情投入。

>> 流程

一项工作必须定义流程，有了流程才能定义关键节点和顺序，否则无法规模化和规范化执行。

我们定义了代理记账行业中的很多流程，其中比较重要的包括：（1）销售"漏斗"管理，这是对销售流程的定义和管控；（2）结构化咨询，这是销售流程；（3）客户上门接待流程，如先参观公司，然后到接待室，准备销售道具，再沟通，最后帮客户做决定——签约；（4）招聘流程，从邀约、面试到进入试用期都规范流程；（5）离职流程，如离职的交接、访谈等都是重要流程，以保证交接全部完成，员工离职时没有负面情绪；（6）查账流程，包含五个步骤；（7）产品交付流程，如工商注册流程、注销流程等，保证对客户的服务能一步步执行下去，也能监控每个节点的结果；（8）PDCA

循环,这个模型本身就规定了流程;(9)战略制定流程,包含五个步骤;(10)新员工带教,包含四个步骤。

流程贯穿我们的所有工作,按照流程来做是基本的规范,也是系统化、标准化、流程化的重要基础。摩羲云的重要价值在于将代理记账行业的最佳实践流程固化在系统中,方便代理记账公司使用。

>> 绩效与岗位和流程相结合

有了岗位和流程,再深入绩效:(1)绩效分到岗位、个人,确保岗位职责的落实;(2)绩效分到流程,与节点相关,保证每个节点的工作质量;(3)绩效分到组织,与每个层级的管理者挂钩,保证每个层级都有人负责。比如工商注销业务,我们有注销流程,也定义了操作人员岗位,我们的绩效有针对这个岗位的员工的,也有针对流程的。只有确保每个节点的完成质量,整个流程完成后才能结算操作提成,对操作人员、主管、部门负责人等都有质量考核。

>> 战术问题

我们总结了很多战术问题:(1)转介绍方法论;(2)会计做账质量控制方法;(3)招聘方法论;(4)市场流量方法论;(5)销售管理方法论;(6)产品方法论;(7)人力资源管理方法论;(8)品牌方法论;(9)风险控制方法论;(10)数字化方法论;等等。这些科学方法论都是为了保证正确地执行。

战术的科学方法论之所以重要,是因为细节往往决定成败。如果战略正确但执行出现偏差,则最终会导致战略成为空中楼阁。

▶ 思考题

你觉得哪个科学方法论最有价值呢?

案例二十四 | 何明涛的自我修养

1998—2000年,我在华东理工大学读研究生期间做电脑培训,赚到了在上海购买第一套房的首付款。我那时感觉只要勤奋,在上海很容易赚钱。当时我从闵行乘地铁到人民广场,然后坐公交车到外高桥上课,单程要两个多小时,但因为一个月能赚超过5 000元,所以完全不觉得累。后来,我开培训班,一个暑假能赚几万元,白天上课,晚上睡在教室里守着电脑,也不觉得累。

自我修养0.1:勤奋就能实现财务自由。

毕业后,为了获得上海户口,我去中国电信上班,赚的钱比在学校里兼职创业少多了。于是,工作不到三年,我又去创业,在广州做了中国第一本《保险黄页》。当时,我努力做销售,但业绩并不好。

自我修养0.5:产品是最重要的,如果产品不好,再努力也没有意义。

2007年,我开始进入财税行业。到2009年,我赚到了人生的第一个100万元。那时我觉得做生意很容易,开始有了傲慢的情绪。

自我修养1.0:凭感觉知道了盈利模式的重要性,知道了在资源少的时候需要单点破局,但过低的商业起点阻碍了我的快速发展。

2013年,我尝试做移动互联网创业、高尔夫预订,后来并入携程。我主导完成了两轮数千万元的融资,在携程工作了一年半。

自我修养2.0:感受了投资人对项目的判断,也知道了什么才是真正的商业。梁建章以及他领导下的携程让我第一次知道了什么叫系统,什么叫标准化。

2015年,我回到财税行业,开始开发行业管理系统,这个系统后来演变为现在的摩羲云,这是我后来重新创业的基础。

自我修养3.0:系统化、标准化是公司做大的前提。

从2017年开始,企盈并入上市公司的过程持续了2年,最终金财互联占企盈14%的股权,解除竞业限制。在这个过程中,我学到了很多,特别是与大公司打交道的逻辑,也付出了很大代价,尤其是时间成本。

从2019年开始,我们独立推广摩羲云,但并不顺利。后来我发现,其实规模较小的代理记账公司最重要的是经营业务——增加客户数量,管理是次要的。所以,我们开始做创业护航联盟,通过业务,务实地赋能代理记账公司。

自我修养4.0:正确地做人,做正确的事,才有可能把公司做好做大。

从2021年开始,我们在全国推广创业护航联盟的"百城连锁"项目,一年多的时间获得超过600位加盟商,"创业护航联盟"逐渐成为中国代理记账行业最大的品牌生态。在这个过程中,我们的产品和服务不断迭代。要在全国规模化发展的过程中快速成长,不让大家失望,其实有很大的压力,但我们一直抱有这种责任感。除了客户,在公司内部,团队如何具有战斗力,如何让管理层具有领导力,如何解决下属的困难,如何建立心理契约等都取得了良好的进展,也取得了明显的成效。我把这些我们已经验证的方法论推荐给加盟商,让大家一起成长。

自我修养5.0:任何商业都有底层逻辑——做正确的事、正确地做事、正确地用人,只有符合这个逻辑才能真正将公司做大。

第十四章

增长心理：情绪价值

第九十七讲 | 情绪价值时代

> 为什么要重视情绪价值？

▶▶ 商业中的情绪价值

案例一：李宁和安踏

今天中国的年轻人买运动鞋，不再迷恋阿迪达斯和耐克这样的国际品牌，李宁和安踏在中国的销量已经逼近国际大牌。为什么会这样？因为这个时代已经让中国的年轻人充满自信，对中华民族的自豪感等情绪价值支持"国潮"品牌冉冉升起。

案例二：江小白

白酒是一个竞争无比激烈的市场。江小白"表达瓶"的情绪表达方式让人把喝酒时的情绪公开宣泄出来：(1) 单身或"脱单"，你来把控节奏，只因你不想被年龄定义人生；(2) 你可以假装热爱工作，吞下无补贴、不调休的苦水，再打印一封拟好的辞职信；(3) 陪你去走最远的路是我最深的套路；(4) 以前想找个好看的，现在想找个关系不乱的；(5) 生活需要为自己奋斗，也是为梦想打工；(6) 我们习惯在朋友圈相互仰慕，却在现实中形同陌路；(7) 如果是对的人和对的味道，什么下酒菜都不重要。喝什么酒、在哪里喝没那么重要，和谁喝才是最重要的。对打拼的年轻人而言，喝酒的时候把这种情绪表达出来才是最重要的诉求，何况江小白的价格不贵。

案例三：泡泡玛特

泡泡玛特于 2020 年底在香港上市，市值数百亿元，2021 年营收超过 40 亿元，是中国最大的潮玩公司。它抓住了人们的情绪价值，在打开盲盒的那一刻，用户看到的大概率不是自己想要的公仔，怎么办？去找其他用户交换，如此就产生了用户之间的互动。期待、有趣……这些情绪很有价值。

案例四：钉钉

"新冠"疫情期间，钉钉被用作上网课的工具，小学生不高兴了，被万千小学生刷差评。钉钉怎么办？它没有抗议，而是跑到B站发了一首歌《钉钉本钉，在线求饶》，歌里说："少侠们，请你们饶命吧。你们都是我爸爸……我也不想连累老师和你们，我被选中实在没办法……"这种"卑微"就像一个跪地求饶的弱者，小学生解气了，评分时就手软了。钉钉满足了用户的征服欲，"示弱"唤起了用户的守护情绪。钉钉就这样度过了一场差评危机。

案例五：YYDS 和 emo

YYDS（永远的神）是一种拼音缩写游戏。当一个人说YYDS的时候，他可能是想说太漂亮了、太强悍了、太周到了……当1万个人说YYDS的时候，它的背后其实有非常多的情绪细节。

emo是英文单词emotional的缩写：我的消极情绪被勾起来了。当一个人说emo的时候，他可能在说自己感慨万千，也可能在说自己沮丧、委屈，还可能在说自己孤独、寂寞。大家用emo表达各种负面情绪。

YYDS 和 emo 这两个缩写词因为情绪价值而变成网络流行语。

》 什么是情绪价值

用户为了获得某种情绪和感受而愿意支付的价值，就是情绪价值。

买李宁和安踏，是在为民族自豪感买单；喝江小白是在为当下的心情买单；买盲盒是在为社交和好奇心买单；小学生是因为征服的"爽"感而手下留情；说YYDS和emo是在用网络语言表达情绪。前三个案例因为抓住了用户的情绪价值而取得了商业成功，第四个案例是利用情绪价值成功化解了一场公关危机，第五个案例说明了情绪价值的传播性极强。

》 情绪价值在这个时代的重要性

为什么情绪价值如此重要？这与我们所处的时代有很大的关系。

第一，我们这个时代，物质极大丰富，竞争激烈，人们所需求的产品功能已经基本实现，而人们的各种情绪需要表达。因为产品价值＝功能价值＋情绪价值，所以，为了让产品更有价值，就必须更加关注用户的情绪价值。

第二，人类的物质高度发达是最近 200 年的事，而人类的基因进化却发生在几百万年前。基因层面沉淀下来的生理和心理机制与快速发展的物质世界不同步。随着物质社会的快速发展，这个问题会越来越严重，因此人类的心理和情绪问题会越来越重要。

第三，"Z 世代"逐渐成为社会的主体，他们是移动互联网的"原住民"，获取信息的能力极强。他们很多是独生子女，习惯了按照自己的情绪生活。他们可以因为老板"不听话"而离职，因为产品好看而买单……

>> 代理记账公司需要关注情绪价值

尽管我们做的不是消费品，但是我们处在这个需要情绪价值的时代。创业者是情绪波动很大、情绪非常丰富的一个群体，这个群体的情绪价值尚未得到满足，我们有很大的机会。同时，我们的员工大多是年轻人，而且女性居多，所以关注员工的情绪非常重要。

▶ 思考题

你觉得代理记账行业可以发展什么情绪价值产品？

第九十八讲 | 情绪管理公式：$P=p-i$

> 如何避免情绪干扰？

〉〉 人生三大问题

人生的三大问题是人与人、人与自然、人与自身之间的关系问题，所有困惑都在其中。人只要能在这三个问题中实现超越——解决习性问题、欲望问题、情绪问题，人的境界就可以得到提升。

〉〉 人有哪些情绪

著名的霍金斯情绪能量等级图（如图 14-1 所示）把情绪带来的生命能量分为 17 个级别，最下面是负能量最大的，最上面是正能量最大的。

第 17 级是羞愧，能量值最低，只有 20 分。羞愧、耻辱会严重摧残身心健康。

第 16 级是内疚，能量值为 30 分。内疚与羞愧的细微区别在于：内疚是因做错事而自责，羞愧则是因为错误而在公众面前失去尊严。

第 15 级是冷淡，能量值为 50 分。看不到希望的世界是没有颜色的。

第 14 级是悲伤，能量值为 75 分。虽然失落和悲痛，但是心里还有希望。

第 13 级是恐惧，能量值为 100 分。压抑和焦虑。

第 12 级是欲望，能量值为 125 分。过度的欲望带来上瘾和贪婪。

第 11 级是愤怒，能量值为 150 分。愤怒往往导致憎恨。

第 10 级是骄傲，能量值为 175 分。骄傲导致自我膨胀，阻碍成长。

以上都属于负能量，越往上能量值越高，之后就会进入正能量。

第 9 级是勇气，能量值为 200 分。勇气带来把握机会的能力。

第十四章 增长心理：情绪价值

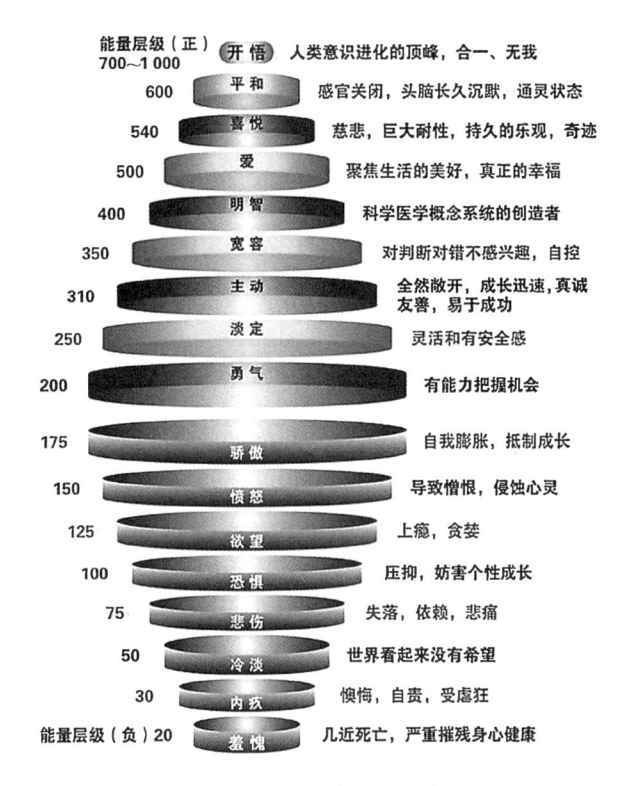

图 14-1 霍金斯情绪能量等级图

第 8 级是淡定，能量值为 250 分。能灵活应对外部的变化，有安全感和掌控感。

第 7 级是主动，能量值为 310 分。积极的生活态度，享受成长的快乐。

第 6 级是宽容，能量值为 350 分。能包容不同的人，求同存异，是自己命运的主宰。

第 5 级是明智，能量值为 400 分。具有哲科思维，非常理性而逻辑地看待问题和解决问题。

第 4 级是爱，能量值为 500 分。具有大爱，充满善意，"老吾老以及人之老，幼吾幼以及人之幼"，享受真正的幸福。

第 3 级是喜悦，能量值为 540 分。当爱大到无限，就演变成内心的喜悦，耐心而慈悲地看待世界，会给别人造成很大的影响。

第 2 级和第 1 级分别是和平和开悟，能量值分别为 600 分和 700～1 000 分。

通过这张能量图，我们可以感受人的不同情绪以及不同情绪下的能量状态。

379

❯❯ $P = p - i$

这个公式的含义：Performance(绩效) = Potential(潜能) - Interference(干扰)。我们表现出来的绩效是我们自身的潜能排除干扰后的结果。比如：在足球赛的赛场上，球员压力巨大，这时，经验老到的球员故意激怒对手，对手球员因动手打人而被红牌罚下场。这就是被情绪干扰，使得整个球队陷入被动，绩效结果很差。

这里的干扰分为外部干扰和内部干扰。

1. 外部干扰

对代理记账公司而言，税务政策的变化、疫情的影响、同行挖走客户甚至员工离职，都是外部干扰。我们可能因此情绪低落，导致本来可以做好的工作没有做好。

2. 内部干扰

对代理记账公司的老板而言，内部干扰包括：(1)没有自信，自我设限，导致自身的潜力无法发挥，这是"战略混乱"型老板；(2)情绪化严重，遇到问题总是抱怨别人而不找自己的原因，导致低水平重复，这是"怨天尤人"型老板；(3)不相信别人，没有安全感，始终没有核心团队，这是"单打独斗"型老板；(4)刚愎自用，凭感觉经营，不学习，不讲科学方法论，这是"野蛮经营"型老板。

虽然外部环境的变化我们无法控制，但是我们必须做到快速应对。内部干扰则是我们最需要突破的。对照能量图来判断自己大致处于哪个位置，有利于我们认识自己，从而走出负能量区，逐步进入正能量区。

❯❯ 如何减少负面情绪干扰

第一，相信自己。你已经开启了一份事业，已经比很多人厉害，一定能做得更好。

第二，走出去。走出你的舒适区，开拓你的眼界，找到你相信的人，跟随他成长。

第三，确立目标。有了目标就去找达成目标的办法，你会发现方法比问题多。

第四，归因到内部。所有问题都是自己的问题，正视问题，不逃避。

第五，修炼同理心。理解他人，求同存异，结交与自己互补的人就会有好的合伙人。

第六，学习科学方法论。用正确的方法解决问题，公司肯定会越来越好。

▶ 思考题

你正处在能量图的哪个位置呢？

第九十九讲 | 员工的情绪管理

> 如何管理好员工情绪？

≫ "Z 世代"的特点

"Z 世代"是指 1995—2009 年出生的人,他们有以下特点:(1) 富足。他们没有经历过物资贫乏的时期,能赚钱,更敢花钱。(2) 感性。他们跟着感觉走。(3) 颜控。他们会因为产品好看而买单。(4) 养宠物。(5) 意义。他们工作的目的是"意义"——因为热爱、成就感而工作。

"Z 世代"逐步成为当前的主流人群,我们的员工中很多是"Z 世代",我们的客户中也有越来越多这群人。因此,了解他们、理解他们是我们必须做的事。

≫ 代理记账公司如何管理好员工情绪

无论面对的是"Z 世代"还是"80 后",关注员工的情绪都是管理者的必修课。30 年前,找一份好工作是一件不容易的事;现在,找一位奋斗型的员工非常难。30 年前,工厂让工人有稳定的收入,工人就很满足;现在,在温饱不成问题后,人们就需要为"意义"而活。所以,该如何管理好员工的情绪呢?

1. 关注意义

我们的公司解决了客户什么问题?我们未来会是怎样的?等等。这是一家成熟的公司需要想明白的问题,也是年轻员工非常关注的问题。如果公司目标清晰,符合员工的价值观,员工可能会努力工作,完成目标,在工作中成就自己。比如:让会计主管负责续费,得先告诉他这件事对公司的意义,如果做得好,他就是公司的功臣,这样,他才愿意把这件事作为他的使命去完成;否则,只是下达命令,效果会很差。

任何改革都要先说清楚意义——为什么要干。邓小平在带领全国人民搞改革开放时说：贫穷不是社会主义，要让大家富起来。这就是讲清楚了为什么要改革开放。明白了意义，大家就会积极参与。同样，在公司推行一项改革措施，得先讲清楚意义，如果结果好，大家就会对公司越来越有信心，我们的领导力也会越来越强。

意义需要贯穿所有管理和沟通。比如：与销售人员讲转化率，我会告诉他们，转化率决定了ROI，这是公司的核心竞争力，所以他们的工作对公司至关重要，如果转化率高，会重奖。再如：与财务人员讲审批流程，我会说这是公司规范化管理的关键，管不好钱是灾难。又如：对于技术部，我会强调数字化是我们的核心竞争力，它不仅能提高员工的工作效率，而且能提升客户的满意度，未来的竞争是数字化的竞争，技术部的工作就是公司的未来。这样，伙伴们就能富有激情地为了意义而完成使命。

2. 落实好心理契约

在工作上，要与下属在互相认同的基础上达成一致；在生活上，要关注下属的情绪，只有解决了情绪问题，工作问题才能得到解决。

比如：我询问下属的工作进度，但她这几天在为孩子上学的事情焦头烂额。如果不了解她的这个状态，沟通就很难奏效。我了解清楚后，对她说："孩子上学是大事，你干脆休假两天全心全意解决这个问题。我也通过我的关系帮你找教育部门的人看看能否解决这个问题。"她非常感激。员工的资源毕竟有限，生活中的重大事件肯定会影响他们的工作情绪，我们应该理解并提供帮助。

必须将心理契约表落地执行，使每个管理者了解下属的真实需求。我们讲述了情绪-业绩矩阵，计划将这个矩阵固化在摩羲云中，就是为了让管理者实时关注员工的情绪，发挥员工积极的情绪价值，避免负面的情绪影响。

3. 良好的企业文化

没有满意的员工就没有满意的客户。代理记账公司是运营型公司，要把员工放在很高的位置，不仅关注员工的工作和收入，而且关注员工的成长和情绪。

4. 良好的游戏化机制

即时激励能形成一种游戏化的工作氛围，建立好的情绪环境。比拼、发红包等都是有意思的机制。另外，好的流程设计也会形成游戏化的环境。

▶ **思考题**

遇到员工情绪低落时，你是怎么处理的呢？

第一百讲 ｜ 客户的情绪价值

> 如何关注客户的情绪？

>> **关注客户的情绪价值，让我们有更好的产品**

客户的成本，除了金钱外，还有时间、精力、愉悦度等。把客户的公司注册好、账做好只体现我们一部分的价值，如果在我们这里注册公司比在别人那里注册方便、我们的专业度让客户放心，那么客户的心情就会好，这种感觉甚至比功能更重要。这就是情绪价值。

代理记账公司的核心竞争力至少有三点：质量保证、服务满意、性价比高。其中，第一点体现功能价值，后两点体现情绪价值。也就是说，对于服务业而言，情绪价值已经成为公司的核心竞争力。

>> **关注客户的情绪价值，让客户很难离开**

让客户难以离开我们涉及客户的迁移成本。我们强调让客户习惯我们。如果客户和我们成为朋友，我们的一套服务体系让客户感觉舒服，客户就会形成习惯，很难离开我们，我们的流失率就会降低。这是利用情绪价值增强客户黏度。

1. 先处理情绪，再处理问题

当客户情绪激动时，讲道理没有用，应先想办法安抚客户的情绪。无论是什么原因导致客户投诉，我们都要先表示歉意，然后弄清楚原因，如果是我们的问题，就要勇于承担责任。这时，客户最需要的不是解释，而是结果。在《服务即营销的终极秘密——代理记账公司的管理与营销》中，我专门讲过投诉处理，列举了对投诉的不同处理方式的结果。如果投诉得到迅速解决，则继续合作的可能性超过80%。

对我们的内部管理而言，客户的有效投诉实际上是我们提升管理水平的重要机会，我们应该用这样的思维方式去对待投诉。

2. 关注情绪价值是我们的机会

美国心理学家默里提出一份需求清单，我们从中可以看出代理记账客户有哪些心理需求，这些需求或许是我们挖掘客户情绪价值的机会。

（1）成就需求。在我们这里注册公司和代理记账的客户都是创业者，他们最大的需求是成就感。如果我们能将客户的成就展示出来，则不仅能满足他们的需求，而且能对他们的企业进行推广。

创业护航联盟的视频号在做一个栏目：联盟星秀。我们会选择对我们高度认同，在我们的赋能下得到快速发展的标杆加盟商进行采访，这样既能让加盟商有成就感，又能帮他们做推广，还能让其他加盟商看到改变的力量。

（2）尊重需求。对比大多数人，走出创业那一步的人对受尊重的情绪诉求更强烈。所以，我们在定义客户成功时，在保证质量的基础上，首先是尊重，这是我们的沟通会计的基本素养。

（3）社交需求。我们提供财税服务，知道客户的财务情况，从而很容易得到客户的信任。我们的很多沟通会计与客户是朋友关系，除了工作外经常聊生活上的话题。企盈每月都会组织企业家活动，让客户之间互相交流，客户之间可以互为客户。这就是满足客户的社交需求。

（4）支配需求。客户都是老板，他们习惯了命令。我们作为"乙方"，如果我们的员工能理解这种情绪，就能合理对待并满足客户的支配需求。

（5）感觉需要。这是寻求感官方面的快乐，所以我们招聘了美丽优雅的前台接待人员，让客户感觉赏心悦目。

（6）特权需要。重要客户，老板要亲自接待；VIP客户要安排注册会计师服务；等等。这些都是特权。每个人都希望被特别照顾，所以，我们可以将客户分类，满足客户的特权需求，从而收取更高的费用。

总之，修炼自己的情绪，管理好员工的情绪，关注客户的情绪，我们就会是无敌的代理记账公司。

▶ 思考题

你是如何对待客户情绪的呢？

案例二十五 | 如何做好情绪管理

>> 愤怒的加盟商

2021年,创业护航的一个园区发生了重大政策变动,原本政府承诺的政策提前3个月突然取消,导致加盟商注册在这个园区内的所有企业无法使用,并且注销面临各种问题。过去,这个园区的产品不论从价格、流程还是政策稳定性上都非常优秀,因此很多加盟商把他们的客户放在了这个园区。消息一经公布,我们税务筹划沟通会计部的电话立刻被打爆,受影响的加盟商都非常愤怒。

园区政策变动是经常发生的事,我们也经常对变动风险做宣传,照理很多加盟商应该习以为常了。为什么此次加盟商会如此愤怒?其实,加盟商的愤怒主要来自客户。加盟商作为业内人士,大部分对于这类变动是理解的,但客户对政府给的政策会变动不理解,更不能接受产生的额外成本。加盟商在与客户沟通的过程中承受了客户的愤怒,这种情绪就转移到了与我们的沟通中。

秉承先处理情绪,再处理问题的原则,创业护航"百城连锁"项目的总经理亲自打电话向所有受影响的加盟商道歉,然后为他们提供建议和话术,帮助他们与客户妥善沟通,甚至有些加盟商还让我们的员工直接与他们的客户沟通。当我们成功化解客户的愤怒情绪后,绝大部分加盟商的愤怒情绪也一同消除了。

>> 不自信的员工

在创业护航的税务筹划沟通会计部有一位员工,之前在一家企业做会计工作。刚来面试的她表现出来的沟通能力并不强,但由于我们刚组建的沟通会计团队比较缺乏财务专业人才,因此我们通过了她的面试。

开始工作后,我们发现她的资质不差,也并非不擅长沟通,只是在客户面前容易紧张。发现这个问题后,她的主管开始注重日常对她的培养和激励——频繁地带她或是陪她见客户，从一开始的以主管沟通为主慢慢地过渡到以她自己沟通为主。当她取得阶段性进步时，主管会在例会上公开表扬她。渐渐地，她的自信心建立起来了。如今，她已经成为税务筹划沟通会计部最优秀的员工之一。

》 税务筹划沟通会计的怨念

2022年春节前夕，由于疫情、园区关账等因素的影响，园区服务出现了波动。年底出现这类情况本属正常现象，但税务筹划沟通会计部的员工在工作汇报中普遍表现出了不良情绪。于是我们组织了几次员工访谈，终于发现了问题的根源。

在我们原本的流程中，园区有任何变动，负责园区的员工都会先与税务筹划沟通会计部的主管沟通，然后由税务筹划沟通会计负责通知加盟商。但有一次，一位新入职的员工跳过了中间步骤，直接在服务群里通知了加盟商。由于其在措辞上没有好好斟酌，导致很多加盟商产生了误解，原本的小问题被放大，税务筹划沟通会计花了很多时间来解释这件事。但真正让税务筹划沟通会计情绪不佳的居然是负责园区的部门没有道歉。在后面的沟通中我们才逐渐了解，负责园区的部门因为工作烦琐，有时难免会出一些差错，如寄错发票、开错发票、流程失误等。只要出错率在一个可接受的范围内，大家是可以理解的。但问题是，负责园区的部门从来没有因为这些失误而道歉，而税务筹划沟通会计却因为一次失误就承受了加盟商的指责，这让税务筹划沟通会计积累了很多负面情绪。

发现这个问题后，负责园区的部门进行了改革，一方面将犯错后先道歉再沟通问题的处理方式写进了SOP，另一方面将服务流程的优化措施及时同步给税务筹划沟通会计部，让他们知道负责园区的部门一直在为减少差错而努力。这样做之后，两个部门之间的沟通比以前顺畅多了。

》 案例总结

上述三个案例，一个是解决客户的情绪问题，一个是解决员工的情绪问题，一个是解决平行部门的情绪问题。这些案例有两个共性：（1）当对方产生情绪波动时，要通过沟通找到原因而不要主观判断；（2）先处理情绪，再处理问题。

请记得，大部分成年人发泄情绪是有原因的，安抚好对方，找到原因并解决问题，体现你的情绪价值。

第十五章

回顾与总结

第一百零一讲 ｜ 意义与行为

> 如何让员工愿意干？

我们用五组关键词来对本书做回顾与总结。

意义与行为：我们为什么要创业？员工为什么愿意干？这是回答"意义"。从老板到管理层，再到基层，每个人都得明白做事情的意义，有了意义才会有真正高效的行为。

逻辑与模型：对于如何干，我们必须有科学方法论、有逻辑，把逻辑简单地表达清楚的是思维模型。

人性与情绪：愿意干，也明白如何干，还得开心地干。每一位伟大的领导者都是人性大师，而人性最基础的表现就是情绪。

创新与未来：企业家精神的内核是创新，只有创新才能有美好的未来。

学习与成长：要成为一位好的老板，学习几乎是唯一的途径。只有学习，才能认知迭代，才能成长。

>> 老板为什么愿意干

要让员工愿意干，首先得叩问自己：我为什么愿意做老板？

每个人创业都有初始的动力。我最初的动力来自我妈妈：从贫穷而劳累的农村生活走出来，让妈妈开心。刘欢的那首《少年壮志不言愁》中的歌词"为了母亲的微笑，为了大地的丰收"是我的座右铭，那时我14岁，就立下誓言：我一定要改变家庭的命运。这是我最初创业的意义。

我在第一次创业做电脑培训的时候，晚上睡在教室里用书做枕头，一点也不觉得辛苦，因为"意义"支撑着我的行为。今天，我希望将创业护航做成全国中小企业的服务平台,为了这个"意义",我走遍了中国几乎所有省份,市场是用脚丈量出来的。

你为什么愿意干?是跟我一样为了改变命运,还是为了实现自己的价值,或者是为了成为孩子的榜样,抑或是让当年那个看不起你的人刮目相看……无论爱或恨,都是出发的理由。如果因爱而在路上,那是一种幸福的坚持;如果因恨而在路上,相信你一定会逐步将恨转变为爱的力量。

成为自己,是所有创业者的追求。我们在创业路上定义自己,迭代自己,这就是"意义"。因为"意义",所以我们有坚定的行为。

>> 合伙人和管理层为什么愿意干

我们自己有了"意义",追随我们的合伙人和管理层就会因为我们的事业而有"意义"。公司的每一位管理者都已经取得了工作上的初步成功,他们每个人都在寻求自身的价值与意义。我们能赋予他们什么呢?

1. 公司的使命和愿景

我们一起来做一件了不起的事,如打造一家我们这个城市中最好的代理记账公司。大部分人不敢这样想,而我们敢于这样想,也敢于这样做,我们的追随者因为我们而有了更大的目标、更大的人生意义,他们会被我们"点燃"。

2. 激励机制

每一个优秀的人都希望获得长期收益,而不只是出卖自己的时间和劳动力。我们实践了代理记账行业的阿米巴模式,精准激励。

3. 心理契约

企业的存在与发展靠的是"人"。我们要了解我们的核心团队,与他们建立心理契约。与核心团队之间建立信任,是有战斗力的基础。

>> 员工为什么愿意干

如果老板有领导力,核心骨干愿意追随,那员工就不会有大问题。

1. 招聘到愿意干的人

辨别一个人是否愿意干有很多办法,我们可以看他的背景和履历、对面试的准备、对问题的反应甚至肢体语言。招聘到好的员工,公司就成功了一半。

2. 良好的机制

要让员工在公司不仅收入高,而且有晋升机会。所以,要建立一套公平的机制,科学地评估每一位员工的贡献,不要让流下辛勤汗水的人反而流泪。

3. 培训

要让员工喜欢上代理记账行业,只有喜欢了、认同了,才愿意为之付出努力。

4. 心理契约

要确保下属愿意跟随管理者,管理者就得与下属建立心理契约。若管理者不能与下属建立心理契约,就不可能真正达成一致,执行的效果就会大打折扣;反之,管理就变得简单。

找到了好的员工,领导能解决他的困难,他在公司的收入不错,还有晋升空间,他为什么不愿意干呢?

▶ 思考题

你的公司的员工中有多大比例是愿意干的?

第一百零二讲 | 逻辑与模型

> 如何让员工干得好？

公司该如何干？答案很简单：老板定方向，中层定方案，基层定方法。如果执行力出现问题，那绝不是员工的问题，因为机制决定了执行力。

>> 老板该如何干

老板定方向，就是定战略、定目标，这是一个极其严谨的逻辑思维与推理过程，需要用到很多思维模型。比如：(1) 三环模型，想干嘛、能干嘛、有什么资源，这三个环交叉的地方就是该选择的方向；(2) 低端颠覆，代理记账公司有很多优势和可能去低端颠覆会计师事务所；(3) 错位竞争，资源聚焦代理记账行业"税"的核心能力并交付给客户；(4) 单点破局，定位自己，找到最适合自己的破局点，走出欺骗性失望区，这是创业公司活下来的基础；(5) 品牌，越是小的代理记账公司越要借助品牌；(6) 外部环境，从市场主体数量、税务合规、细分市场三个角度说明代理记账行业现在还可能享受的红利；(7) "护城河"，代理记账行业最可能建立的"护城河"是成本优势与迁移成本；(8) SWOT 分析和波特五力模型，帮助我们从内部和外部进行分析，得出战略；(9) 增长公式和蝴蝶结模型，这是营收增长方法论，确定的重点就是战略选择。

本书为什么要花大约四分之一的篇幅来讲确定战略的方法呢？因为战略选择错误，其他的全都白费。不要用战术上的勤奋掩盖战略上的懒惰。

>> 管理层该如何干

公司战略清晰，那么在执行的时候，管理层就成为我们讨论的重点。

根据增长公式,如果从营销开始,那么市场流量和销售转化就是重点。销售管理的重要工具是销售"漏斗"。如果从产品开始,那么产品分类、"傻姑三招"、如何激励产品团队就是方法。如果从会计转介绍开始,那么增长飞轮、质量控制就是方法。

在模型思维中,我们还讲述了大客户销售角色、PDCA 循环等,这些都是管理中非常管用的工具。

本书的前四十八讲几乎都在讲述管理方法论,希望你能应用到你的公司的管理实践中。

员工该如何干

员工只会做我们考核和检查的内容。所以,要让员工好好干,就要明确岗位职责,制定流程。

岗位要明确定义。只有岗位职责清晰,才能有效考核。

产品如何描述、如何交付,要编写产品手册。

流程要标准化。代理记账公司的重要流程至少包括:(1)销售流程;(2)工商注册、代理记账等各项产品的交付流程;(3)入职流程与离职流程;(4)质量控制流程。

薪酬与绩效要告诉员工什么是鼓励的,什么是禁止的,给予员工努力的方向。

培训,就是对上述产品、岗位职责、工作流程等进行培训。

关于如何干,大家都有很多好方法。只要愿意干,就可以去学习、去探索。

▶ 思考题

你能举例说明你的公司"好好干"的好办法吗?

第一百零三讲｜人性与情绪

> 如何让员工开心地干？

>> 商业与人性

从某种程度上讲，商业就是满足人性。今天，很多人愿意叫外卖，因为它满足了人们的惰性，当然你也可以把它称为便利性；很多人愿意购买打折品，因为它满足了人们的逐利性，当然你也可以把它称为高性价比；很多人愿意买奢侈品，因为它满足了人们的虚荣心，当然你也可以把它称为品位；很多人喜欢看美女、帅哥表演，因为它满足了人们的本能，当然你也可以把它称为"颜控"；很多人希望得到极好的服务，因为它满足了人们希望被尊重的诉求；很多人在用社交软件，因为它满足了人们的社交需求；很多人沉迷游戏，因为它满足了人们自我实现的需求；等等。

代理记账公司不仅要保证服务质量，而且要让客户开心、便利、花钱少，这都是在满足客户的情绪价值，也是在满足人性。

>> 管理与人性

管理大师都是人性大师，他们不仅精于分析客户的人性，而且精于理解员工的人性。

毛泽东是人性大师。"打土豪，分田地"，通俗易懂的口号把农民团结了起来，成为中国革命的基础力量。

任正非是人性大师。在华为早期的研发阶段，对于那些自尊心极强的"985"高校毕业的理工男，项目采用赛马机制：同一个项目，两个团队同时干，先出成果的被采用，迟的则只发基本待遇。这种竞争机制把人的潜力发挥到极致。

第十五章 回顾与总结

左晖也是人性大师。链家地产有超过 10 万经纪人，如何激励这么多人？左晖的办法是让客户激励员工。为了让大家分享信息，在内部形成合作机制而不是对立，链家开发了 ACN 系统——经纪人合作网络（如图 15-1 所示）。在这个网络中，只要有贡献就可以获得奖金。比如：我手上有一个房源，过去我是不愿意分享的，因为分享后如果别的同事成交，我将得不到任何收益；但在 ACN 系统上，我把房源分享出去，张三是房东信任并交付钥匙的人，李四是找到意向客户的人，王五帮助搞定了贷款，那么，这套房子成交，我、张三、李四、王五都有奖金。这样，我就特别愿意去找更多的房源放到网络中。这是通过机制解决人性的问题。

服务房主	找房源 → 维护房源 → 房源勘探 → 房源委托 → 房源钥匙
服务客户	找客户 → 首看 → 合作方 → 成交 → 金融服务

图 15-1 链家的 ACN 系统

摩羲云也有类似的功能：获取客户的人、签约成交的人、办理注册的人、做账报税的人……每个人都有相应的提成；不仅如此，系统保护该保护的人，如开发渠道的人，只有保护好开发渠道的人，他才会去找更多的合作渠道。

》 如何让员工开心地干

代理记账公司该如何让员工开心地干呢？我们认为，最根本的是让员工愿意干并且能干好。愿意干，又能干好，收入一定不错，还能晋升，那员工怎么会不开心呢？此外，要真心关注员工的情绪，这就是强调心理契约的落地。同时，抑制负面的人性与情绪，这就是营造公平而积极的公司氛围。比如：公平透明的激励机制让浑水摸鱼的人离开团队，这会让优秀的员工开心。

》 减少对人的依赖

管理人是一件非常难的事。管理自己都难，更何况管理别人。

从商业的角度看，好的公司是对人依赖小的公司。比如：微信是一个程序，即使有 10 亿人在用，也只需要很少的技术人员维护；富士康的工厂中大部分是机器人，这样的公司效率很高。在资本市场上，对公司的估值也反映了这个问题：技术性公司对员工的依赖小，估值高；而餐饮等服务业公司的估值就不高。

代理记账公司是处理信息的，天然依赖数字化的解决方案。所以，对代理记账行业而言，数字化不是提升效率那么简单，数字化将是核心竞争力。

▶ **思考题**

你能举例说明你的公司如何满足客户和员工的人性吗？

第一百零四讲 | 创新与未来

> 如何持续创新？

我们在讲述红利、利润和社会工资的区别时，得出一个结论：真正意义上的利润只有一个来源，就是创新。如果没有创新，即使现在确实有较好的利润，也会被竞争对手内卷到只能赚取社会工资。对于规模不大的代理记账公司尤其如此。那么，如何创新呢？

2012年我去美国游学，至今仍对当时教授讲的一个关于创新的故事记忆犹新：一位创新非常成功的企业家在办公室接受媒体采访，被问及创新的秘诀是什么时，企业家拿起办公桌上的一块小石头说："我每天都会摸这块小石头，遇到问题的时候我都会摸着这块小石头思考，如何才能解决问题，如何才能突破。当我有足够的时间去摸这块小石头的时候，就会有很多灵感涌现出来，就会有创新的计划。"

我第一次意识到，创新来自专注。专注到当我们做梦都梦到的时候，就会出现心流状态。如果我们专注于我们的事业，创新的方法就一定会出现。

》 创新我们的思维

老板如果是井底之蛙，公司就不可能有好的发展，更谈不上创新。思维方式的创新就是认知升级，这是最根本的。

1. 反思自己的思维方式

遇到问题要找自己的原因。要有这样的观念：所有的问题都是自己的问题。

2. 积极的思维方式

马斯克说：宁愿狂妄地乐观，也不要悲观。悲观的情绪导致消极的心理和行为，乐观才能相信未来，想出好的办法。

3. 第一性原理的思维方式

找到问题的真相，层层深挖，探寻本质，这样才能真正解决问题。比如：会计续费率低，我们不要一味地要求会计人员提升续费率。问一下为什么会这样。可能是因为我们会计人员的薪酬体系问题——底薪＋做账客户数提成。在这个机制下，会计人员为了拿更高的提成，会多做账，从而没有时间与客户沟通，客户的体验不佳。再问一下为什么会这样。因为我们注重做账效率，没有关注客户满意度。在找到真正的问题后，我们就会为续费率启动增长飞轮，设置沟通会计这样一个岗位，修改薪酬绩效考核办法。当然，也有可能是签约时只收了一个季度的费用，每个季度都要续费，不仅客户的感受很差，而且给竞争对手挖走客户提供了机会。找到这个真相后，就要去改革营销端。

》 创新我们的营销

市场营销的创新是最容易见到效果的。

第一，线下渠道开拓有很多创新空间，我们在前述章节阐述过。

第二，不要凭感觉，要凭数据去管理销售转化，要用销售"漏斗"层层分析。

第三，通过数据来发现商机，数字化会帮助我们获客。未来的代理记账公司转介绍场景：不需要会计人员去发现，系统会根据数据分析出需求，通过企业微信提醒客户。比如：根据客户企业的营收规模和店面扩张速度，系统计算出这位客户需要在三个分类项进行商标保护，遂直接把这个洞察通过企业微信发给客户，客户回复后，知识产权部的员工进行专业解答，线上签约并支付，然后交付。

过去讲数字化是为了提升做账效率，未来讲数字化是体现公司的核心竞争力。顽固的保守者必然被淘汰。

第四，从客户的角度思考问题。比如：对于会计绩效的设定，是遵循利润最高原则，还是流失率最低原则？我们采用客户满意度最高原则，这样我们就不会追求过高的做账效率，而是追求百元转化率、流失率、人效这三个指标。当我们陷入纠结时，从客户的角度思考一定不会错。

》 创新我们的产品

我们销售的是无形产品，所以产品的创新很重要：（1）创新地表达我们的无形产品,如用短视频的方式;(2)创新地激励我们的产品负责人,如用阿米巴的方式;(3)创新地培训我们的销售人员,如将基础产品与复杂产品分开,复杂产品采用协单制度;(4)创新地制定产品手册,让我们可以系统化地描述产品,然后不断升级迭代;(5)创新地交付产品,不管是简单产品还是复杂产品,都要进行清单化的交付,这样不仅可以更加标准化,而且可以提升客户体验。

>> 创新我们的人力资源管理

在人力资源管理方面,我们采用了很多创新的方法:(1)创新了管理逻辑——管理者服务和赋能下属,体现领导力;(2)创新了激励机制——采用阿米巴模式,让优秀的核心骨干不仅有工资收入,而且有资产收入;(3)创新了培训——录制视频,还有在线考试,这样既高效,又能保证培训质量。

▶ 思考题

你能举例说明你的公司最有价值的创新点吗?

第一百零五讲 ｜ 学习与成长

> *如何持续地成长？*

>> 为什么要学习

学习是成长的唯一路径，没有学习就没有成长。学习是一种工作方式，学习型组织具有优势。关于学习，我的感受如下：

第一，学习是一件困难的事，因为必须克服懒惰、虚荣等人性的弱点。我们得承认这一点。承认困难后，我们就能确认：真正能好好学习的人不多，尤其是有了一定成就的老板。所以，能够坚持学习，我们就已经打败了不少老板。

第二，只有通过学习才能不断使我们的公司升级。公司在市场中成长，市场每天都在变化，如果不学习，就很难应对变化。只有学习，才能迭代自己的思维方式和做事方法，才能让自己随着公司的发展而发展。不仅如此，老板学习还得是超前的，因为我们要引领公司发展，我们的学习成果决定了公司的成长速度。

第三，当学习成瘾时，我们会感觉自己每天都在成长。公司是我们学习和成长的试验场，是我们认知实现价值的载体。老板自身的成长很重要。因为我们自己成长了，即使没有公司，我们也可以通过我们的认知和能力实现价值。

>> 老板要学习什么

第一，要励志，但不要过多参加"鸡汤类"培训。积极总比消极好，但关键是执行，不要把学习当作治疗焦虑的汤药。很多老板自我安慰：我已经学习了，还是不行，这不是我的问题了。这就是把学习当作缓解焦虑的借口，而不是要真的解决问题。

第二，要学习解决问题的思维和办法。代理记账公司大多规模较小，如果学到的方法能解决问题，就是好的学习，否则就不是好的学习。

第三，在代理记账行业，老板学习市场营销是不错的，但要敢于实践。

第四，在代理记账行业，老板学习人力资源是不错的，但要结合公司的实际情况。

第五，学习被验证过的方法，结合自己的公司去执行，在执行中领悟真谛，并不断迭代。

第六，认知类的学习是有价值的，因为认知改变后，对公司的定义会发生变化，战略目标会发生变化，解决问题的方法就会多很多。

老板要如何学习

第一，学习有一个阈值，其相当于S形曲线的破局点，在阈值前，因为我们的认知水平太低，知识量太少，所以学习是痛苦的。但过了这个阈值后，学习就会变得越来越轻松。比如：我现在学习新媒体的市场营销，因为之前系统学习过市场营销的基本理论，所以我很容易厘清传统媒体与新媒体的区别，然后将学习资料中的表述与经典市场营销理论对照，很快就能获取方法论，这样的学习不仅不累，而且很爽。

第二，费曼学习法，即输出是最好的输入，将我们学到的内容讲给别人听。我有这样的感受：自己学习的时候感觉学会了，但输出给别人的时候会感觉很难，因为要让别人理解，我的讲解就得严谨、有逻辑性，我就必须查询很多资料，系统化地深刻理解所学内容，这实际上是又一次学习，效果非常棒。

第三，如果我们只是一个人学习，学习到了改变认知的内容，当我们想在公司做出改变时，我们的团队会说：老板又被人家洗脑了。我的经验是，带着核心团队一起学习，让大家有共同语言。

第四，在学到的内容中，哪些能用到工作中至关重要。比如：学习了增长公式，我们得用这个增长公式分析自己的公司——三个方面应该从哪里开始。如果从转介绍开始，那么现在的数据如何？未来一年的目标是什么？如何确定岗位与薪酬体系？如何践行营销口诀？等等。

第五，学习需要系统化，不要太过碎片化。比如：刷短视频的学习效果是很差的；本书建议你从头到尾读完，因为这是代理记账公司管理的一套系统化的方法论。

第六，在《服务即营销的终极秘密——代理记账公司的管理与营销》中，我们讲过学习区的概念（如图 15-2 所示）。如果长期在舒适区，我们不会成长，学习没有获得感；如果进入恐惧区，学习效果也不会好；介于两者之间的区域称为"学习区"，也就是说，在自己原有的基础上找到对自己有很大价值但又不是自己完全无法理解的学习内容，就是合适自己的学习内容。

图 15-2　学习区

>> 学习预算

学习预算包括费用预算和时间预算。我认为，代理记账公司至少要花费年度利润的 5% 用于老板和团队的学习，其中老板的预算应该占到一半。此外，代理记账公司的老板应该每天至少留出 1 个小时的学习时间，可以听音频课程，可以线下学习，也可以看书。

▶ 思考题

你的公司是学习型组织吗？每年的学习预算是多少呢？

致谢

从2022年2月21日到9月3日,一共28周,历时7个月,与大家一路走来,"有尊严的增长——代理记账公司的增长密码"课程一共播放了142讲正式内容,包括1次发刊词、1次结束语、113次主体内容、27个案例,加上周末的27次彩蛋和问答,总共169次内容,总时长超过1 000分钟,也就是说,如果每天听8小时,需要3天时间全部听完。

这个课程是创业护航集团成员智慧的结晶。在这142讲正式内容中,113次主体内容由何明涛撰写并录音,27个案例由彭秋粟撰写,案例和彩蛋由张茜录音。张茜负责了全部音频课程的剪辑。牛瑜瑜负责了音频课程的在线推广与直播。史佳彬对书稿进行了整理和勘误。创业护航集团的核心管理层协助完成了部分内容:胡凡参与了沟通会计的相关内容的编写,彭秋粟和胡玥参与了新员工培训相关内容的编写,金顿参与了数字化相关内容的编写。

首先必须感谢这个课程的所有听众,是你们让我们有动力去总结方法论并体系化地输出。在这个过程中,我们也对自己的理论知识做了进一步的梳理和迭代,以便能更好地指导集团和整个联盟未来的发展。感谢创业护航集团和创业护航联盟的全体伙伴,我们的经营实践是本书内容的源泉。感谢上海财经大学出版社的编校团队,他们为本书的出版提出了宝贵意见和建议。

待你读过这本书后,我们最大的期待:(1)你更有信心了,因为你掌握了代理记账行业经营的科学方法论;(2)你更热爱代理记账行业了,因为你看到了行业无限的发展可能;(3)你更成熟了,不再抱怨,而是寻找自身的原因,充分利用资源,实现增长。如果你实现了这样的目标,那么我们为你庆贺,也特别希望你能跟我们保持联系,我们特别愿意与你一起成长;如果你没能达成这样的目标,我们也希望你联系我们,让我们一起来反思和提升。

不管采用什么方法论,都需要有一颗热爱的心,这样才能真正实现美好的结果。如果你真心选择了这个行业,就注入你所有的热爱吧,你的客户、你的员工、你的合作伙伴一定能感受到你的力量。有了热爱,你便卑微了,你就会谦虚地去学习和成长;有了热爱,你便成熟了,你就会少些情绪化的行为和表达,去寻求理性的解决方案;有了热爱,你便轻松了,你就会少些焦虑,不会因被迫而感觉疲惫;有了热爱,你便无私了,你的客户、员工和合作伙伴会因你的真诚奉献而投桃报李;有了热爱,你便强大了,很多人会因为你的魅力而与你同行,你就能享受团队奋斗的快乐。如果进入了这样一种状态,你的公司一定会越来越好,你也会更加热爱你的事业。你一定感觉到了,这也是一个"越来越"的正反馈飞轮,而推动这个飞轮的发动机就是"热爱"。

感谢这个时代,国家经济的发展是一切的基础,全国上亿个市场主体让代理记账行业充满希望,让我们有实现自己价值的舞台,让我们有机会在实现公司增长的同时实现人生的成长。

感谢这个时代,各种突如其来的变化既是严峻的挑战,也蕴藏巨大的机遇,这敦促我们快速地学习和成长,让我们有机会创造奇迹。

感谢这个时代,让你能通过音频课程和书籍了解我们。虽然课程结束了,但是希望大家继续通过微信、视频号等各种方式与我们保持互动,我们还可以在线下见面。

让我们一起热爱代理记账行业,注入热爱,实现有尊严的增长。因为有努力学习的我们,相信代理记账行业会越来越有品位。

何明涛　彭秋栗

2022 年 10 月